1　高中时的乔布斯。

2　27岁的乔布斯在家独自打坐参禅。显然，这张照片是刻意摆拍。乔布斯修习禅机、佛法，却又远未达到佛家崇尚的无嗔无我、无欲无求的境地。

3　乔布斯和沃兹一起展示Apple I电脑。这台电脑见证了苹果双雄第一次改变世界的大胆尝试。

4　1977年，乔布斯和沃兹在Apple II电脑前工作。

5　1984年，成功发布Macintosh后，“活力二人组”乔布斯和斯卡利在纽约中央公园合影。两人中间的袋子里是一台崭新的Macintosh。当时的他们，会想到不久后两人将反目成仇吗?

6　乔布斯和负责Lisa电脑设计的约翰·柯奇一边散步一边讨论问题。

7　1984年时的乔布斯，身后摆放着Macintosh电脑。

8 1989年，乔布斯与女儿丽莎在一起。乔布斯花了很长时间，才肯承认和接受这个非婚生女儿。

9 1988年，乔布斯向公众展示NeXT电脑。离开苹果后，创办与经营NeXT是一段屡败屡战的艰难历程，但也正是这段历程让乔布斯真正成熟起来。

10 乔布斯在皮克斯与著名的顽皮跳跳灯合影。虽然乔布斯很少插手皮克斯的内部管理和运作，但皮克斯在电脑动画领域所取得的成就，仍然带有浓厚的“乔式”风格。

11　1996年，乔布斯重又回到自己曾经的家——洛斯阿尔托斯的克里斯特路2066号。20年前，苹果公司就诞生在这所房了里。

12　1997年夏天，回归苹果后的乔布斯在长时间纠结、权衡后终于决定出任苹果临时CEO。这是他在参加Macworld大会前一周与妻子劳伦娜的合影。

13　乔布斯与苹果的设计大师乔纳森·艾维在一起。乔布斯和艾维共同奠定了苹果卓尔不群的设计品位。

14　1999年，乔布斯与苹果的操作系统大师阿维·特凡尼安在一起。

15　1998年，乔布斯发布iMac。这是乔布斯回归苹果后，展示给全世界的第一个开创性的产品。

16　乔布斯展示iPod，一个改变了世界音乐产业格局的小东西。

17　2004年，接受胰腺癌手术治疗后，处于恢复期的乔布斯在家中庭院里静思。

18　2007年，几十年亦敌亦友的乔布斯和盖茨同台接受媒体采访。这个星球上影响力最大的两位IT掌门人真的会相逢一笑泯恩仇？（来自 维基百科 原作者Matt Yohe）

19　2010年发布iPad后，《时代》周刊为乔布斯拍摄的肖像。乔布斯在经历了胰腺癌治疗和肝脏移植手术后，明显清癯、消瘦了许多。

20　2011年2月17日，乔布斯以及十几位硅谷巨头与美国总统奥巴马共进晚餐。坐在奥巴马左边、背对镜头的就是乔布斯。在肝脏移植手术后，乔布斯两度因为健康原因离开工作岗位。这一次在病中与奥巴马会面，还是引起了外界对乔布斯身体状况的诸般猜疑。

王咏刚　周虹　著

乔布斯传

神一样的传奇

上海财经大学出版社

图书在版编目（CIP）数据

乔布斯传：神一样的传奇／王咏刚，周虹著．—上海：上海财经大学出版社，2011.7

ISBN 978-7-5642-1117-2/F·1117

Ⅰ．①乔… Ⅱ．①王… ②周… Ⅲ．①乔布斯，S．－传记 Ⅳ．①K837.125.38

中国版本图书馆 CIP 数据核字（2011）第 133934 号

□ 责任编辑　黄　磊
□ 特约策划　李开复
□ 特约监制　王泽阳　叶光森
□ 特约编辑　叶　青
□ 封面设计　林嘉澍
□本书部分图片来自　视觉中国

乔布斯传：神一样的传奇

王咏刚　周　虹　著

上海财经大学出版社出版发行
（上海市武东路 321 号乙　邮编 200434）
网　　址：http://www.sufep.com
电子邮箱：webmaster@sufep.com
全国新华书店经销
北京慧美印刷有限公司
2011 年 8 月第 1 版　2011 年 8 月第 1 次印刷

710mm×1000mm　1/16　20 印张　320 千字
定价：39.80 元

序

李开复

必须告诉大家，这是所有中文书里最有料也最好读的一本乔布斯评传。

今天，国内互联网产业如火如荼，千百万年轻人从大学甚至中学时起就憧憬着有一天可以成为像乔布斯、比尔·盖茨、拉里·佩奇、谢尔盖·布林、马克·扎克伯格那样引领时代潮流的人。在所有伟大的硅谷创业英雄里，乔布斯是我们无法绕过的一颗最闪亮的明星。

道理很简单，没有乔布斯，今天的世界就一定是另一副模样；没有乔布斯，就没有1977年的Apple II、1984年的Macintosh、1998年的iMac、2001年的iPod、2007年的iPhone和2010年的iPad；没有乔布斯，今天我自己可以随时打开iPad上微博、玩“植物大战僵尸”的快乐生活就至少要被推迟3年！

有趣的是，我自己的职业生涯，竟偏偏和乔布斯擦肩而过。1990年，我放弃卡内基·梅隆大学的教职加入苹果公司的时候，乔布斯已经被自己亲手创建的苹果无情抛弃。造化弄人，当我于1996年离开苹果追寻更广阔的职业发展时，距离后来乔布斯重返苹果只有短短6个月的时间。

1998年，我已经决定回中国为微软创立中国研究院。一天，刚回到家，太太就告诉我："有一个叫史蒂夫的人给你打电话。他好像一直问你为什么去微软，为什么去中国。我以为他是你的朋友。我们聊了有大概15分钟吧。"

"是哪一个史蒂夫啊？"我一头雾水。

太太想了一会儿说："想起来啦，他叫史蒂夫·乔布斯。"

原来给我打电话的正是已经重掌苹果CEO大权的乔布斯。我赶紧拨通了他的电话。

"你为什么不回苹果工作呢？"乔布斯在电话那头问我。

"史蒂夫，我离开苹果已经两年了，我根本没有想过这件事。"我说。

"听着，这无关紧要啊。我知道你，你以前的员工都觉得你是个好老板，他们对我说，应该把你搞回来！去微软之前，你来这里看看好不好?"乔布斯说。

"对不起，史蒂夫，我已经接受了微软的职务了。"

"听起来，你决心已定？"

"是的。"

虽然我没有答应他的邀请，但是乔布斯的爱才之心还是让我感动。今天，在创新工场，在与无数年轻人一起创业、一起追随理想的过程中，我一直告诉那些有激情、希望改变世界的年轻人，你们每个人都应该读一读乔布斯，都应该认识一下真实的乔布斯。

但我发现，目前的中文图书里，虽然打着乔布斯名号的书多如牛毛，但没有哪一本让我特别满意。翻译过来的英文书，原书内容即便非常优秀，但侧重点不完全适合国内读者，参差不齐的翻译质量也让原书减色不少。国内作者有关乔布斯的书则以生拼硬凑"攒"出来的居多，许多书还充斥着大量以讹传讹的虚假信息。

非常希望有一本中国作者写给国内读者看的，素材丰富，可读性强的乔布斯的书。这个想法与王咏刚和周虹写一本最新、最全、最好的乔布斯评传的想法不谋而合。王咏刚和周虹既是乔布斯迷，也是与我合作多年的作者兼编辑，他们曾为我的《做最好的自己》等书做了细致的文字润色和编辑工作。王咏刚同时还是谷歌资深软件工程师，对IT技术发展史有着透彻的理解。由他们来执笔写作这本书真是再合适不过了。

为了让这本书更成功，我利用我在苹果工作时以及在IT界和投资界积累的关系，帮助王咏刚和周虹联系到了十几位曾与乔布斯有过直接、紧密工作联系的朋友，包括苹果公司最早的风险投资者、苹果公司前董事会成员、前副总裁、高级经理、资深工程师，以及熟悉乔布斯的其他朋友。通过对这些朋友的深入采访，许多此前连我也不知道的精彩故事浮出了水面，有些故事解释了人们困惑已久的谜团；有些故事则因为出自旁观者的客观视角，估计连乔布斯自己也不会向媒体透露。

有了这些“独家爆料”式的第一手素材，再加上王咏刚和周虹细致的整理、考据和武侠小说式精彩的叙事文笔——这是真的中国人以符合中国人习惯的方式写的书。毫无疑问，这本书是目前最有料也最好读的一本乔布斯评传。

最后提醒大家，乔布斯的成功真的无法复制！乔布斯就是乔布斯。你不可能像他那样单靠自己一个人把握未来的能力就足以保持苹果这个世界最大科技公司的领先优势，也不可能像他那样一边动辄对员工咆哮，一边又用超强的感染力激发员工的工作热情，更不可能像他那样一边拥有着嬉皮士和禅宗修士的双重性格，一边又像个摇滚明星一样引得无数粉丝顶礼膜拜。

读乔布斯、学乔布斯一定要分清楚：乔布斯纵横捭阖、自由不羁的性情你想学也学不到，乔布斯的传奇人生更是可遇而不可求；但乔布斯在创新、创业历程中那些有效的方法论，比如产业趋势预测、产品设计理念、市场营销技巧、人才观、管理方法等，完全可以学习和借鉴。

乔布斯本身就是一个传奇，比任何虚构的小说都更精彩！

愿更多的人从这部传奇中受益！

2011年7月

致谢

感谢乔布斯乔帮主。没有乔帮主30多年来一以贯之，不改变世界决不罢休的神一样的“气场”，我们就不会爱上那个被咬了一口的苹果，更不会没日没夜地收集一切与乔帮主相关的素材，用中英文做大量采访，不厌其烦地考据每个时间和事件——感谢上帝，感谢乔帮主，写一本尽量真实、好看，又不像官方传记那样以歌功颂德为主的书，不容易呀！

感谢开老师李开复。没有开老师一直以来的大力支持，我们根本就没可能获得那么多第一手的精彩故事，也没可能把这项看似不可能完成的写作任务坚持到底。

感谢开复引荐的将近20位苹果前投资人、前董事、前高管、前员工。除了正文中提及的一些名字外，鉴于他们中相当一部分人不愿公开姓名，只好在这里一并对他们说：谢谢了，没有你们，就没有这本书里的精彩故事！

感谢中国果粉领袖、乔布斯通、创新工场的投资经理张亮和黄继新，他们为本书提供了价值连城的素材与建议。

感谢创新工场的陶宁、王肇辉和马晓红，作为本书的第一批读者，他们为本书提供了至关重要的修改意见。

感谢中国著名苹果信息网apple4.us团队核心成员、著名80后设计师“飞猪”林嘉澍（@flypig）和王俊煜（@junyu），他们为本书提供了宝贵的专业支持。林嘉澍还亲自为本书设计了漂亮的封面。

王咏刚　周虹

2011年7月

目录

03

末日危机——被放逐的乔帮主

04

生命“下一站”——NeXT的漂泊与奋斗

05

动画总动员——皮克斯的前世今生

06
凤凰涅槃——只有乔帮主能救苹果

07
不酷就去死——乔帮主的非凡设计

08
不同凡"想"——乔帮主的创新法则

09

黑与白——乔帮主的另类管理

10

生命是脆弱的——乔帮主的生死禅机

01 帮主归来

——天下只有一个乔布斯

独立日

1997 年 7 月 4 日，星期五，美国独立日。不得不说，这一天对美国乃至整个地球，都是一个相当神奇的日子。

这一天，美国国家航空航天局（NASA）的火星“探路者”号无人探测器成功登陆火星，还释放了人类派往火星的第一部火星车。虽说没看见操火星语、用火星文的智慧生物，火星车还是第一次近距离观察了古代洪水冲刷的痕迹。有水，就可能有生命。至少，那些整日里幻想和地外文明套近乎的科幻迷们又多少有了些可资炫耀的科学实证。

这一天，亚洲金融危机刚刚爆发不久，金融灾难像后来的印度洋海啸一样依次席卷泰国、印度尼西亚、马来西亚、菲律宾乃至日本、韩国……由此引发的东南亚经济衰退逐渐向欧美蔓延，美国股市从当年下半年起，在将近两年的时间里都处于大幅震荡之中。

这一天，关心高科技板块的美国人发现，一只本来就在低位徘徊的股票从上午一开盘就不断探底，连续创造 12 年来的新低。不足 14 美元的股价触目惊心，让这家经营 20 余年的电脑公司市值蒸发殆尽。事实上，这只股票从 1996 年年初就呈现一溃千里的架势，从将近 50 美元狂跌下来。这个时候，许多分析师甚至连预测这家公司何时倒闭的心情都没有了。

如果这家公司真的因此而倒闭，毫不夸张地说，今后十几年里，地球人的历史、地球人的生活方式都将受到严重影响，其严重程度，足以和火星探测或是金融危机对世界的影响相提并论。

这家电脑公司有一个既好听又好吃的名字——苹果。

星期五下午，苹果公司的所有董事会成员都急得冒汗，恨不能揪着自己的头发把公司股价提上来——只有一个人除外，这个人叫吉尔·阿梅里奥（Gil Amelio），是董事会 1996 年 2 月请来扭转公司败局的“救火队员”，时任苹果公司的首席执行官（CEO）。

作为负责公司运营的最高领导，这位阿梅里奥老兄的确沉得住气。一边是几近崩盘的股价，一边是悠闲的独立日假期和温馨的家庭生活。就在这火烧眉毛的紧急关头，这位老兄竟然带着老婆孩子媳妇女婿孙子孙女亲戚朋友十几口人跑到内华达州的太浩湖度假去了。

就在阿梅里奥一家子在太浩湖享受水上快艇、烧烤和葡萄酒的乐趣时，苹果公司的几位董事正在电话会议中紧急磋商。公司的首席财务官（CFO）弗雷德·安德森（Fred Anderson）在事实上起了牵头人的作用。他直截了当地对几位董事说：

“已经快降到 13 块钱了，再跌一点点，账面上就要资不抵债，我们恐怕就要谋求破产保护了。你们想眼睁睁地看着公司陷入绝境吗？想想办法吧！”

“吉尔呢？我们的 CEO 在哪里？好歹要召开董事会议研究对策呀。”一位董事焦急地问。

“我们的 CEO 先生貌似还在内华达州，和他的家人在一起。”

“家人？度假？天哪！”可怜的董事们虽然隔着电话线，互相看不到对方的表情，但多半都被雷得外焦里嫩，就差没有以头抢地了。

“不能等他了。”安德森对自己的 CEO 彻底失去了信心，他果断地说，“在公司最需要他站出来的时候，吉尔没有尽到一个 CEO 应尽的职责。”

就这样，从独立日当晚开始，董事们在阿梅里奥缺席的情况下，连续召开了 36 小时的电话会议。36 小时！即便中间有休息时间，还是很佩服当时的董事们连轴转的恒心和毅力。不是被内外交困的糟糕局面逼急了，谁愿意大周末的开 36 个小时的电话会议呀！

能逼得董事们召开 36 小时的马拉松会议，自己却在和家人度假，无论阿梅里奥先生此前为拯救苹果做过多少努力，就凭这一点，他也足够被董事会解雇了。换掉苹果公司的掌舵人，成了此次董事会议最容易达成的共识。

不容易达成的共识有两个，一是如何对阿梅里奥先生说再见，二是阿梅里奥走了之后，谁能来接苹果这个烂摊子。

其实，苹果历来有临阵换将的传统，业绩下滑时请CEO走人在这里并不是头一遭。无论是阿梅里奥还是他的前任，相信他们走马上任时，心里都仔细掂量过坐到这把交椅上的风险。这就像欧洲大牌足球俱乐部的教练，上任时看似风光无限，只要球队成绩不好，随时都有被炒掉的可能。

公平地说，阿梅里奥的CEO生涯也并非一无是处，这位上任才500多天的“救火队员”确实为拯救苹果做了不少努力，像裁员、部门重组、砍项目这些常见的休克疗法，该用的他也都用了，但就是不见成效。他自己坚信，只要有足够多的时间，他的救亡计划终将获得成功。但董事会没有这样的耐心，股市也缺乏足够的宽容。

星期天早上，还在度假的阿梅里奥接到了公司董事埃德·伍拉德（Ed Woolard）的电话。据阿梅里奥所知，伍拉德这一周正在英国观看温布尔登网球赛。但阿梅里奥并不知道伍拉德也远程参加了董事会议，他接电话时甚至还纳闷，有什么急事，非要从英格兰大老远打电话过来呢？

伍拉德开门见山地说：“吉尔，董事会刚开了36个小时的电话会议。我有个坏消息要告诉你。”

阿梅里奥在第一时间意识到了自己可能被解雇的命运。不过，他还是在电话中反复向伍拉德申辩，自己需要更多的时间来拯救苹果。他甚至觉得，苹果在最近一个季度已经露出了转机，只要假以时日，一定能扭亏为盈。

伍拉德可没给阿梅里奥太多申辩的机会。他对阿梅里奥说：“吉尔，市场和销售并非你的特长。我们想找一位精通市场营销的人来领导公司。”

精通市场营销的人？阿梅里奥心中有一种不祥的感觉，一个萦绕在他身边长达半年之久的人影这个时候正清晰地在他脑海中浮现出来。他下意识地追问道：“埃德，都有谁知道这个决定？”

图 1　乔布斯与阿梅里奥

"嗯，当然，所有董事会成员都知道了，"伍拉德在这里明显犹豫了一下，又接着说，"哦，史蒂夫·乔布斯也知道。"

"史蒂夫·乔布斯也知道？"阿梅里奥虽然早有预感，但亲耳听到伍拉德说出这个名字，还是觉得自己恍惚是在做梦。

回归还是放弃

史蒂夫·乔布斯（Steve Jobs），我们这本书的主角，这个周末正在家里和妻子劳伦娜（Laurene）商量，自己该不该从阿梅里奥手中接过苹果公司这个烂摊子。

说来有趣，乔布斯是苹果公司的创始人，个人电脑黄金时代的缔造者。但在 1997 年上半年的大部分时间里，他只是作为公司的顾问，隔三差五地到公司园区里逛逛，帮管理层和产品团队提点儿建议。此前，从 1985 年到 1996 年年底，在将近 12 年的时间里，他更是被自己亲手创建的公司抛弃，与苹果断绝了关系。现在，他不仅回到了公司，还面临着是否出任 CEO 的重大抉择——这真是个莫大的反讽。人世间的事情，就是这样怪诞，无时无刻不充满悬疑。

1997 年独立日的这个周末，地球上可能没有谁比乔布斯更忧心忡忡、进退维谷。在乔布斯的整个职业生涯里，1997 年就像大江东去路上的一道关隘，关隘之前，随处是高山巨石、急流险滩，关隘之后，则尽是可以纵横奔流、一路至海的广袤平川。

要了解乔布斯，1997 年是个关键。但这一年里发生的故事又实在跌宕起伏、扑朔迷离，没有足够的第一手资料，很难理出个清晰的头绪。幸好，本书作者有幸采访到了时任苹果公司董事和高管的多名亲历者，拿到了不少第一手资料。几乎所有第一手资料都指向一个事实——当时的乔布斯无论是在内心里还是在行动上，都处于极度矛盾之中。

从内心深层来说，乔布斯当然希望在漂泊12年之后重新接管公司的最高权力。这是他一手创建的高科技王国，每个角落都流淌着他亲自赋予的创新血液。这儿不仅诞生过改变世界的苹果个人电脑，还拥有许多曾和他一起奋斗过的电脑奇才。让他放弃出任苹果CEO的机会，就像劝说一位画家烧掉自己所有的画作。

但另一方面，1997年的苹果又不再是那家他曾经熟悉的苹果公司。12年来，公司的经营虽然也有过起色，但总体上还是走了一条下坡路。先后三任CEO都因为业绩不佳而卷铺盖走人。公司产品线混乱，市场营销乏力，销售持续低迷，大规模裁员屡屡发生，员工士气衰颓，刚刚作为顾问回到公司半年多的乔布斯凭什么就能力挽狂澜？但凡有些自知之明的人，在这个节骨眼上都会不停地问自己：苹果是不是已经病入膏肓、积重难返？

更何况，12年的漂泊也不是白白辛苦，乔布斯起码已经为自己在苹果之外开拓了一块不算耀眼，但足够自由的天地。虽然离开苹果后创建的NeXT公司持续低迷，已经戏剧性地被苹果收购，但他还拥有一家刚刚在动画电影领域取得初步成功的皮克斯（Pixar）公司。1995年上映的世界第一部三维电脑动画电影《玩具总动员》，就是皮克斯的大作。通过皮克斯，乔布斯依然可以走他一直坚持的不断创新、用科技改变世界的道路。另外，近年来，他的婚姻和家庭也日趋稳定，有了妻子和孩子的羁绊，他不再像单身时那样，总是沉醉于独行侠的激情生活。

难道，已经奄奄一息、差不多濒临破产或被收购的苹果，真的值得乔布斯重新回来，做一回二次创业？

最重要的是，乔布斯心里郁积了12年之久的心结并没有完全解开。12年前，当苹果公司的董事会站在当时的CEO约翰·斯卡利（John Sculley）一边，与乔布斯彻底决裂的时候，乔布斯就像一个无助的孩子，愤怒、迷茫、失望、痛心，茫茫四顾，不知道该向何处去。虽说斯卡利和董事会当时只是解除了乔布斯的实际管理职务，并没有将他扫地出门，但对于心高气傲的乔布斯来说，继续留在苹果担任一份闲差，岂不成了寄人篱下的奇耻大辱？他没有太做纠结就主动辞职，并很快创立了 NeXT 公司。但这次打击在乔布斯心里留下的阴影却经久不散。在那之后的很多年里，他都无比强烈地渴望“复仇”。至少，他想通过新创建的 NeXT 公司证明自己的实力，让苹果的董事会意识到，当初抛弃自己的决定无比愚蠢，是个天大的错误。

“复仇”并没有真正成功，乔布斯急于证明自己，但他离开苹果后创立的 NeXT 公司在残酷的市场面前跌得体无完肤，要不是阴差阳错地被自己的老东家苹果收购，也许 NeXT 早该关门大吉了。可就在这个时候，苹果董事会竟然希望乔布斯回来出任 CEO，这让心里交织着仇恨、纠结、沮丧和郁闷的乔布斯情何以堪？

不知道《天龙八部》里的另一位乔帮主——乔峰在发现了自己的真实身世，并为丐帮乃至武林正派所不容时，是不是也有着和乔布斯当时一样的复杂心情。在金庸笔下，乔峰心中的正、邪两股力量也曾发生激烈的交锋，最终，国恨家仇的矛盾激化到极点，忠孝难全、忠义难顾的乔峰选择的是一死泯恩仇。

处在迷茫和纠结中的乔布斯在 1997 年上半年做出了许多外人看来难以理解的事情。一方面，他通过朋友和媒体散播言论，指称阿梅里奥已经不再适合领导苹果，又多次暗示自己才是苹果 CEO 的不二人选。另一方面，他又显得对苹果的未来毫无信心。随着苹果股票的持续走低，乔布斯在 6 月份毅然卖掉了 NeXT 被收购时自己所获得的 150 万股苹果股份。同一时间，他还告诉皮克斯公司的同事说，他会继续将主要精力放在皮克斯，而不是苹果。

也许当时乔布斯的心中，正有一黑一白两个武士在激烈争斗。感情上，他一定有重返苹果，用挽狂澜于既倒的功绩证明自己实力的梦想；理智上，估计连他自己也不清楚，这个时候是不是还真有哪位大侠可以将苹果拖离苦海。

回归还是放弃？这，是一个问题。

给我 90 天时间

苹果公司的董事们可没给乔布斯那么多思考和犹豫的时间。在独立日周末的 36 小时电话会议中，董事们一致决定阿梅里奥必须下课。但随之而来的问题是，谁能接替阿梅里奥？谁能让苹果绝境逢生？

许多人想到了乔布斯。

当时的董事会主席是迈克·马库拉（Mike Markkula）。1985 年，正是因为马库拉坚决站在与乔布斯势不两立的斯卡利一边，董事会才作出了放弃乔布斯的决定。马库拉是聪明人，他比谁都清楚，乔布斯不是那种宽宏大量、过往不咎的人。12 年前的过节，可不是一两句话就可以一笔带过的。

据一位亲历那次 36 小时电话会议的董事向我们介绍，在董事会上，马库拉先是试探性地问一位董事，问对方是不是愿意暂时接任公司 CEO 的职位。这个提议被对方婉言谢绝了。

这时，有一位董事谨慎地问马库拉："那么，要不要请乔布斯出山，让他来当 CEO？"

马库拉陷入了沉默。他曾与乔布斯共事多年，他当然知道，乔布斯在市场和销售方面的天分在这个地球上无人能及，多半能帮助苹果扭转颓势。但同时他也深知，乔布斯在管理上简直就是一个麻烦制造机。12 年前，还是同一个乔布斯，在公司内像离了紧箍咒就不受约束的孙行者一样，将产品团队之间的关系搞得乌烟瘴气。那时，乔布斯的任性与狂妄直接导致了他与斯卡利之间的矛盾，为他被公司驱逐埋下了祸根。

这样一个让人爱恨交加的怪才、鬼才，是不是真的适合出任苹果的 CEO？马库拉没有答案。在离开苹果后的 12 年里，乔布斯会不会比以前更加成熟了？也许，乔布斯不再像以前那样任性和肆意妄为了？马库拉也没有答案。

但无论如何，苹果急需一位有市场和销售才干的 CEO。股价即将跌破 13 美元，公司马上就要资不抵债，马库拉这时无暇多想，也不会有几

图 2 苹果初创时，乔布斯与马库拉的合影

个职业经理人肯在这个时候接这个烫手的山芋。对董事会而言，如果这是一场赌博，那至少应该把赌注押到一个对苹果有感情的人身上。在所有可能的人选里，没有人比乔布斯更热爱苹果，更希望看到苹果走出困境的了。

“好吧，”马库拉终于下定了决心，“至少在目前，乔布斯是最好的人选。不过我相信，他和我之间的裂痕很难修补，如果我是董事会主席，他是不会愿意出任 CEO 的。”

“那，我们该怎么办呢？”

“这样吧，”马库拉语气淡定，却难掩怅然若失的心情，“你们去找乔布斯，如果乔布斯同意出任 CEO，我就主动辞去董事会主席的职务，并且退出董事会。为了苹果，只要乔布斯回来，我就走。”

就这样，一位董事拨通了乔布斯的电话，劝说他回来担任苹果公司的CEO。

电话里，乔布斯的声音低沉而平静："很抱歉，我不觉得我能拯救苹果。苹果已经快完蛋了。现在的苹果，既没有好的产品，管理也一团混乱，除了还剩下一个有点儿影响力的品牌以外，苹果什么都没有了。"

"你知道吗？"这位董事问乔布斯，"如果你不回来，不做一点什么的话，股票还会继续下跌，马上我们就会资不抵债，就不得不考虑申请破产保护了。而且，甲骨文（Oracle）公司的拉里·埃里森（Larry Ellison）一直虎视眈眈，要收购苹果。想一想吧，这是你亲手创建的公司。公司状况再差，也还算是你的孩子呀。你忍心看着自己的孩子流离失所吗？"

乔布斯似乎被说动了，他沉吟了片刻才回答道："我需要想一想。"

"可是，时间不等人呀。"董事在电话里着急地说，"只要你答应出任CEO，公司的股价就一定能回升，我们就有机会、有时间拯救公司。"

"我还是要想一想。"乔布斯依然冷静，"而且，我需要和我太太商量一下。"

第二天，乔布斯在电话里说："我太太并不认为我出任苹果CEO是个好主意。我自己也还是担心，苹果是不是真的有未来。"

"可是，作为你亲手创建的公司，至少应该尝试一下吧？这个世界上，没有人比你更热爱苹果了。也许，哪怕先尝试一小段时间？"

"不，我不想当CEO。"乔布斯说。

"那……我们换个方案如何？就临时过渡一下？比如，你来当临时CEO，直到我们找到合适的CEO人选为止，怎样？"

"临时CEO？嗯，这个主意可以考虑。"乔布斯又思考了好一阵子才说，"好吧，请给我90天的时间。我想看一看，苹果是不是还有救。"

"你所说的90天，是说你万一想放弃的话，会提前90天给我们通知对不对？"董事迫切希望进一步澄清乔布斯的承诺，"如果苹果有救，那么，你就始终是我们的临时CEO，对吗？"

"对。"乔布斯肯定地说。

1997年7月9日，阿梅里奥正式从苹果离职。8月6日，苹果公司宣布史蒂夫·乔布斯进入董事会，出任公司董事。马库拉等人辞去董事职位。包括甲骨文公司的拉里·埃里森在内，多名新成员进入董事会。9月16日，乔布斯被公开任命为苹果公司的临时CEO。随着这一系列消息的公布，苹果的股价震荡上扬，公司暂时摆脱了濒临破产的尴尬境地。

曾一手创建苹果公司并缔造个人电脑神话的乔布斯，终于在被迫离开苹果12年后，重新接管了这艘在沉没边缘挣扎的巨轮。请记住1997年的夏天。这一年的夏天，帮主归来，国王归来，皇帝归来！

当然，归来并不等于成功。摆在乔布斯面前的，仍然是一个看上去无药可医的烂摊子。就像1815年逃离厄尔巴岛并成功返回巴黎的拿破仑皇帝那样，虽然回归之路无比顺利——只要拿破仑来到阵前，前来堵截他的士兵就纷纷倒戈——但成功的回归并不代表着真正意义上的东山再起。1815年回到皇帝宝座的拿破仑只重温了100天的帝国梦，就在滑铁卢一败涂地。乔布斯一定熟悉拿破仑复辟和再次退位的故事。虽然乔帮主重新掌管了苹果王国的最高权力，但他该如何拯救苹果，才能避免重蹈拿破仑皇帝的覆辙呢？

假如历史是场赌局

虽然媒体对乔布斯重新执掌苹果一事大加追捧，苹果股价也现出了复苏的迹象，但那更多是出于一种明星效应——当一位曾开创个人电脑黄金时代的昔日明星，在远离媒体视线和公众热点多年后又重新回到舞台中心，人们自然会心存好奇。期待的眼光不少，但质疑的声音更多。

当时的业界巨头，戴尔计算机公司领导人迈克·戴尔（Michael Dell）就对乔布斯出任苹果临时CEO的做法颇不以为然，他用半忧虑半嘲讽的口吻说："如果我在苹果公司，我会关闭这家公司，把钱还给股东。"

另一位巨头，微软老大比尔·盖茨则在一次后来才被披露出来的谈话中说："乔布斯想再次掌管公司，这是在浪费时间。我搞不懂他为什么还要出任苹果的CEO，他知道，他没可能赢的。"

假如历史是场赌局，假如让1997年的人们对乔布斯能否拯救苹果下注，有人会把赌注压到乔布斯一边吗？假如有人在1997年预言说，回归后的乔帮主能让苹果公司的股价在15年内上涨100倍，有人会信吗？

正方观点：我压乔布斯赢，他有可能扭转苹果的败局，因为：

- 乔布斯的个人魅力无与伦比。
- 乔布斯精通市场和销售。
- 苹果公司的品牌还有一定的影响力。
- 乔布斯是苹果的缔造者，对拯救公司有最大的激情和动力。

反方观点：我不看好乔布斯，他面临的是无解的死局，因为：

- 苹果股价滑落到12年来的最低点，公司现金流告罄，资金周转陷入泥潭。
- 苹果电脑早已不像20世纪70年代末期那样在市场上所向披靡，蓝色巨人IBM和软件帝国微软领导的PC阵营几乎已垄断了全球市场。
- 苹果公司内部产品线名目繁多，不同产品组间相互竞争有限的资源，产品之间功能重叠、技术不兼容等现象屡见不鲜。
- 苹果推向市场的主打产品，如Macintosh电脑故障频出，电脑上的Mac OS操作系统经常崩溃，几乎天天接到大批用户的抱怨和投诉。
- 苹果近年来不断裁员，人心惶惶，内部管理问题多多，人浮于事、部门隔阂、权责不清、流程冗长等大企业常见病同样在苹果肆虐。
- 苹果外部强敌环伺。当时微软的Windows 95风头正劲，使用Windows的PC机几乎已经把Macintosh电脑挤进了死胡同。祸不单行，苹果还陷进了与微软的知识产权纠纷，官司一直没有个清晰的头绪。
- 没有多少人相信苹果还能独立支撑下去，Sun、甲骨文等业界巨头早已虎视眈眈，试图收购苹果。

- 最重要的一点：乔布斯在 1985 年离开苹果后，并没有作为 CEO 带领任何一家公司取得成功的经验，他在 NeXT 公司屡战屡败，最终戏剧性地被苹果收购。一个没有成功经验的 CEO 凭什么值得大家把赌注放到他的一边？

好了好了，不用再继续罗列下去了。和那区区几条正方观点相比，反方所列的每一条事实都切中要害，难以反驳。大多数人一定不会把赌注压到乔布斯身上。

不过，今天的我们已经知道，这场赌局以乔帮主的大胜告终。

假如历史是场赌局，那 99% 的赌徒都会输得一干二净。

历史就是这样善于打哑谜，历史就是这样难以预料。

今天，在纽约，在旧金山，在北京，在上海，在巴黎，在伦敦，在地球上每一个角落，被咬掉一口的苹果标志随处可见，满街都是膝上捧着 iPad 玩“愤怒的小鸟”、手上拿着 iPhone 漫游互联网或视频通话、耳朵里戴着耳机听 iPod 音乐的年轻人。

想象一下吧，如果 1997 年的乔布斯像大多数人一样对苹果彻底失去了信心，如果没有乔布斯回归苹果后的一系列神来之笔，今天的高科技产业会不会暗淡无光？今天的生活时尚会不会缺了许多亮点？

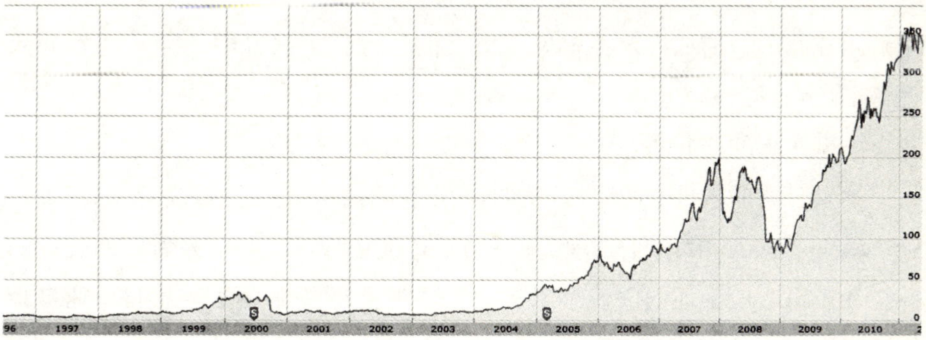

图 3　苹果公司 1997 年至 2011 年股价走势

乔布斯不但拯救了苹果，还一手打造了前无古人，估计后面也很难再有来者的产业神话。苹果公司在资本市场的市值于2010年5月一举超过微软，成为地球上最有价值的科技公司。2011年春天，苹果公司股价更是达到了350美元上下——考虑到1997年后苹果曾两次以2:1的比例拆股，此前提到的1997年独立日接近13美元的股价按照今天的标准换算，只合3.4美元多一点。不到15年的时间，苹果公司的股价整整上涨了100倍！

正如2006年谷歌公司CEO埃里克·施密特（Eric Schmidt）在接受《时代》周刊采访时所说："苹果公司正在进行着科技史上也许是最引人注目的第二次演出，它传奇般的复苏之路，让人难以忘怀。"

成功之谜

作为一个乔布斯迷，我曾经问过许多人一个同样的问题：回到1997年，为什么在内外交困，所有不利因素齐集的情况下，一个曾因为幼稚和肆意妄为而被苹果公司抛弃，在外漂泊了12年且作为CEO屡战屡败的乔布斯，可以在回归后成就产业神话和人生传奇？

对于这个问题，每个人的答案都不尽相同。

乔布斯的成功来得是那样神奇，那样不可思议。如果乔布斯是神，那他一定在1997年的某个时候因为机缘巧合，得到了佛祖的点化。如果乔布斯是武林高手，那他一定在重返苹果之前，得到了《九阴真经》之类的武林秘籍。

可事实真的如此吗？

苹果公司的共同创始人，发明苹果电脑的天才工程师史蒂夫·沃兹（Steve Wozniak）给我们提供了一些可供依循的线索。当沃兹看到回归后的乔布斯正得心应手地驾驭着苹果战车，不断推出革命性的产品时，他自豪地感叹道：

"我欣喜于苹果的重新崛起，但又不单纯是因为苹果的重新崛起。我特别感到欣喜的是，苹果是以一种与我和乔布斯创建公司时的理念完全一致的方式重新崛起。那种理念的核心是设计出色的产品——出色到每个人都会像看见美食一样垂涎欲滴。那种理念的灵魂是令人心动的感觉——永远追求并享受快乐的感觉。”

设计出色的产品以改变世界，并享受其中的快乐——这与其说是一种理念，不如说是深深根植于乔布斯血脉中的创新基因，是乔布斯和苹果所特有的 DNA。

天下只有一个乔布斯，也只有乔布斯能在 1997 年拯救苹果。

因为传奇，所以神秘。每个喜欢苹果、喜欢乔布斯的人心中，都有无数关于乔布斯的疑问：

- 乔布斯究竟是如何改变世界的？
- 乔布斯是一个怎样的人？
- 乔布斯何以拥有神一样的个人魅力？
- 乔布斯为什么能在屡次失败后完美归来，开创全新的苹果王国？
- 乔布斯从失败中都学到了什么？
- 乔布斯是如何将电子产品变成时尚艺术品和大众消费品的？
- 乔布斯如何打造超凡脱俗的产品，以至于把工业设计变成一门真正的艺术？
- 乔布斯的战略眼光为什么如此敏锐和独到？
- 乔布斯的市场营销天分来自何处？
- 乔布斯的管理方式和人才策略是否值得借鉴？
- 乔布斯的成功可以复制吗？

也许，没有谁能完美回答这些问题。但这并不意味着，讲述和欣赏乔布斯的生命传奇也一并失去了意义。至少，乔布斯生命中那些跌宕起伏，就像百里江峡上的千岩竞秀，随便撷取一些，便是精彩纷呈的壮阔画卷，无需多少润饰就可以成为一本传奇小说的全部素材。

千头万绪，我们还是从乔布斯和沃兹共同打造苹果第一台个人电脑开始讲起……

02 苹果双雄

——两个史蒂夫撬动了地球

苹果之前的电脑长什么样

不知道有多少人还记得，2010 年 1 月，乔帮主在旧金山芳草地艺术中心掏出 iPad 给全世界看的时候，大家的反应是怎样的？如果用一个词儿来概括 iPad 相对于此前所有电脑的革命之处，你最想用哪个词儿？惊艳？叛逆？炫目？颠覆？科幻？闪亮登场？震撼问世？还是，让所有电脑前辈变古董？

iPad 平板电脑只用一块薄薄的玻璃屏，就囊括了传统电脑上的键盘、显示器、主机等几大部件的功能，还附送神奇的多点触摸体验。只要想想在 iPad 上“打僵尸”和“切水果”的爽劲儿，没人会否认，iPad 是个人电脑一次翻天覆地的革命。特别是对用惯了鼠标键盘的现代人来说，用手指去操作计算机，真是一件超科幻的事儿。

可如果我说，这样的革命对苹果公司的乔帮主来说，简直是有点儿司空见惯，苹果成立时的看家产品 Apple I 和 Apple II，在革命程度上就远超 iPad——你会不会对这样的说法表示怀疑？

也难怪，看看 iPad 的样子，再看看 1976 年乔布斯搁在字节商店（Byte Shop）里当配件销售的 Apple I，一个像施华洛世奇的工艺品，另一个像不土不要钱的山寨货。这两个东东，在他们所处的时代，哪一个更具有革命意义呢？

其实，要想知道 Apple I 在它那个时代有多革命，只要看一看苹果之前的个人电脑长什么样就行了。

图 4 iPad 1 代，艺术品一样的工业设计

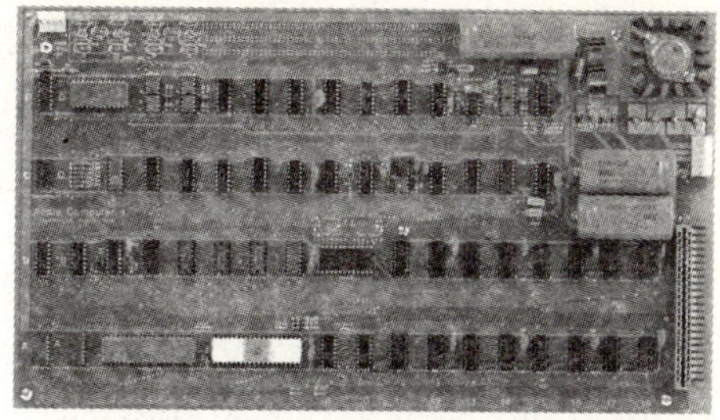

图 5 Apple I 其实就是一块作为配件销售的计算机主板

许多人说 Apple I 是世界上第一台个人电脑，这说法并不靠谱。Apple I 之前，从 1971 年开始，已经陆续有不少电脑做到只有一只旅行箱大小，可以放在家里或办公室里供个人使用了。细数起来，在苹果出现前的早期个人电脑里，最早受到当时电脑迷追捧的，还要算是 MITS 公司 1975 年初推出的Altair 8800。

Altair 8800 外表是只漂亮的铁箱子，前面板有几排整齐的红色指示灯和金属开关。熟悉 Windows 操作的现代人一定会好奇地问：这铁箱子怎么用呀？有操作手册没有？

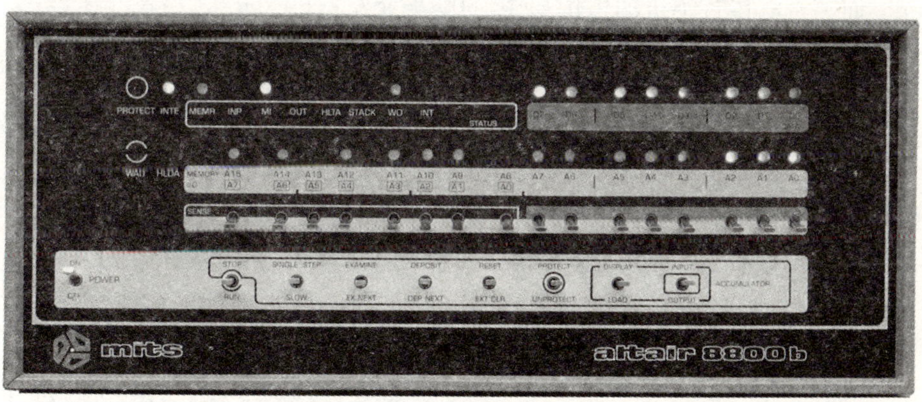

图 6 Altair 8800 的前面板

千万别提操作手册，在 Altair 8800 面前，一提操作手册，估计很多人会当场晕倒。那是一本 100 页不到的小册子，其貌不扬，里面满纸都是二

进制之类的技术术语，几乎就是一本计算机系学生必读的《计算机原理》教程。对普通用户而言，简直就是天书。

为什么1975年的用户在使用个人电脑前非要读这么一大通天书呢？道理很简单，不懂得二进制和机器语言，面前这台Altair 8800就是一堆废铁。

刚买来的Altair 8800既没有键盘也没有显示器，程序的输入输出全要靠前面板上的开关和指示灯来实现。前面板中央每个开关代表一个二进制位，拨到上面是1，拨到下面是0。输入程序其实就是用手连续拨动开关。一段最简单的算数程序，就要拨动几十次开关。要是做个复杂的统计计算，几百次的开关拨动是必须的。程序运行后，前面板最上面的8个红色指示灯就会显示运行结果——当然，那也是一个二进制数字。

天哪，一定有人瞪圆了眼睛。这样用电脑岂不要累死人！这不是计算机，这整个是台弹指神通练习器呀！

想简单些？也可以，不过，你要再破费破费，给Altair 8800配上纸带阅读器、磁带机、电传打字机之类的家伙什儿。就拿当时最时髦的电传打字机来说，你可以用它的键盘输入程序，然后把运行结果直接打印到纸上。不过，这些便利的代价是：当时一台Altair 8800的售价大概在600美元，而一台电传打字机的售价却在1500美元左右！

知道了“史前”的个人电脑有多简陋，大家就不难理解Apple I的伟大之处了。其实，个人电脑历史上的每一次革命，绝大多数都是为了用户操作电脑更方便。就像iPad把我们从键盘和鼠标中解放出来一样，Apple I最重要的革命只有一个，把人们从要命的前面板、开关和指示灯中解放出来。

Apple I的发明人，乔布斯创立苹果时的亲密战友，电脑奇才史蒂夫·沃兹后来是这样总结的：“在Apple I之前，所有电脑都有一个难懂的前面板，都没有屏幕和键盘。在Apple I之后，所有电脑都有了屏幕和键盘。”

没错，Apple I虽然只是以主板形式销售，但那块主板里已经内置了控制键盘输入和屏幕输出的芯片。用户把Apple I买回家，直接连上键盘、显示器（或电视机）就可以工作，不再有讨厌的二进制开关和红色指示灯，不再需要练习弹指神通。毫不夸张地说，是Apple I最早定义了现代个人电脑的人机交互方式。

在Apple I的基础上，Apple II继续沿着革命的道路大踏步迈进。和Apple I以主板形式销售不同，Apple II有了一个漂亮的、塑料制成的主机箱。可不要小看这个塑料机箱，要知道，苹果之前的所有电脑，绝大多数都在使用冰冷、笨重的金属机箱，更简陋些的还在使用木质机箱。Apple II的塑料机箱第一次让电脑在外观设计上有了个人消费品的味道，拉近了电脑和普通消费者的距离。

图7 Apple II 第一次有了现代电脑的模样

更重要的是，Apple II内置了BASIC语言解释器。人们可以用语法近似英语的BASIC语言编写程序，而不再需要用二进制的0和1与计算机交流。Apple II之前，Altair 8800和Apple I虽然也支持BASIC语言，但必须从纸袋或磁带上加载BASIC解释器后才能使用。Apple II是第一台开机就能用BASIC语言的电脑。

说几句题外话，还记得为Altair 8800开发BASIC语言的人吗？那一年，有个大学没毕业的小伙子为Altair 8800编写了BASIC语言解释器，并因此创立了自己的公司。后来，小伙子的公司成了世界上最大的软件公司，小伙子也成了世界首富。小伙子创立的公司叫微软，小伙子的名字叫比尔·盖茨。

让人机交互更简单，让电脑更容易使用，让计算机成为大众消费品——这是体现在Apple I和Apple II身上最为重要的革命精神，这种精神贯穿苹果30多年，直至最新的iPod、iPhone和iPad，这正是乔布斯和沃兹赋予苹果的最独特也最有价值的DNA。

革命的产品自然会受到追捧。Apple II 只用了短短 6 年就成了历史上第一部销量超过 100 万台的电脑。从 Apple I 到 Apple II，是乔布斯和沃兹真正让普通人拥有了个人电脑，是他们开创了个人电脑的第一个黄金时代。

那么，20 世纪 70 年代的乔布斯和沃兹，到底是怎样的两个小伙子，他们又是如何发明了革命性的苹果电脑呢？

两个史蒂夫

乔布斯和沃兹的名字都叫史蒂夫，却是两个性格截然相反的年轻人。乔布斯在认识沃兹之前，是个我行我素的嬉皮士，长发、胡须、流浪、毒品、汽车、流行音乐乃至参禅悟道，这些年轻人用来显摆个性的东西一样不缺。沃兹则正好相反，是个内向、腼腆、闷骚、古怪，一门心思只愿意鼓捣电器元件的超级宅男。相貌上的差别也非常明显，乔布斯潇洒、倜傥，风度翩翩，沃兹则敦实、壮硕，憨厚可爱。

IT 史上，双雄会的组合方式并不罕见。例如惠普公司的创始人威廉·休利特（William Hewlett）和戴维·帕卡德（David Packard），谷歌公司的创始人拉里·佩奇（Larry Page）和谢尔盖·布林（Sergey Brin）。但在硅谷所有二人组中，很少有像乔布斯和沃兹这样反差如此明显的联合创始人了。这种反差甚至从他们小时候就可以看出端倪。

乔布斯生于 1955 年 2 月 24 日，双鱼座。喜欢“天才转世论”的人不难发现，1955 年正是爱因斯坦去世的年份，但乔布斯生下来，可没有表现出任何在基础物理学或宇宙学方面的敏锐直觉。他一出生，就被正在攻读研究生学位，无力结婚并抚养孩子的亲生父母送给旧金山的保罗·乔布斯（Paul Jobs）一家收养。没几年，保罗·乔布斯就带着全家搬到了后来的硅谷核心区——山景城（Mountain View）。

在山景城的蒙塔洛马（Monta Loma）小学，乔布斯虽然学习成绩不错，但绝不是个听话的好孩子，恶作剧是他的拿手好戏。在他眼中，做作业纯属浪费时间，听老师的话也完全是大人的无聊说教。他屡屡因为调皮捣蛋而被学校勒令退学。他还是个爱哭的、不合群的男孩子，被同学戏弄后，他会悄悄躲到角落里流眼泪。一位老师为了调动他的积极性，居然用钱来贿赂他，只要他做完作业，就给他 5 美元。

初中第一年，乔布斯是在山景城的克里腾登（Crittenden）中学度过的。和蒙塔洛马小学相比，这所学校简直就是地狱。小混混成群结队，无赖学生惹是生非，警察经常因为学生打架而光顾校园。乔布斯虽然顽劣、孤僻，但绝不是无赖，又没有《逃学威龙》里周星星的本事。忍无可忍时，年仅 11 岁的乔布斯毅然找到父亲保罗·乔布斯，告诉他说：

"这学校糟透了。我要是再读下去，非要混到监狱里不可。"

"可我们住在这里，按就近的学区，上这所学校最方便呀。"

"我不管，"少年的乔布斯已经显露出了个性上的倔强和坚持，"宁肯不上学，我也不要在无赖扎堆儿的地方读书。"

无奈之下，为了能靠近一个好学区，让乔布斯读一所好学校，保罗·乔布斯只好选择搬家。一家人搬到了洛斯阿尔托斯（Los Altos）的克里斯特路（Crist Drive）11161 号。苹果迷们应该记住这条街和这个门牌号码，乔布斯一家搬到这里差不多八九年后，苹果公司就诞生在这所房子的一间卧室里。后来，大约在 1983 年，这所房子的门牌号被换成了 2066 号——如果今天去膜拜的话，记得不要找错了地方。

搬了新家，乔布斯也如愿以偿，进入了更好的学校。他先后在位于库比蒂诺（Cupertino）的两所中学——库比蒂诺中学和霍姆斯泰德（Homestead）高中读书。在中学，乔布斯参加了电子学兴趣班，接触到了不少电子学方面的知识，也跟着老师做了许多电路实验。

乔布斯的邻居拉里·朗（Larry Lang）是惠普的工程师，他经常带着乔布斯和一班小孩子到惠普，给孩子们讲电路原理，教孩子们用电脑。12 岁的乔布斯在惠普第一次看见了电脑。他觉得，电脑真是个神奇的玩意儿。

有一次，乔布斯想组装一个电子设备，却又缺少元件。小小年纪的他居然想起，既然惠普是最好的电子产品制造商，那惠普的老板一定有办法

图 8　霍姆斯泰德高中电子学兴趣班的名册，
中间那张照片上的小伙子就是乔布斯

帮他解决问题。乔布斯从公共电话本上查出惠普创始人威廉·休利特（就是 HP 两个字母中的那个 H）的电话号码，抄起电话就直接打给休利特。

没想到，休利特居然真的接了电话。当休利特知道电话那一头不仅是个慕名求助的毛头小伙子，而且还是一个小小的电子爱好者时，他有些哭笑不得。但善良的休利特还是耐心地跟乔布斯聊了 20 多分钟，最后，休利特不但给乔布斯提供了元件，还为他安排了一份暑期在惠普实习的工作。这让乔布斯大喜过望。

“那年夏天，我在惠普学到了很多很多东西。”乔布斯后来回忆说。

说来神奇，乔布斯进入霍姆斯泰德高中时，另一个史蒂夫——史蒂夫·沃兹——刚刚从同一所高中毕业。两个同为霍姆斯泰德高中校友的史蒂夫，就这样擦肩而过。

史蒂夫·沃兹比乔布斯大 5 岁，狮子座，住在紧挨着库比蒂诺的森尼韦尔（Sunnyvale）。沃兹有个神秘的老爸，从记事时起，沃兹就只知道老爸是工程师，在洛克希德（Lockheed）公司工作，负责高度机密的军事项目。沃兹小时候凭着自己的聪明劲儿，偶然侦察出老爸当时从事的项目和著名的“北极星”潜射弹道导弹有关。军事迷们一定知道，“北极星”在潜射弹道导弹发展史上的地位，差不多相当于Apple I在个人电脑历史上的位置。有这么牛的老爸，沃兹从小就受益匪浅。他至少从老爸身上学到了两样东西：一是极度忠诚、守信的价值观；二是对工程技术的热爱。

一生对家人保守秘密并不容易。沃兹的老爸做到了。他告诉沃兹说："我是个信守诺言的人。"他还告诉沃兹说："撒谎比做错事更可怕，甚至和谋杀差不多。"这些话从小就在沃兹心里扎下了根。沃兹后来在自传中回忆说："直到今天，我从没撒过谎，一点儿都没有。当然，善意的恶作剧除外。为了娱乐而开的玩笑不能算是撒谎。"

的确，沃兹一生心胸坦荡，既没有欺骗过别人，也没有因别人（包括乔布斯）的欺骗而怀恨在心。但正如他自己所说，善意的恶作剧除外——这是因为，沃兹虽然从小就害羞、内向，却像乔布斯一样，是个整蛊搞怪的大师。

沃兹在霍姆斯泰德高中读书时，就用废旧电池自制过一个看上去像是爆炸装置的圆筒，然后把它放进同学的衣帽柜。那个圆筒不但带着几根花花绿绿的导线，还会滴答滴答乱响。这起恶作剧的结果是，当时的霍姆斯泰德高中校长冒着"生命危险"捧着沃兹的杰作，把它丢到开阔的操场中间，然后打电话叫警察来甄别"炸弹"的真伪。

即便上了大学，沃兹也天性不改。在科罗拉多大学博尔德分校上大学一年级时，老师在课堂上用闭路电视教学，沃兹就自制了一个可以直接干扰闭路电视的遥控器藏在课桌里。结果，老师讲课时，闭路电视的图像总是不清楚，老师以为是电视信号的问题，就去调试电视机。没想到，老师只要抬起一只胳膊或一条腿，信号就恢复正常。沃兹的小把戏骗过了一位天真且富有奉献精神的老师，他为了保证教学质量，竟站在讲台上辛苦地悬空抬着一条腿，坚持把课讲下去。

玩闹归玩闹，因为有老爸的言传身教，沃兹从小在电子学方面表现出来的兴趣和天分可不是盖的。他七八岁时就了解了电流、电阻、电压之类的基本知识，在老爸的指导下弄懂了灯泡为什么会发光的物理学原理。据沃兹自己说，他六年级时做过一次智商测试，结果是惊人的200+！

很小的时候，当沃兹看到老爸在一堆电子设备前工作，努力使示波器显示某种特定波形的时候，他就很认真地想："哎呀，老爸生活在怎样一个神奇的世界里呀！在这个世界里，人们知道如何把这些小元件组装起来，让它们协同工作，实现某种功能——这些人一定是世界上最聪明的人。"

沃兹自己就是这群最聪明的人中的一员。

小学四年级时，沃兹从父母那里收到了一份圣诞礼物—— 一套业余电子爱好者的工具和电子元件套装。有了这些电线、晶体管和开关，沃兹不但学到了更多电子知识，还拥有了人生第一个宏伟的工程计划——帮自己和邻居小伙伴们开发一套房屋到房屋间的"远程"通讯装置。他和小伙伴们一道，集齐了所有必要的装备和工具，自己设计电路、搭接电线、调试信号。项目完成的那天，沃兹和小伙伴们兴奋得彻夜难眠。他们在午夜拿起话筒，相互拨通，然后对着话筒说：

"嘿，这玩意儿真酷！你能听见我吗？"

"嘿，按你那边儿的呼叫按钮，让我们看看那个按钮好使不。"

"试试我的蜂鸣器，呼叫我一次！"

"……"

一群十一二岁的小孩子，在沃兹的率领下，第一次体验到了工程师完成一个项目的满足感。很快，他们就把这套通讯系统改装成了和家长捉迷藏的工具。沃兹把蜂鸣器换成了闪烁的灯泡。午夜时分，小伙伴们互相用这套无声的通讯装置发暗号，一起爬窗户溜出家门，去外面骑自行车、聊天或是搞恶作剧。

双雄会

乔布斯即将开始霍姆斯泰德高中的最后一年学业时，两个曾经在这所中学擦肩而过的史蒂夫终于有机会完成他们人生第一次相遇了。在不久的将来因为电脑而声名鹊起的两个年轻人，第一次见面的机缘竟然也是电脑。像苹果电脑一样，这台促成两个史蒂夫会面的电脑，也有一个好吃的名字——奶油苏打水电脑。

当时，沃兹只在科罗拉多大学博尔德分校读了一年，就回到了老爸为他推荐的、更便宜且离家更近的德安萨（De Anza）社区大学读大学二年级。那个时候，沃兹在工程技术上的兴趣已经聚焦到了电脑设计和制造上。读书及暑期打工期间，他有机会深入观察、研究了通用数据（Data General）公司的Nova小型机。他尝试着用电器元件组装自己的Nova克隆机。为此，他甚至给通用数据公司写信，要回了几百页的内部文件。沃兹贪婪地学习着电脑设计和制造知识，梦想着有一天能造出比当时所有计算机都好得多的电脑。

沃兹的邻居比尔·费尔南德斯（Bill Fernandez）也是个电脑迷。没多久，两个小伙子就开始在费尔南德斯家的车库里设计和组装电脑。连续几个星期，两个人通宵达旦，猫在车库里挥汗如雨。最终的成品电脑比后来的Apple I原始不少，因为内存和计算能力有限，既不能玩游戏也不能做复杂的数学计算。但那的确是一台可以工作的、真正的电脑。造电脑的这几个星期里，两个小伙子喝得最多的饮料是克莱蒙特奶油苏打水。于是，两个人干脆将这台纯手工打造的电脑命名为“奶油苏打水电脑”。

为了炫耀自己的电脑设计功力，沃兹通过妈妈的关系，邀请了附近一家报纸的记者来参观奶油苏打水电脑。记者来到车库的时候，沃兹与费尔南德斯完全沉浸在幻想中，憧憬着自己可以登上报纸的头版头条。没想到，记者刚提完问题，拍完照片，就一脚踩在了电源线上，一股浓烟从电脑里冒了出来。

费尔南德斯当时还在霍姆斯泰德高中上学，和乔布斯同校。费尔南德斯和乔布斯有个共同的特点，他们都不大合群，属于孤零零站在人群外冷眼旁观的类型。正因为如此，两个人相互成了难得的知己。费尔南德斯知道，乔布斯对电子学、电路、电脑之类的玩意儿也很感兴趣，就请乔布斯到自己家的车库参观奶油苏打水电脑，以及会见电脑的主设计师沃兹。

苹果双雄的第一次会面并没有传说中风云际会的场面。据沃兹的回忆，费尔南德斯有一天对他说：“嘿，有个小伙子你必须见一见。他和你一样喜欢恶作剧，也和你一样喜欢鼓捣电子元件。”于是，在一个普通得不能再普通的白天，费尔南德斯把沃兹和乔布斯叫到自己家，两个史蒂夫就坐在费尔南德斯家门口的人行道边，聊了很久很久。聊的主要内容，是他们两个各自如何调皮捣蛋、整蛊搞怪的“劣迹”。当然，也聊了些如何设计电子电路之类的问题。

沃兹当时觉得，乔布斯和自己有不少共同点，至少，在整蛊搞怪上完全是同一类人。但很明显，乔布斯也有着沃兹所不具备的特殊能力。比如，沃兹能亲手打造复杂的电路，但拙于言辞，很难把自己的设计明明白白地讲给别人听，也很难告诉别人这个东西到底有什么好处。乔布斯似乎天生就有展示和推销某个物件的本领，任何一个设计只要被乔布斯弄懂了，他就能用最浅显、明白的话，把这个设计的原理、用途、优点讲出来，而且，他总是能第一个发现某项技术对普通人有什么用。

乔布斯觉得，沃兹是个典型的宅男。自己虽然孤僻高傲，但绝对算不上宅。而沃兹就像一只生活在电路板上的爬虫，除了电路设计和恶作剧，对其他东西毫不关心。当然，宅男通常都有超能力，沃兹的超能力不用说，就是设计和组装电子元件。即便高傲如乔布斯，也不得不承认这一点。在此之前，乔布斯虽然也自己鼓捣过电路设计，但和沃兹亲手组装电脑相比，乔布斯玩过的所有技术活儿都变成了小儿科。

后来，乔布斯谈起两人相见的故事时，有一句流传很广的话。他说：“沃兹是我见过的第一个比我还懂电子学的人。”

这句话本身并不一定有什么错，但被媒体传播得如此之广，以至于大家多少都误会了其中的意思。乔布斯说沃兹是他见过的第一个比他还懂电子学的人，言外之意，自己的电子学水平，距离一个能亲手打造电脑的天才并不是很遥远。可事实上，这多半是出于乔布斯自负、孤傲的天性。

很多年后，双雄会的另一方，沃兹是这样评价乔布斯的电子学水平的，他说：“乔布斯不大懂电子学。”

不大懂电子学的乔布斯和精通电子学的沃兹在青年时代，难得有一个共同的爱好——恶作剧。两个人合作的第一个项目，就是一个不折不扣的恶作剧——蓝盒子（Blue Box）。

两个史蒂夫见面后不久，沃兹已经靠暑期打工赚到了足够的学费，可以到加州大学伯克利分校读大学三年级了。估计已经有细心读者发现了，沃兹因为学费问题，大学的头三年换了三所不同的学校。在中国大学里，即便是在今天，这也是件很难想象的事情。美国灵活的教育体制，为那些家庭并不宽裕的天才们提供了足够的宽容度和成长空间。更有趣的是，后来沃兹没有读大学四年级就去惠普公司工作，直到创立了苹果公司后很久的 1981 年，才又回到伯克利，用化名洛基·克拉克（Rocky Raccoon Clark）继续读完了大学的最后一年。我们不能不感叹，硅谷的天才们真的拥有世界上最好、最人性化的教育环境。

去伯克利读大三之前，沃兹在厨房里无意间发现了一本《时尚先生》（*Esquire*）的杂志。他信手翻开杂志，看到了一篇题为“小蓝盒子的秘密”的文章。文章从第一段开始，就一下子吸引住了沃兹。其实，那篇文章是以猎奇的口吻，介绍美国当时一群盗打电话的黑客。按照文章中的说法，这些神出鬼没的黑客只要在某个公共电话亭里摘下电话，拨出一串 800 或 555 的免费号码，然后用口哨或哨子模拟某种特定的电话拨号音，就可以控制电话交换系统。用这种神奇的方法，分布在美国各地的黑客们可以在任何时间免费拨打国内或国际长途电话。文中提到，有一位叫咔嚓船长（Captain Crunch）的黑客使用了一个名叫蓝盒子的装置，可以准确地发出不同频率的哨音，而且能在美国各地的电话机上使用。

既喜欢恶作剧也喜欢工程技术的沃兹一下子着了迷。直觉告诉他，这篇文章里介绍的盗打电话方法可能是真的。文章所说的蓝盒子，应该是一个能稳定发出不同频率声音的电子装置。从文章里的描述，甚至可以推断出盗打时需要使用的每种声音的频率和周期。沃兹心动了，能制造一个如此酷的电子产品，然后用它来盗打电话，这简直就是给自己和乔布斯量身定制的最佳恶作剧项目呀！

沃兹在第一时间打电话通知乔布斯，两人一拍即合，开始协同工作。他们一起研读文章，一起去图书馆查资料，学习电话交换和音频电路原理。两人搭建了基本的音频电路，尝试着寻找电话号码和不同频率声音之间的对应关系。终于，沃兹和乔布斯发现，《时尚先生》杂志那篇文章里提到的声音频率数据都是准确的：号码“1”是被调制成700赫兹与900赫兹两个音调的组合，号码“2”是700赫兹与1100赫兹的组合，号码“3”是700赫兹和1300赫兹的组合，等等。

“哦，我的天！这玩意儿是真的！”

两个人兴奋莫名，不断地重复着这句话。他们一起完成了蓝盒子的最后组装工作，并怀着忐忑的心情拨通了一个555免费电话，然后用蓝盒子播放预先设定的音频。很不幸，第一次试验没得到任何结果，他们的蓝盒子没能骗过电话交换系统。开学时间已经到了，沃兹只好赶到伯克利上课。但他始终没有放弃，一边上课一边琢磨如何改进蓝盒子。几个星期后，沃兹得意地把第一个制作完成并可以工作的蓝盒子带回来给乔布斯看。

两个人用蓝盒子盗打的第一个电话是个随机选出来的号码，区号714。实际上那是加州橙县（Orange Country）一个陌生人的电话号码。但乔布斯以为电话打到了另一个州。电话一接通，年轻的乔布斯高兴到了极点，他对着听筒大叫：“我们是从加州打来的！从加州打来的！用蓝盒子打的！”当年那个橙县的陌生人如果知道，打骚扰电话的是后来发明苹果电脑的史蒂夫双雄，不知道会作何感想。

其实沃兹并不想用蓝盒子做违法的事，只想通过设计蓝盒子证明自己和那篇文章里的黑客一样棒。但乔布斯显然对盗打免费电话很有兴趣，他还敏锐地发现，可以通过卖蓝盒子赚钱。乔布斯甚至几经周折，联系上了《时尚先生》杂志里提到过的著名黑客咔嚓船长，给咔嚓船长演示了他们的蓝盒子。

一天，和咔嚓船长分别后，乔布斯开车带沃兹回自己家，因为沃兹把车停在了乔布斯家里。在高速公路上，乔布斯的车子出了毛病，发动机动力全无。乔布斯凭着高超的车技，居然在车子完全停下来之前，机敏地将车停在了路边的安全地带。两个人走进路边加油站，想用加油站里的收费电话向朋友求助。这时，乔布斯又想起了蓝盒子。他尝试着用蓝盒子拨打朋友家的电话，但连续两次都没有成功。突然，一位警察不知从什么地方跳了出来。事情发生得太快，乔布斯甚至没来得及把手里的蓝盒子藏起来。

警察指着蓝盒子问他们俩："这是什么东西？"

"这是音乐合成器。"两个人一边说，一边按动蓝盒子上的按钮，播放出几个不同频率的声音。

"那……这个橙色的按钮是做什么用的？"警察警觉地看着两个人。

橙色的按钮用来发出2600赫兹的声音，这个声音是劫持电话线路的关键。沃兹正不知如何作答，乔布斯抢先说："这是校音用的。"

这时，又出现了第二位警察。他从第一位警察手里接过蓝盒子，仔细端详了半天，问了和第一位警察同样的问题后，进一步问乔布斯："这盒子是怎么工作的？"

"电脑控制的。"乔布斯回答道。

"电脑？电脑在哪里？"

"在里面，电脑连在盒子里面。"乔布斯一边回答，一边浑身哆嗦。

最终逃过一劫的两个史蒂夫浑身直冒冷汗。但恶作剧的天性并不会被警察吓跑。不久，他们两个就开始在伯克利的学生中间推销蓝盒子。乔布斯负责采购价值40美元的元件，沃兹负责生产组装，然后用150美元的价格卖出。每次在学生"客户"面前，乔布斯总是像个职业推销员那样，激情洋溢地介绍蓝盒子的优点。沃兹的技术，加上乔布斯的营销天分，蓝盒子的销路居然不错。

不过，蓝盒子毕竟是违法的勾当，乔布斯和沃兹一直对这件事可能引发的后果忐忑不安。1972年，和两个史蒂夫见过面的黑客咔嚓船长东窗事发，因线路欺诈罪被警察逮捕。两个史蒂夫只好放弃了持续将近一年的蓝盒子生意。这之后，乔布斯去里德大学（Reed College）读书，沃兹则在大三毕业后到惠普公司上班。两个人暂时分开了一段时间。等史蒂夫双雄再次聚首，苹果电脑就已经呼之欲出了。

有追求的嬉皮士

1972年，高中毕业的乔布斯"必须"上大学读书。这个"必须"是有来历的。乔布斯本人在2005年斯坦福大学毕业典礼的演讲中，第一次亲口向公众讲出了其中的原委。

1955年乔布斯出生时，他的亲生父母阿卜杜勒·法塔赫·江达利（Abdulfattah Jandali）和乔安·辛普森（Joanne Simpson）本来想把他寄养在受过高等教育的律师家庭。没想到律师临时改了主意，希望收养一位女孩儿。保罗·乔布斯幸运地得到了收养这个旷世奇才的机会。但乔布斯的亲生父母很快得知，保罗·乔布斯和他的妻子克拉拉·乔布斯（Clara Jobs）从没接受过高等教育。这让乔布斯的亲生父母很为难，他们拒绝在收养合同上签字。最终，保罗·乔布斯郑重地向乔布斯的亲生父母承诺，将来一定让这孩子上大学，双方这才达成了收养协议。

里德大学是乔布斯自己选的学校，位于俄勒冈州的波特兰。此前，乔布斯曾去里德大学探望过一位朋友。显然，那次大学之旅一定有什么地方吸引了这个桀骜不驯的小伙子。他从里德大学回来后，就再也不把其他大学放在眼里。他直接告诉父亲保罗·乔布斯说："我必须上里德大学。"

保罗·乔布斯被里德大学高昂的学费吓住了。

"咱们能上个便宜点儿的大学，或者离家近点儿的大学吗？"父亲试着和儿子商量。

"可我只想上那所大学。要是上不了，我就哪儿也不去。"乔布斯又摆出当年要求父亲搬家给自己换中学时的执拗劲头。

保罗·乔布斯再次妥协了，也许是因为当年收养乔布斯时对乔布斯亲生父母的承诺，也许是因为他对乔布斯的爱，总之，父亲开车把儿子送到波特兰，乔布斯得偿所愿。

天知道乔布斯当时为什么喜欢里德大学，反正绝不是因为这里的教学环境。事实上，乔布斯只在学校里听了一个学期的课，就干脆利落地办了退学手续。老实说，从乔布斯到里德的第一天起，他的心思就没放在读书上。

里德大学以思想开放著称，校园本身就是各类流行思想和叛逆行为的集散地。乔布斯上学的那个年代，美国刚刚经历思想大解放的洗礼，嬉皮士、垮掉的一代、迷幻药、先锋艺术等五花八门的思潮正在大碰撞、大融合。

1999年，一部讲述乔布斯和盖茨的创业历程，名为《硅谷传奇》（*Pirates of Silicon Valley*）的电影在一开头就为我们再现了乔布斯和沃兹所处的那个时代。电影里，还在上中学的“乔布斯”和正在伯克利读书的“沃兹”在大学校园里亲历了学生们的示威游行和警察的干预和抓捕。两个大孩子在混乱的人群中一边奔跑、躲避，一边兴奋地叫喊。

《硅谷传奇》这部电影本身充满了艺术加工和杜撰的成分，但电影所反映的时代氛围和情感是真实的。现实世界里的沃兹后来评价这部电影时说：“尽管电影里的人物、时间、地点经常出错，但人物性格很准确。当看到电影开头的催泪瓦斯和混乱场面时，我惊呼道：‘天哪！那时就是那个样子的！’”

在里德大学，嬉皮士们甚至找到了一处名叫“苹果农场”（Apple Orchard）的地方，把那儿建成了叛逆文化的乐园。年轻气盛、特立独行的乔布斯一到里德，就像青苗发现了沃土，一下子找到了自己最喜欢的生活。

和所有那个年代的嬉皮士一样，乔布斯听着鲍勃·迪伦（Bob Dylan）的民谣和披头士（Beatles）的摇滚，读着“垮掉的”诗人艾伦·金斯堡（Allen Ginsberg）的嚎叫主义诗篇，吟诵嬉皮士教父蒂莫西·利里（Timothy Leary）的名言，在校园里穿着满是破洞的衣服闲逛，交结些趣味相投的狐朋狗友，和男孩子们一起泡妞、酗酒，尝试迷幻剂等毒品带来的邪恶快感……他只用了一个学期就发现，他来里德的目的不是读书，而是体验。他坚决退学的时候可并不知道自己的身世，也不知道养父曾对亲生父母有过什么承诺。

里德大学的开放不是白来的。即便像乔布斯这样上了几天学就办退学手续的人，校方也不排斥。他们居然允许乔布斯在学校里赖着不走，如果哪天心血来潮，还可以到教室里旁听课程。

乔布斯后来说：“我决定要退学，而且觉得这行得通。我当时确实非常害怕，但现在回想起来，那是我曾经做过的最好的决定之一。在我退学的那一刻，我终于可以不必去读那些根本提不起兴趣的必修课了，我开始去旁听更有意思的课程。”

当然，退了学就没有了宿舍住，吃、住都成了嬉皮士乔布斯必须考虑的问题。他先是在附近的居民区租房，手头紧的时候就干脆在同学宿舍的地板上凑合睡。吃饭则更是有上顿没下顿，他有时不得不去捡可乐瓶子换钱填饱肚子，或者在星期天走大约 7 英里远，到一处寺庙吃每周一次的免费餐。在里德，乔布斯过上了真正的流浪汉生活。

通常的乔布斯传记在讲到这一段时，总是刻意渲染乔布斯的嬉皮士特征，很少有人真正注意到，乔布斯和那些只知道无原则叛逆和追求另类生活的嬉皮士相比，有一个明显的特点——他是个有追求的嬉皮士。

“我喜欢那种生活，”乔布斯说，“我追随着我的直觉和好奇心，当时经历的许多东西后来都被证明是无价之宝。”

在里德大学，当大多数小混混沉溺于酒精、毒品和色欲的时候，乔布斯找到了思想上的依托——禅。没错，就是佛教里的禅宗。当然，乔布斯在里德大学修习的禅宗，虽然勉强算是从六祖传承下来的禅宗支脉，但离我们熟悉的“直指人心，见性成佛”的中土禅宗，还是有不小的距离。

乔布斯学禅的入门读物是日本禅师铃木俊隆用英文写的《禅者的初心》（*Zen Mind*，*Beginner's Mind*）。追源溯流，铃木俊隆算是禅宗南五家之一的曹洞宗在日本的传人。1959 年，铃木俊隆禅师抵达美国，凭着六祖“人虽有南北，佛性无南北”一句话，立志教授全无佛学根基的美国人修习禅道，以弘扬佛法。《禅者的初心》就是铃木俊隆禅师为那些对佛学一窍不通的美国人写的英文入门读物。

教美国人学禅并不是件容易的事。铃木俊隆禅师自有一套通俗易懂的教学法。有一次，一个美国学生问铃木俊隆禅师，为什么日本人的茶杯做得这么纤细精致，很容易被大咧咧的美国人不小心打碎。铃木俊隆禅师回答说：“不是它们做得太纤细，而是你不知道如何去掌握它。你必须因应情境来调整自己，而不是要环境来配合你。”

因为文化不同，很少有美国人能真正理解禅的奥妙。但毫无疑问，乔布斯属于极少数的例外。禅宗不看重经文，不讲究繁文缛节，不提倡繁琐思辨，“一切唯心、万法唯识”，讲究发自内心的顿悟。这种思维方式正合乔布斯的心性。从《禅者的初心》里，乔布斯看到了一个清净、澄澈、可以任由思维自由行走的理想世界。

因为有追求，乔布斯在里德大学期间，总是根据兴趣到教室旁听对自己有用的课程，例如英文书法课。他后来说：“如果我在大学里没有旁听过英文书法课，Macintosh 电脑就不会有那么多漂亮的、比例匀称的字体。”

不得不说，乔布斯后来在苹果体现出的各种天才，包括慧眼独具的战略思考、艺术唯美的产品设计，多少都有一些他此前参禅悟道的影子。正如《禅者的初心》所说：

“做任何事，其实都是在展示我们内心的天性。这是我们存在的惟一目的。”

也许，乔布斯终其一生，都是在实践铃木俊隆禅师的这句话。

乔布斯在里德大学一边学禅一边游荡的时候，沃兹已经在伯克利结束了自己的大学三年级课程。1973 年 1 月，沃兹找到了一份当时所有工程师都梦寐以求的工作——在惠普公司设计计算器。

在沃兹心中，惠普是一个完美的工作场所，有漂亮的办公环境，有无数技术天才聚集在一起讨论问题，有最酷的电子设备和最好的计算机。他进入惠普公司时就告诉自己，这里是一个值得为之工作一辈子的地方。

无论是在上学期间，还是在惠普，沃兹对当时社会上流行的嬉皮士文化并不感冒。他觉得，自己和那些嬉皮士根本不是一类人。他从没碰过毒品，30 岁以前甚至没喝醉过。个性上的腼腆和内向，让他可以把更多时间和精力集中到工程技术上。

1974 年年初，乔布斯终于离开了里德大学，回到了洛斯阿尔托斯的家。这倒不是因为他厌倦了嬉皮士和禅宗并行的生活，而是因为他脑子里冒出了更大的理想——他想筹到一笔钱，然后去印度朝圣，研习更深奥的佛法。

为了筹钱，他必须找一份工作。可是，谁会要一个只在大学校园里鬼混了两三年，根本没好好读过书的嬉皮士呢？从一份报纸广告里，乔布斯找到了一家他喜欢的公司。这家公司叫雅达利（Atari），是美国最早开发电视游戏机的公司。1970 到 1980 年前后的许多经典街机，都是雅达利公司的手笔。

乔布斯走进雅达利公司，对该公司的工程师撒谎说，自己正在参与惠普公司的计算器研发。那语气，就好像他正在惠普工作一样。雅达利那会儿正缺人手干活儿，他们没有核实乔布斯说的是真是假，就直接为他提供了一份每小时 5 美元工资的临时工职位。

乔布斯虽然没接受过正规的电子学教育，但凭着聪明的头脑，他居然胜任了雅达利公司的工程师工作，像模像样地在雅达利负责游戏机出厂前的调试。等攒到了足够的钱，乔布斯就向公司告了假，和自己大学时的铁哥们儿一起，去欧洲和印度游历了。

印度之行给乔布斯留下了毕生难忘的印象。他第一次看到无数穷苦人在城市里、在田间辛勤劳作。满街都是和嬉皮士打扮类似的流浪汉。不同的是，美国嬉皮士是自己追求叛逆的生活方式，而印度的穷苦人则是迫于生活的无奈。乔布斯发现，那些在田间劳作的人使用的还是几千年前的原始农具。除了参禅求佛之外，这恐怕是乔布斯在印度之行里的最大收获。乔布斯第一次真切地感受到，一种好用的工具将会给人们的生活带来多么大的帮助。他觉得，自己可以为这个世界做些什么，脑海里正有一个梦想慢慢浮现出来：

“我要改变世界！”

打砖墙骗局

从印度回来，乔布斯继续在雅达利打工，和沃兹也有了更多在一起的机会。那时，雅达利公司最有名的产品是电视游戏机乒乓（Pong）。和雅达利没有半点儿关系的沃兹完全凭着自己的钻研劲儿，宅在家里生生克隆出了一台乒乓，而且，沃兹的版本比原版游戏机用的芯片少得多。当然，沃兹做这个不是为了卖钱，完全是为了显摆技术和好玩。

一天，乔布斯很兴奋地找到沃兹，告诉他雅达利的老板诺兰·布什内尔

(Nolan Bushnell）想做一款比乒乓更好的小球撞击类游戏——打砖墙（Breakout）。

“嘿，这真让人激动。”乔布斯对沃兹说，“单人玩的游戏机，不像乒乓那样必须要两个人玩。而且，可以从不同方向打落砖头，这个游戏肯定更好玩！”

“嗯，听上去不错。”沃兹曾经给布什内尔显摆过他自己克隆的乒乓。当时，布什内尔被沃兹只用很少芯片就实现了一模一样的功能惊呆了，当即要给沃兹一份工作机会。沃兹只喜欢在惠普做工程师，婉言谢绝了布什内尔的邀请。

“老板说，这游戏得由你来开发，你是最佳人选。”乔布斯说。

“我？”沃兹嗫嚅着问，“为什么是我？”

“当然是你呀！”乔布斯抢着说，“你是专家，你能用更少的芯片做出功能更强的游戏机。诺兰看过你的克隆乒乓。你知道吗，诺兰都快要疯掉了，现在雅达利的游戏机，动辄要200多个芯片，成本越来越高。他知道你是行家，点名要你来做呢。”

“喔，诺兰的确看过我做的东西。”

“对呀，只有你能干出这个活儿呢！来吧，来帮忙吧！”

“好啊。”沃兹没多想就答应了乔布斯。

“好，”乔布斯说，“不过，有个要求，这游戏机必须在四天内开发出来。”

“我倒！”沃兹恨不得把乔布斯打一顿，“你疯了？谁能在四天内开发一台新的游戏机？游戏机可全是芯片拼出来的，每条线、每个触点、每块芯片都要小心设计。这怎么也是两三个月的活儿吧。”

“你不一样呀。我知道你行的！要不然，诺兰哪里会点名要你来做呢？”乔布斯使出了激将法。

“好吧，好吧，真拿你没办法。”

就这样，两个史蒂夫躲在屋子里连续工作了四天四夜，几乎都没有合过眼。大多数时候，两人坐在同一张长凳上并肩工作。沃兹负责设计电路，乔布斯则根据沃兹的设计组装面包板。有时候，在等乔布斯组装面包板的时候，沃兹就到旁边一台游戏机上玩计时赛车游戏 Gran Trak 10。

四天四夜，两个史蒂夫真的设计出了打砖墙游戏机，而且，仅仅用了45 块芯片。

“这个项目的报酬是 750 美元。”乔布斯对沃兹说，“这是你的一半，375 美元。”

沃兹对报酬没有任何异议，他本来也不是为了钱来干这个活儿的。可沃兹怎么也没有想到，好朋友乔布斯在这里狠狠骗了自己一遭。

雅达利给乔布斯的开发费用的确是 750 美元，但乔布斯向沃兹隐瞒了一个事实：这项目还有附加奖金。雅达利的老板为了鼓励工程师减少芯片使用量，在这个项目上承诺，与此前一个用了 95 块芯片的参考设计相比，每少用一个芯片，就另外奖励 100 美元。沃兹最终只用了 45 块芯片就完成了任务，额外的奖金足足有 5000 美元。这 5000 美元奖金，居然在沃兹毫不知情的情况下，被乔布斯一人独吞了。

直到 12 年后，沃兹才从雅达利的朋友那里听说了事情的真相。乔布斯对沃兹的这次欺骗，是两个史蒂夫几十年的友谊里最耐人寻味的一件事。很难讲乔布斯当时憋了多坏的心眼儿，也许他只是一时贪财，或者只是想在好朋友身上搞一次恶作剧。

得知真相的沃兹跑去当面质问乔布斯时，乔布斯只是耸了耸肩膀说：“那时，我们都是孩子，你懂的。”

沃兹后来回忆说：“他骗了我，我很受伤，但我并没有太介意。你知道的，人和人是不同的。我没必要为了和乔布斯在雅达利的合作而感到后悔。”

的确，那时两个史蒂夫还都是 20 岁上下的孩子。无论那一次是过火的玩笑还是恶意的欺骗，在两个人并肩战斗的岁月里，都只是一个小插曲。沃兹并没有因为这个小插曲而对乔布斯怀恨在心，乔布斯也没有因为这个小插曲而觉得自己和沃兹之间有什么隔阂。

自制电脑俱乐部

1975年，除了少数报刊，还没有多少人把南湾区的圣克拉拉谷（Santa Clara Valley）叫做硅谷。那一年的春天，苹果还是一种水果，视窗还是一扇窗户，因特网的名字还只有实验室里的少数几个人知道，比尔·盖茨还在哈佛大学为是否退学创业而烦恼……

即便不叫硅谷，南湾区也从来都不缺少热爱电脑的极客。其实，从20世纪60年代起，硅谷就是全美国最有工程师氛围的地方。在乔布斯和沃兹小的时候，几乎每个买了电视和收音机的人都大致懂些电子管或晶体管的电路原理，硅谷大多数城镇都有电子元件商店。洛克希德、仙童半导体等老牌公司里的资深工程师们，为硅谷赋予了最浓郁的科技色彩，也为那些喜欢工程技术的小伙子们提供了最好的学习和模仿对象。

青春满溢，激情与智慧无处收纳的年轻人从收音机玩到电视，再从电视玩到电脑。他们不仅自己玩，还组织了各式各样的小团体，聚集在一起交流经验、切磋技术、比试高低……这是一个属于乔布斯、沃兹这样的技术侠客的黄金时代。

3月，硅谷的一群年轻人，在戈登·弗伦奇（Gordon French）和弗雷德·摩尔（Fred Moore）的号召和组织下，像武林侠士发英雄帖开英雄会一样，正式贴出海报，广招电脑DIY高手，定期召开自制电脑技术讨论会，他们管自己的组织叫自制电脑俱乐部（Homebrew Computer Club）。武林侠士开英雄会多半是为了扶危济困、拯救世界，自制电脑俱乐部的极客会员们也有着自己的共同理想：学习并制造电脑，让每个人都买得起、用得起电脑。

让每个人都用上电脑。这几乎和乔布斯与沃兹的理想一模一样。从某种意义上说，是自制电脑俱乐部孕育了苹果，也孕育了个人电脑的第一次辉煌。

很多年以后，微软试图使大家相信，是比尔·盖茨最早提出了“让每个人都用上电脑”的伟大理想——显然，这不是事实，自制电脑俱乐部的先驱们才是这个理想的版权所有人和最早实践者。

两个史蒂夫很快就被这家俱乐部吸引，一起参加技术讨论会。不过，乔布斯很快发现，俱乐部的成员大都是技术极客，长相稀奇古怪，说话口音各异，讨论起技术细节来喋喋不休，却很少关心一项新技术会怎样改变人们的生活。沃兹则一下子就被俱乐部里的技术讨论氛围所吸引。不过，与其他技术极客不同的是，沃兹只是倾听别人讨论，他在心里默默地做着计算和评估，却几乎从不发言。

有一天，俱乐部里出现了一台刚问世不久的 Altair 8800。大家被 Altair 紧凑、精妙的设计所吸引，整个屋子里充满了赞叹和艳羡。

“瞧，这就是我们心中那台理想的个人电脑呀!”

“瞧它的电路板，设计得多巧妙!”

“我们俱乐部的目标，不就是这样一台电脑吗?”

“它的面板也很棒！懂机器语言的人操作起来得心应手。”

“是啊，是啊！我们应该造一台像 Altair 8800 一样的电脑!”

“没错，自制电脑俱乐部的目标就是和 Altair 8800 一样好的电脑!”

在武侠小说里常见的英雄会上，总会有来自五湖四海的英雄们在聚义厅内大吵大嚷，为了在拳脚技艺上分个高下而面红耳赤甚至大打出手，也总有那么一两个真正的大侠，一言不发，眼皮连抬都不抬地坐在角落里，不到最后紧要关头，绝不显山露水。自制电脑俱乐部的会员们围观 Altair 8800 并试图仿制时，情形大抵如此。大多数会员摩拳擦掌，跃跃欲试，只有两个人坐在角落里一言不发。大家一定猜得出，这两个人一个是乔布斯，另一个是沃兹。

乔布斯心想：“真是一群只知道崇拜时髦技术的宅男。像 Altair 8800 这样，必须会机器语言才能用的电脑，就是免费赠送，普通家庭也不会要。真正的电脑一定要易用，一定要解决实际生活、工作中的问题。”

沃兹心想：“Altair 8800 算得了什么？它用的 CPU 未必就是最好的选择，它的主板设计太复杂了，满是开关和灯泡的面板更是最大的败笔。一台个人电脑，怎么能没有键盘和显示器呢?”

“你能造出比 Altair 8800 更好的电脑?”乔布斯看到沃兹若有所思的样子，预感到他一定在酝酿着什么惊世骇俗的计划。

“为什么不呢?”沃兹轻描淡写地说，“个人电脑应该更小，更紧凑，应该有更好的人机交互方式，比如键盘和显示器。”

“听上去不错!”乔布斯清楚他这个老搭档的实力，“动手吧，做出来，拿过来给他们看看，保管让这些人羡慕到死。”

说动手就动手，沃兹回到家就闷头工作。选芯片，设计电路板，调试控制电路，编写机器语言程序。1975 年 6 月 29 日，星期日，计算机历史上一个值得纪念的日子。沃兹将制作完成的主板与键盘、显示器连接，在键盘上键入一个字符，那个字符实时地在屏幕上显示了出来。这是历史上第一台拥有这种实时输入、输出功能的个人电脑。

这台尚在设计开发中的电脑当时还没有名字。半年之后，当乔布斯和沃兹创办苹果公司并开始销售这台电脑时，他们管它叫 Apple I。

沃兹带着自己设计、制作的电脑参加了自制电脑俱乐部的讨论会，给大家展示了自己的设计成果。随后，沃兹又亲自为这台电脑编写了 BASIC 语言解释器。到了 10 月份，沃兹的电脑已经具备了 Altair 8800 的所有功能，同时比 Altair 8800 更小、更便宜，在使用的方便程度上更是有了革命性的提升。

也许是因为沃兹的技术理念过于超前，也许是因为俱乐部其他成员只顾沉迷于 Altair 8800，沃兹的电脑在自制电脑俱乐部并没有引起太大的轰动。大家只是客气地说他的设计很酷，仅此而已。至于沃兹引以为豪的新人机交互方式，这些技术极客们则不大以为然，他们觉得，人机交互并不是什么高难度的技术活儿，还是 0 和 1 组成的机器语言更玄妙些。

乔布斯对于沃兹的大作被忽视的事实忍无可忍。感恩节前后，乔布斯隐约觉得，沃兹设计的电脑是一个真有可能改变世界的东西，其中必定蕴含了巨大的商机。

“不，不，这些人无法理解你的电脑。”乔布斯对沃兹说，“你的电脑是前所未有的。这些人只会在设计原理图里找乐子，根本看不到这电脑将如何改变人们的生活。”

“嗯。”沃兹觉得，乔布斯看问题的眼光确实独到，“我设计的电脑的确是革命性的，他们很难理解这一点。”

“为什么我们不按照你的设计，制造和销售印刷电路板呢?”乔布斯说，“我的意思是说，不配芯片的印刷电路板成本低，要不了多少钱就可以做出一大批。DIY 电脑的人不需要设计电路，只要买我们的印刷电路板，再去买芯片插到板子上，很快就能做出可用的计算机主板来。这比他们自己设计、制造电脑可要快多了。”

“你是说，我设计的电脑可以变成产品销售?”沃兹还是有些疑虑。

“当然可以!”乔布斯肯定地说，“你的电脑比所有其他个人电脑都好用，普通人很容易掌握，这不就是我们梦寐以求的，能改变世界的东西吗？即便不能改变世界，这样的好东西还不够我们赚一笔小钱的吗?”

“可即便印刷电路板做起来成本不高，想造出百十块，也至少要一两千美元本钱吧。我们能靠卖印刷电路板收回成本吗?”沃兹问。

“好产品自然会有回报。”乔布斯的眼里充满了信心，这让沃兹感到踏实了许多。

苹果诞生记

乔布斯几乎在第一时间意识到了沃兹设计的电脑中一定存在商机。当然，1975 年年底的乔布斯还只是个 20 岁出头的孩子。他最初的算盘打得并不是很大，只是想在极客圈子里销售连芯片都没装的印刷电路板。如果每块印刷电路板的成本是 25 美元，一切顺利的话，他们可以卖掉 100 块板子，如果每块售价 50 美元，就可以净赚 2500 美元。

要赚钱，最好先成立一家公司。嗯，一定要有自己的公司。乔布斯觉得，自己会是个不错的老板，沃兹会是个不错的技术合伙人。不过，沃兹对成立公司的事情不太感冒，他觉得在惠普当工程师才是一份正经的工作。乔布斯花了不少力气劝说沃兹入伙。

“我们必须有一家公司，这样才好卖电脑。”乔布斯说，“而且，这没有太大的风险。只要1000多美元的启动资金，就可以生产第一批印刷电路板了。”

“如果卖不出呢？赔了钱怎么办？”沃兹小心地计算成立公司有多大风险。

“即便我们输掉了启动资金，我们毕竟拥有了一家自己的公司。想一想吧，有一家自己的公司！这在我们的生命里，无论怎样都是一次重要的人生经历呀。”乔布斯的话诚恳而有说服力。

“嗯，你说的也有道理。”沃兹心动了，“我们可以先试试，但我暂时不会从惠普辞职。”

“没问题，”乔布斯说，“让我们一起成立一家公司吧。”

沃兹没想过要从惠普公司辞职。而且，为了销售自己设计的电脑，沃兹还必须解决一个法律问题。作为惠普的员工，他的所有技术成果都由惠普所有。没有惠普的同意，沃兹无权用他发明的产品牟利。为此，沃兹专门把自己设计的电脑拿给他在惠普的老板看，询问惠普是否有意拥有和销售这款产品。

虽然沃兹的老板和同事对沃兹的设计赞不绝口，但没有一个人认为，惠普会有动力销售这台新电脑。与惠普那些面向商业应用的系列电子产品相比，这台电脑看上去就像个玩具，惠普的客户怎么会花钱买这么个不起眼的小东西呢？就这样，一向以严谨、务实著称的惠普错失了引领个人电脑革命的机会。应沃兹的要求，惠普还专门为沃兹出具了有法律效力的书面证明，放弃对沃兹这件发明的所有权。

为了凑够启动资金，沃兹卖掉了自己的HP 65计算器，筹得250美元。乔布斯则卖掉了自己的大众汽车，又筹到几百美元。

公司还应该有一个好听的名字。事有凑巧，那段时间里，乔布斯抽空儿回了一趟俄勒冈的苹果农场，飞回硅谷的当天，沃兹驾车到机场接乔布斯回家。汽车在高速公路上疾驰的时候，乔布斯突然对沃兹说：

“我刚从苹果农场回来。我自己也爱吃水果。你说，我们的公司就叫苹果如何？”

“苹果？”沃兹的第一反应是，披头士乐队的唱片公司也叫苹果，“这不是和披头士的苹果唱片公司重名了吗?”

“喔……让我再想想。”

一路上，两个史蒂夫想了许多有技术色彩的名字，但两个人都觉得，没有一个名字像苹果那么动听。

“没事，我们就叫苹果吧，”乔布斯一副胸有成竹的样子，“苹果电脑公司和苹果唱片公司完全不同，不会有什么事情的。”

当时乔布斯自己恐怕也没有想过，苹果会真的在某一天做成世界一流的电脑公司。乔布斯自己是披头士的粉丝，他当然知道披头士的唱片公司也叫苹果。但是，把一家两个年轻人为了卖印刷电路板而成立的小公司命名为苹果，这种微不足道的事情怎么会惊动披头士呢?命运和乔布斯开了个大玩笑。几年后，苹果电脑公司的风头真的盖过了披头士的同名唱片公司，唱片公司也真的把电脑公司告上了法庭。两家公司之间的官司从1978年开始打起，断断续续，打打停停，一直持续到了2007年。当然，这些与披头士的恩恩怨怨又是另一段故事，我们留到后面再讲。

苹果公司是在1976年4月1日愚人节的晚上成立的。一个在很长时间里不为人所知的秘密是，苹果最初的创始人并不是乔布斯和沃兹两个，而是三个人。第三个人的名字叫罗纳德·韦恩（Ronald Wayne），是乔布斯在雅达利公司的同事。

说服了沃兹开办公司之后，乔布斯觉得，自己和沃兹都是毛头小伙子，必须有一个资深、老到、懂法律和商务的人来帮忙。韦恩是个合适的人选，他心思缜密，经验丰富，懂得法律程序和商务流程。乔布斯没费多少力量就说服韦恩加盟。其实，在韦恩心里，两个小伙子要成立的公司不过是想卖卖几十美元一块的电脑配件，再怎么折腾也不过是千把美元的小生意。既然朋友请自己帮忙，何乐而不为呢?

三个人聊了很久才最终确定合伙方式。乔布斯和沃兹这两个主要创始人各占45%的股份，韦恩作为合伙人，占10%的股份。韦恩主笔起草了一份长达十几页的协议文件。

4月1日晚上，三个人在乔布斯家的卧室里共同签署了文件，苹果公司宣告成立。另有一种说法提到，签署文件的地点是韦恩在山景城的公寓，而不是乔布斯的家。不过，这并不重要。重要的是，苹果公司并不是乔布斯和沃兹两个人在车库里成立的，苹果电脑也不是在车库里制造出来的。

在硅谷，似乎在车库里创立公司和打造电脑是一项光荣传统，所有人都愿意相信，苹果也延续了这项光荣传统。许多年后，甚至连苹果公司自己也乐于接受和宣扬这种以讹传讹的说法，乔布斯本人就多次带媒体参观自己家的车库，并骄傲地告诉媒体，那是苹果公司和苹果电脑的诞生地。

其实，真正在车库里打造电脑和创立公司的是惠普而不是苹果。在苹果成立前后的那段时间，乔布斯在自家的卧室里工作，而沃兹则在自己的公寓里设计和制造苹果电脑。

很快，新成立的苹果公司得到了一份出乎意料的大订单，第三位创始人韦恩也因此从苹果抽身离去。

这份大订单完全是乔布斯的功劳。当时，自制电脑俱乐部的会员保罗·特雷尔（Paul Terrel）刚刚在山景城开办了历史上第一家电脑零售店——字节商店（Byte Shop）。乔布斯一个人跑到字节商店找到特雷尔说：

“在俱乐部，你看过沃兹设计的电脑，那很棒，不是吗？我们现在可以批量制造这台电脑的印刷电路板，50 美元一块。怎么样，你有兴趣代销吗？”

“印刷电路板？”特雷尔诧异地说，“谁会要一块连芯片都没有的印刷电路板？买回家还要自己焊接芯片？我可不想卖这种连配件都谈不上的毛坯板子。”

“可是，买这块儿板子的人至少不用自己设计电路了呀？”乔布斯再次试图说服特雷尔。

“那还不如直接买 Altair 8800 呢。”特雷尔说，“全都组装好的，还有机箱。你真以为普通人也像我们自制电脑俱乐部里的疯子们那样，会自己买元件组装电脑？”

苹果公司稚嫩的商业计划受到了有史以来第一次重大打击。不过，乔布斯可不是那种容易气馁的人，他几乎在几秒钟里就修改了头脑中的销售方案：

“那么，如果我们可以提供组装好的电脑呢？”

“哦，那倒是可以考虑。”特雷尔自己还是很欣赏沃兹的设计的，“组装好的电脑，有机箱，有键盘，有电源，接上屏幕就可以使用，这样才卖得动。”

“那，你觉得，组装好的电脑，多少钱一台合适？”乔布斯试探性地问特雷尔。

“怎么也要比 Altair 8800 便宜些吧。这样吧，我可以包销 50 台，每台付给你们 500 美元。如何？”

500 美元一台，50 台！乔布斯飞快地在脑子里计算着成本和收益。沃兹组装过一台样机，乔布斯知道采购芯片、电源、键盘的成本，就算加上机箱，全部成本也就是 400 美元出头的样子。批发给特雷尔的字节商店，每台可以卖到 500 美元，利润空间不小！

图 9　山景城的字节商店，今天这家商店已不复存在

“我看行。”乔布斯斩钉截铁地说，“500 美元一台，50 台。我这就去组织生产。”

乔布斯的商业头脑和冒险意识明显超前于沃兹和韦恩。听到乔布斯与特雷尔谈妥的合同后，沃兹和韦恩两人都认为乔布斯疯了。

“我们哪里有钱去生产 50 台组装好的电脑呀？”沃兹不解地说，“三个人一共凑了 1000 多美元做本钱。现在好，本钱连生产成本的零头儿都不到。”

“要生产这么多电脑，就必须向银行借贷。”韦恩说，“可是，这些电脑一定能卖得出去吗？还不上银行的钱怎么办？”

乔布斯可不像沃兹和韦恩那样畏手畏脚，他相信，一台足以改变世界的电脑不可能没有销路，就是借钱，也要把电脑生产出来。

"不，不，我们不只要做字节商店这一单，"乔布斯说，"我们还要通过其他渠道卖更多的电脑。第一批我们要生产 100 台，50 台卖给特雷尔，50 台零售，卖给朋友和同事。零售价要比 500 美元多 30%！"

乔布斯的自信和坚持打动了沃兹。销售 100 台，保守估计，如果每台只赚 100 美元，那也是 1 万美元的利润呀！两个史蒂夫看到了苹果公司发展壮大的希望。

"好吧，我觉得靠谱。"沃兹站到了乔布斯一边，"零售价可以定在 666.66 美元一台，我喜欢重复的数字。"

老实、稳重的韦恩快要崩溃了。他后悔被两个史蒂夫忽悠，上了苹果这条"贼船"。扩大生产规模意味着必须举债，举债则意味着自己这个股东必须承担偿还义务。韦恩此前不久刚刚经历过一次投资失败，他不想在这么短时间内经历第二次。4 月 12 日，苹果公司成立还不到两个星期，韦恩就折现卖掉了自己在苹果的股份，从苹果全身而退。

可怜的韦恩当时只是把苹果看成是两个小孩子的游戏和冒险，一旦这冒险超过了合理的范围，他自己的理智就会占据上风。韦恩无论如何也没有想到，与他一起合作开办苹果公司的这两个小伙子，并不是只知道头脑发热的愣头青，而是即将改变世界的电脑双雄。

两个史蒂夫没有受到韦恩退出的干扰，迅速找朋友借到了第一笔生产资金，又找来费尔南德斯等一班好朋友来帮忙组装电脑。不到一个月的工夫，给字节商店的 50 台电脑就已经生产完毕。

不过，因为资金和时间的限制，乔布斯并没有兑现自己对特雷尔的承诺。最终交付字节商店的 Apple I 电脑，并不是带键盘、机箱和电源的完整产品，而是只装配好了所有芯片的电脑主板。特雷尔面对着乔布斯拿来的一堆电脑主板，虽然有些遗憾，但还是当场支付了货款。

苹果公司的第一单生意，两个史蒂夫成功地赚到了 8000 美元的利润。革命性的 Apple I 也没让特雷尔失望，很快成为了字节商店最畅销的产品。在苹果公司成立后的第一年里，Apple I 的销售为苹果带来了不算太多，但

图10 韦恩设计的苹果公司最早的商标

足够稳定的现金收入，这促使沃兹在不久后彻底放弃了惠普的工作职位，全职为苹果工作，同时也给沃兹改进并打造下一代真正组装完好的个人电脑 Apple II 赢得了时间。

早早从苹果退出的韦恩失去了伴随苹果一起成功，并在苹果上市后成为亿万富翁的机会。不过，韦恩还是在从苹果退出后的一段时间里，尽自己所能，为乔布斯和沃兹提供帮助。比如，苹果历史上第一个商标图案，就是韦恩亲手设计和绘制的。那是一个缠绕了缎带的徽章形图案，徽章正中画的是牛顿在苹果树下读书的场景。从这款图案的设计上不难知道，韦恩是那种带有明显的绅士烙印和文化底蕴，理性而严谨的西方人。

很多年以后，苹果已经成了世界一流的大公司。好奇的记者找到韦恩，问他是否对退出苹果一事感到后悔。韦恩说：

“我从没感到过哪怕一点点后悔，因为就当时我所得到的信息而言，我所作的是最正确的决定。”

Apple II 传奇

有一部汽车，轻巧可爱，操控灵活，一问世就在造型和功能定位上颠覆了汽车设计的传统；它既不像法拉利、保时捷那样洒脱飘逸，也不像帕萨特、桑塔纳那样墨守成规；在销售上，它从不追求奔驰、宝马的高端路线，而是一开始就瞄准了最平凡也最需要代步工具的普罗大众；历经 70 多年风雨，传承 7 代，量产 4 年就在全球销售了 130 万辆，迄今全球总销量更是达到了惊人的2000多万辆！这部车有一个好听的名字——甲壳虫。

在个人电脑领域，也有这么一个经久不衰、人见人爱的型号——苹果公司的第二代电脑产品 Apple II。

相信国内不少 70 后都曾在学校里用过 Apple II。即便没用过真正的 Apple II，也一定用过国内未经授权生产的各种 Apple II 的兼容机，比如最著名的 CEC - I 中华学习机。我上中学时自己写的第一个机器语言程序和第一个游戏程序就是在一台 Apple IIe 上编写的。如果没有 Apple II 和中华学习机，也许我压根儿就不会从中学起迷上编程序，也不会在今天成为一个终日对着键盘、屏幕工作的软件工程师，更不会提笔写这本跟乔布斯和苹果有关的书。相信很多人都跟我一样，有着对 Apple II 的特殊感情。就像一个开了几十年甲壳虫的老司机，无论什么样的高档汽车，都无法替代甲壳虫在他心目中的位置。

Apple II 之所以让全世界着迷，细想起来，大概有两个原因，一是设计独到，二是市场定位准确。前一个原因要归功于天才工程师沃兹，后一个原因则与乔布斯的独具慧眼密不可分。

Apple I 已经在设计上领先当时的个人电脑一个时代了。但 Apple I 毕竟还只是一块高度集成的主板，并不是完整的计算机。Apple I 的设计制造刚刚完成，沃兹就把精力转向了 Apple II 的研发。

有了 Apple I 的经验，沃兹在设计和制造方面更加纯熟了。这时的沃兹就像无所不能的上帝，只要他认为，个人电脑应该有什么样的功能，那功能就一定会在最短时间内出现在 Apple II 上。

上帝说，Apple I 只有单色显示，这不够酷，Apple II 一定要支持彩色。于是，没花多久时间，沃兹就轻松地搞定了 Apple II 的彩色输出接口。用户只要将电脑连到彩色电视机上，就可以看到高分辨率的彩色画面。为此，Apple II 在 1977 年正式发售时，还特地使用了新设计的彩虹苹果商标，以强调彩色功能。

上帝又说，Apple I 启动后，还要加载磁带才能使用 BASIC 语言，这不够酷，Apple II 要内置 BASIC 语言。于是，BASIC 语言的解释器被封装到了

图 11 最早在 Apple II 上开始使用的彩虹苹果商标

Apple II 的芯片里。Apple II 成了世界上第一台开机就可以直接用 BASIC 语言与计算机交流的个人电脑。普通人真正拥有了和电脑交流、对话的可能。

上帝还说，Apple I 的扩展功能不强，没法连接太多外设，这不够酷，Apple II 要有 8 个扩展槽。于是，万能的沃兹和精于算计的乔布斯之间，发生了第一次意见不合。乔布斯坚持认为，2 个扩展槽就足够了，一个用于调制解调器，另一个用于打印机，更多的扩展槽会增加电脑的制造成本。但沃兹坚决维护自己设计师的权利。扩展功能对于当时的电脑用户来说至关重要。沃兹甚至对乔布斯说："如果你只要 2 个扩展槽，那你去设计另一台电脑好了。"上帝的意见得到了尊重，最终发售的 Apple II 有 8 个扩展槽，成为了 Apple II 被用户喜爱的重要原因之一。

很快，大约在 1976 年 8 月（这个时间距苹果公司成立才短短 4 个月），沃兹就完成了 Apple II 的原型设计，并造出了第一块 Apple II 的主板。按照沃兹自己的说法，这部原型机"要比 Apple I 酷十倍"。

沃兹虽然内向、害羞，却像其他工程师一样，特别爱显摆自己的作品。Apple II 还没有最终发布，沃兹就拿着原型机到处向惠普的同事炫耀。每个看到 Apple II 的惠普工程师都会大声赞叹：

"这是我见过的最牛的产品，没有之一！"

为了更好地显摆 Apple II，沃兹亲手用 BASIC 语言编写了一个和打砖墙游戏类似但更加有趣的程序。程序编好后，他把乔布斯叫过来，让他亲自体验 Apple II 的强大。

"嗨，瞧瞧这个。"沃兹一边说一边敲进几行简单的 BASIC 语句，打砖墙游戏里的砖头和拍子在瞬间变了颜色，显示分数的位置也有了变化。

"如果全都用硬件来实现这些动态功能，"沃兹介绍说，"我估计要花

10年时间。可在 Apple II 上，这个游戏全部由软件实现。想一想吧，全部用软件编写的游戏，世界将会因此而改变。”

“哇塞——”乔布斯惊喜得合不拢嘴。在他脑海里，Apple II 正像一个修行圆满、横空出世的剑客一样，长衫飘曳、剑气纵横地向自己走来。

那时，乔布斯面前的 Apple II 还是一块裸露的主板。该如何将这个即将震惊世界的家伙包装起来，让用户在看到它时就眼前一亮呢？

图12　乔布斯和沃兹在 Apple II 前工作

“机箱！Apple II 要有一个漂亮的机箱！”乔布斯对自己说，“当用户打开电脑的包装箱，面前应该是一台漂亮的计算机，而不是裸露的电路板。”

乔布斯突然产生了一个疯狂的想法，既然电脑终将为每个普通人所拥有，无论多么酷的技术，都终将成为普通人手里最方便的工具，那么，对普通人来说，电脑就应该像家用电器一样美观、方便、易用。

“对，家用电器！”乔布斯一下子获得了灵感，“Apple II 应该像最时髦的家用电器那样，有一个塑料的机箱！”

当时，没有哪台电脑使用塑料机箱。因为此前的电脑都是给科学家、教授、学生、极客准备的，在那些人眼里，塑料只是玩具和不专业的代名词。可 Apple II 的使命是改变世界。一台即将改变世界的电脑怎么能像那些老态龙钟的前辈一样，使用金属或木质机箱呢？

乔布斯为这个想法而疯狂。他冲进每一家百货商店考察各种家用电器的外观设计。在梅西百货（Macy’s）的厨具区，乔布斯被 Cuisinart 牌食品料理机的塑料外壳所吸引。

图 13 Apple II 的塑料机箱有一个很容易打开的顶盖

“没错，这就是 Apple II 需要的，一个造型优雅、结实牢固、颜色柔和、表面有细微纹理以保证出色手感的塑料外壳。”

乔布斯找来了工业设计师杰里·曼诺克（Jerry Manock），请他为 Apple II 设计机箱。杰里最终拿出的设计稿几近完美。Apple II 的机箱不仅外观优雅、出众，还拥有非常容易打开的顶盖，不用拆卸任何螺丝，直接就可以把顶盖取下来以便插拔扩展卡。

1977 年 4 月，Apple II 在西海岸计算机展销会（West Coast Computer Fair）上第一次在公众面前亮相。尽管苹果公司在当时还没有什么响亮的名头，Apple II 还是在那次展会上吸引了无数人的目光。走过苹果展台的人们不相信个人电脑还可以装进塑料机箱里，也不相信一台功能强劲的电脑在主板设计上竟如此简洁、大胆。展会之后几个星期里，Apple II 就收到了 300 多份订单，这比 Apple I 在过去一年里的总销量还要多。

乔布斯为 Apple II 设定的市场定位是普及型的个人电脑。这不仅体现在机箱设计上。从一开始，乔布斯的头脑就非常清楚，对普通人来说，电脑在两个领域最有吸引力：游戏和办公。

游戏方面的需求，乔布斯在雅达利公司就已经非常熟悉了。现在，Apple II 不仅拥有了全彩色的高分辨率图像，还有内置的 BASIC 语言解释器，在当时所有通用个人电脑中，Apple II 已经具有了无可匹敌的游戏能力。

当然，光有游戏能力，并不足以说服美国和全世界家庭购买 Apple II。毕竟，超过 1000 美元的售价不是一个小数目。

在当时以及随后的许多年间，文字办公是大多数美国家庭和办公室购买个人电脑的第一需求。早在 Apple II 发布前好几年，各式各样的所谓文字处理机就充斥了市场。但那些机器只是英文打字机的替代品，功能单一，不像真正的个人电脑可以运行不同的应用程序。

Apple II 问世前，大多数美国人还在用英文打字机处理文书信函，用惠普或其他公司生产的计算器来完成个人理财或商业报表的计算。只有让 Apple II 拥有强大的办公能力，这台 1000 多美元的机器才能真正进入普通人的家庭。

1977 年 4 月刚刚亮相时，Apple II 的办公能力还相当有限。当时的 Apple II 只支持缓慢、易出错的磁带机作为外置存储设备。软件方面，除了内置的 BASIC 语言解释器外，当时市场上也没有多少成熟的办公软件可供 Apple II 用户选用。在硬件和软件两方面，Apple II 都需要继续改进。

在整个 1977 年里，Apple II 用户对软驱的呼声越来越高。乔布斯和 1976 年下半年加入苹果的股东兼职业经理人迈克·马库拉都认为，尽早支持软驱，将是 Apple II 真正变成大众消费品，并在销售上取得突破的关键。他们把目光锁定在了 1978 年 1 月即将在赌城拉斯维加斯举行的美国消费电子展（CES）上。但直到 1977 年年底，沃兹和其他 Apple II 工程师都还在忙着别的事情，无暇给 Apple II 添加软驱支持。

图 14　1981 年，乔布斯和 Apple II 合影

马库拉找到了沃兹。他对沃兹说："我们必须支持软驱，而且要在两周后的 CES 上演示。只有这样，Apple II 才能真正在办公应用上施展手脚。"

"可我们只有两周的时间。"沃兹回答说。

"用户需要软驱，我们不能继续让用户忍受

慢得像蜗牛一样的磁带机了。”乔布斯补充道。

“那么……”古灵精怪的沃兹想了想，终于说道，“如果能在两周内完成软驱功能的开发，我可以去拉斯维加斯参加展会吗?”

“当然。”马库拉从沃兹调皮的眼神中看到了希望。

好吧，上帝沃兹再一次出手。虽然这次只有两周时间，可对他这样的技术天才来说又算得了什么呢。这一次，乔布斯也很热心地提供帮助。帮沃兹找来了舒加特（Shugart）公司生产的5英寸软驱及其技术资料。舒加特公司的创始人阿兰·舒加特（Alan Shugart）是软驱的发明人。对新技术极为敏感的乔布斯很早就在注意这家公司的动向，这时正好派上了用场。

沃兹没日没夜地调试 Apple II 新增的软驱接口芯片和底层控制程序。苹果的第6号员工兰迪·威金顿（Randy Wigginton）则帮忙编写了高层应用接口程序。直到大家即将飞赴赌城的那一刻，软驱还没有正常工作。不过，沃兹和兰迪心里清楚，绝大部分工作已经完成，到了拉斯维加斯，再有几个小时的调试时间，就可以大功告成。

那天晚上，沃兹和兰迪第一次看到了赌城拉斯维加斯如梦如幻的城市灯光，两个来自硅谷的“IT 民工”一下子就被流金溢彩的都市生活震撼了。不过，震撼之余，他们还得赶到展会现场，连夜把软驱功能调试好。因为第二天，苹果需要他们的 Apple II 来震撼世界。

谁知道，这一晚几乎成了沃兹的灾难夜。他和兰迪完成所有调试工作的时候，已经是深夜了。两个人都困得睁不开眼。沃兹专门为第二天准备了一张演示用的软盘，里面有预先准备好的程序和数据。临近收工，一向谨慎的沃兹决定，将这张软盘做一个备份，以防明天演示时出现故障。当时，他手中只有两张一模一样的5英寸软盘，一张已经存好了演示程序和数据，另一张还是空白。沃兹一边和蒙眬的睡眼作斗争，一边依次将两张软盘插入驱动器，指挥 Apple II 完成备份操作。

备份完毕，沃兹松了口气，睡意更浓了。但就在这时，沃兹心里突然出现了一个不祥的预感，自己会不会在睡眼蒙眬的情况下，把空白软盘中的垃圾数据“备份”到了好的软盘上？快速的检查证明，沃兹的直觉无比正确，辛辛苦苦准备的演示软盘被刚才的“备份”操作清除了。

沃兹和兰迪觉得，明天是无论如何不能正常演示了。他们沮丧地回到汽车旅馆。第二天一早，清醒过来的沃兹又恢复了上帝般的自信。他赶到展会现场，开始了疯狂而有效率的重建工作，硬是赶在展会开始之前，重新调好了所有演示程序。

拉斯维加斯的展会上，带有软盘驱动器的 Apple II 取得了空前的成功。如果说 1977 年 4 月的问世只是 Apple II 小试牛刀，那么，1978 年 1 月在拉斯维加斯的表演则真正让 Apple II 成了万众瞩目的明星。Apple II 的销量从 1978 年开始直线上升。

作为当时最好的电脑，Apple II 很快吸引到了无数软件开发者。成千上万的编程高手加入到了为 Apple II 编写应用程序的队伍中来。在所有应用软件中，对 Apple II 的销售最有帮助的还是要数办公类软件。而在所有办公类软件里，VisiCalc 电子表格软件最为出彩。

今天熟悉微软 Office 办公套件的人们对电子表格一定不会陌生。但在 VisiCalc 诞生之前，没有人知道什么是电子表格软件，也没有人知道该如何在电脑上用所见即所得的方式编制报表或完成统计计算。

波士顿有两个编程高手，一个叫丹·布里克林（Dan Bricklin），另一个叫鲍勃·弗兰克斯顿（Bob Frankston）。布里克林在大学期间就有了创建所见即所得的财务报表软件的想法。让用户看着屏幕上直观的格子，在里面填数字和公式以完成计算任务，这该是怎样一种革命性的用户体验啊。

1978 年年初，布里克林写出了程序原型，这是计算机历史上第一个真正的电子表格程序。原型程序运行速度缓慢，于是，布里克林找来弗兰克斯顿帮忙改进程序，并合伙注册了一家名为软件艺术（Software Arts）的公司，专门从事电子表格软件的开发。1979 年，历史上第一个电子表格软件——VisiCalc正式发售，这个版本是专为 Apple II 设计的。

VisiCalc 成为了人们选择 Apple II 的一个重要理由。马库拉曾跟布里克林及弗兰克斯顿接触过，试图由苹果买断 VisiCalc 软件的版权。但因为价格过高而没有谈拢。

有了软驱功能，有了 VisiCalc 等出色的办公软件，Apple II 一下成了可

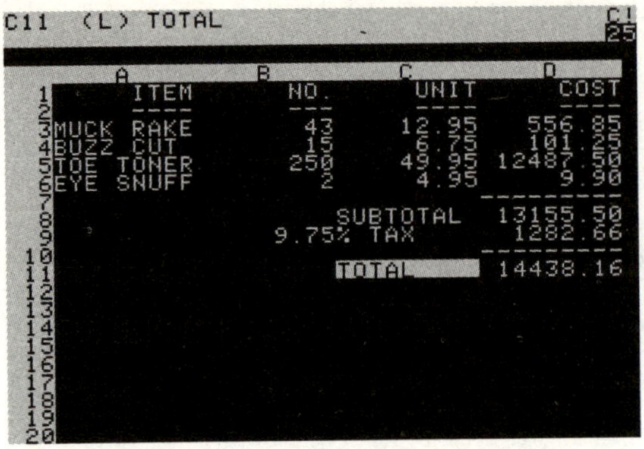

图 16　第一个电子表格软件 VisiCalc

以大幅提高办公效率的工具。从 1978 年到 1979 年，Apple II 每月的销售量快速攀升，从每月销售几百台，到每月一千台，再到每月一万台。1983 年，Apple II 成为了计算机历史上第一部销量超过 100 万台的电脑。毫不夸张地说，Apple II、软驱和 VisiCalc 共同铸造了这一销售传奇。

Apple II 先进的设计、可靠的质量和准确的市场定位是赢得用户青睐的重要原因。相比之下，与 Apple II 系列电脑并行开发的 Apple III，则是一个在市场定位上模糊不清，在设计制造上麻烦不断的反例。

1978 年，乔布斯和马库拉决定针对高端商用市场开发 Apple III 电脑。项目由温戴尔·桑德（Wendell Sander）负责，内部代号是萨拉（Sara），这是桑德女儿的名字。

当沃兹等技术高手忙于 Apple II 的开发时，Apple III 在苹果内部呈现了另一种不大相同的开发模式。乔布斯和市场部门不断为 Apple III 团队提出各种需求，对 Apple III 的设计施加影响。在 Apple III 项目组里，工程师并没有多少发言权。

Apple III 的设计定位是高端商业用户，为此，Apple III 内置了软驱，配备了比 Apple II 多得多的内存和更好的显示器。但 Apple III 的售价在 4340 到 7800 美元之间，昂贵的价格让很多用户望而却步。

更要命的是，Apple III 的开发团队并不像 Apple II 团队那样拥有浓厚的工程师文化。来自乔布斯和市场部门的设计需求朝令夕改，却很少有人关心产品的质量问题。

例如，乔布斯坚持 Apple III 要安静运行，不能有风扇的声音。工程师不得不为 Apple III 设计了笨重的金属散热片。即便如此，Apple III 在发售后还是屡屡因为过热而死机。有的用户发现，芯片因为太热而直接从主板上脱离。有的用户抱怨说，机器过热时，屏幕上就满是垃圾字符。甚至有用户发现，把软盘从驱动器中取出时，软盘已经被烤焦了。

终其一生，Apple III 只卖了 6 万多台，这和 Apple II 数百万台的销量相比，真是一场灾难。1984 年，Apple III 正式停产。

相比之下，Apple II 的质量要优异得多。即便在很多年以后，沃兹还骄傲地说："没有什么电脑比 Apple II 更可靠了，它几乎从不出错。今天，你可以很容易从 eBay 网上买一台二手 Apple II，它仍然可以工作。"

真正解决用户问题、操作简单、质量可靠的电脑，就一定会畅销。这一点在 Apple II 身上体现得尤其突出。让我们看一看 Apple II 的辉煌历史吧：

1977 年，Apple II 开始发售。

1979 年，增强型的 Apple II + 问世。

1983 年，Apple II 系列中最为著名也最畅销的 Apple IIe 隆重登场。就在这一年，Apple II 系列成为了历史上第一部销量超过 100 万台的个人电脑。同样是在这一年，《时代》周刊评选出 1982 年年度人物，其结果出乎所有人预料——当选者是"电脑"（Computer）而不是哪一个具体的人。

1984 年，Apple IIc 发布。

1986 年，Apple IIGS 发布。

1988 年，Apple IIc + 发布。

1990 年，为了在 Macintosh 上运行 Apple II 软件，苹果专门发布了用于 Macintosh 机的 Apple IIe 模拟卡。

1993 年 12 月，Apple IIe 停产，同时也正式宣告了 Apple II 家族的谢幕。

还有哪一种电脑像 Apple II 系列这样经久不衰？从 1977 年问世到 1993 年谢幕，即便在苹果内部，一个又一个新项目在 Apple II 身边诞生和发展，又迅速地销声匿迹。无论是 Apple III 还是 Lisa，它们都因为各自的设计、质量或定位原因，上市不久就早早退出了历史舞台。相比之下，长盛不衰的 Apple II 家族成了苹果公司在很多年里最大的利润来源。

图 15　乔布斯、斯卡利和沃兹一起展示 Apple IIc

Apple II 改变了世界，这正是乔布斯一生追求的理想。但这仅仅是乔布斯个人生命传奇的开端。在 Apple II 之后，还有着一个又一个改变世界的奇迹，等着乔布斯和他的伙伴们去创造。

关于沃兹

关于沃兹，再多说上几句。

乔布斯乔帮主的一生是个传奇，在乔布斯的生命剧情中扮演过重要戏份的人，往往也是传奇。

正如讲乔峰就不能不讲他和段誉、虚竹等俊杰侠士的交情，讲乔布斯也不能绕开沃兹这样不世出的天才工程师。

其实，沃兹自己的传奇程度丝毫不亚于乔布斯。

乔布斯和沃兹因为蓝盒子被警察盘查的那天，两个史蒂夫被朋友带回乔布斯家里时已经是深夜了，沃兹仍坚持单独开车回伯克利。路上，身心疲惫的沃兹竟然趴在方向盘上睡着了。当他再次睁开眼睛的时候，汽车已经失控冲向了路边。沃兹拼命打方向盘，失控的汽车在路面上疯狂打转，安全带把沃兹死死固定在座位上。那一刹那，沃兹觉得自己就像在梦境里一样。万幸的是，车祸只毁掉了车子，沃兹本人毫发无损。而且，如果不是这次车祸毁了车子，沃兹就不会在上完大三后为了挣钱而退学工作，估计也就不会在1976年和乔布斯一起创建苹果公司了。

祸不单行。1981年年初，沃兹被乔布斯从Apple II团队调到Macintosh团队。那时，他刚和第二任妻子订婚不久，也刚刚拿到自己的飞行驾照。沃兹兴奋地开着私人飞机带未婚妻兜风。2月的一天，沃兹驾机带着未婚妻从斯科特谷（Scotts Valley）机场起飞时，不知道什么原因，飞机离地时没有达到规定的起飞速度，而是跌跌撞撞地坠毁在跑道尽头。沃兹和未婚妻都受了重伤，在床上躺了好几个星期。恢复后，沃兹因为头部受损，得了阶段性记忆缺失症，经常会忘记重要的事情，甚至因为记不得星期几而弄错了上班和休息的时间。

两次大难不死让沃兹对人生有了不同的认识，他决定用更快乐的方式对待稍纵即逝的生命时光。飞机事故后不久，沃兹就决定暂时离开苹果一段时间，重回伯克利用化名读完大学四年级的课程，同时也决定在当年夏天和未婚妻完婚。

在沃兹心里，如果两个人寿命相同，其中一个毕生为经营、管理、掌控一家公司而操劳，另一个则只专注于自己擅长的领域，在空闲时跟周围人开开玩笑，享受生活带来的快乐，那么，用笑声享受生活的人即便没有赚到很多钱，相比之下也要更幸福一些。

显然，沃兹不会勉强自己像乔布斯那样终生打拼。他对金钱和名利看得也很淡。苹果上市前，沃兹甚至为5名很早加入苹果却没有获得任何股份的优秀员工打抱不平，无偿把自己手中的苹果股份赠送给他们。那5名员工每个人从沃兹手中接受的“奖励”在苹果上市时差不多值100万美元！

1985年2月，沃兹决定离开苹果。这并不是因为他不喜欢苹果，而是他重新有了创业和设计新产品的冲动，他想开办一家制造通用遥控器的公司。那时，乔布斯和CEO及董事会之间的关系正日益恶化。离开苹果时，沃兹甚至没有提前通知乔布斯。和所有员工一样，乔布斯在最后时刻才知道沃兹离职的消息。这一年，沃兹和乔布斯一起作为苹果公司的创始人获得了美国总统里根颁发的国家技术奖（National Medal of Technology）。

离开苹果后的沃兹一边经营自己的企业，一边以股东兼顾问的身份，从苹果领取一份最低的薪水。1990 年前后，沃兹开始把更多精力投入到教育事业上。沃兹天生喜欢孩子。他亲自在洛斯加托斯（Los Gatos）学区教老师和孩子们使用电脑。沃兹当时住在洛斯加托斯的一所大宅子里，房屋和院子里到处是供孩子们娱乐和科学探秘的地方。他甚至还在房子后面建造了一个“沃兹山洞”（Woz's Cave），那是一个石灰岩结构的仿史前洞穴，洞穴里满是恐龙脚印、化石、史前壁画之类供孩子们探索、学习的东西。“整座房子都是为孩子们，当然也是为大人建造的，”沃兹说，“孩子们最喜欢山洞之类的神秘地方了。”

喜欢技术也喜欢孩子的沃兹在充满童趣的世界里找到了自己最快乐也最享受的生活方式。虽然没有像乔布斯那样成为引领技术与时尚潮流的风云人物，但谁又能说，沃兹所选择的人生路不够精彩、不够幸福呢?

无论如何，乔布斯和沃兹是性格截然相反的两个人。一个心思活跃、眼光敏锐、心机算尽，另一个潜心技术、享受生活、大智若愚。这样两个人，如果不是都拥有用技术改变世界的共同梦想，是很难走到一起的。正如沃兹自己所说：

“乔布斯和我在很长很长的时间里都是最好的朋友。我们在一段时间里有完全相同的奋斗目标，正是这相同的目标带来了苹果的诞生。但是，我们两个一直以来都是完全不同的人，从最初开始，就完全不同。”

03

末日危机

——被放逐的乔帮主

卖糖水还是改变世界

1982年11月，纽约。辛劳一天的人们正行色匆匆地离开摩天大楼里的办公室，拥入大大小小的超市、便利店，为即将到来的感恩节作准备。43岁的职业经理人约翰·斯卡利透过办公室的玻璃窗眺望着楼下花园里的雕塑，初冬季节，纽约寒冷的空气里似乎有一丝萧瑟和凝重。

“该下班休息休息了，又一个温馨的感恩节。”斯卡利对自己说。

斯卡利对自己的状态非常满意。作为职业经理人，他几乎已经得到了普通人梦寐以求的一切。31岁成为百事集团旗下百事可乐公司最年轻的市场营销副总裁，亲自组织策划了著名的可乐口味盲测活动，通过一系列凌厉的市场攻势，从可口可乐手中抢得了可观的市场份额。34岁就成为《商业周刊》的封面人物。凭借出色的营销业绩，斯卡利更是在38岁那一年成为百事可乐最年轻的总裁。

此外，斯卡利还与百事集团的联合创始人，CEO兼董事会主席唐纳德·肯德尔（Donald Kendall）关系匪浅。加入百事可乐前，斯卡利曾与肯德尔的继女有过一段短暂的婚姻。作为斯卡利的前岳父，肯德尔并没有因为斯卡利与自己女儿离婚而疏远斯卡利，反而推荐他到百事可乐任职，并在事业上竭力支持。斯卡利被提名为百事总裁的那一刻，几乎所有人都认为，他迟早会成为肯德尔的接班人，执掌百事的最高权力。

斯卡利的办公室有9米多长，6米多宽，面积比得上美国总统在白宫的椭圆形办公室。地上铺着漂亮的波斯地毯，四壁随处是古董和名画。对身边的一切，斯卡利没有什么不知足的。就在他伸着懒腰，打算离开办公室去享受感恩节假期的时候，电话铃响了。

这是一个猎头打来的电话。

作为百事王国事实上的继承人，斯卡利已经被大多数猎头归入了“无法触动”的一类。是谁，是哪家公司，居然会在这个时候来挖斯卡利的墙脚？

打电话的猎头叫杰里·罗奇（Gerry Roche），纽约最著名的猎头之一，也是斯卡利的老朋友。斯卡利一听到罗奇的声音，就预感到今天的电话非同一般。以罗奇的资历和见识，没有极具诱惑力的职位，他是不会亲自给斯卡利打电话的。

“约翰，怎么样，想动动不？”罗奇试探着问斯卡利。

“杰里，你还不了解我吗？”斯卡利笑着说，“百事就是我的生命，我对其他任何机会都不感兴趣。”

“约翰，你我认识这么久了，我当然了解你。我知道，谁也别想挖动你，你对外面的机会根本没兴趣。”罗奇说着，话锋一转，“当然，你肯定也知道，如果没有绝好的、不容错过的机会，我是不会给你打电话的。今天，我必须告诉你，有一个机会你无论如何都会动心。”

“哦？天下还有这样的机会？”斯卡利倒想听听，这个世界上还有什么机会是他必须关注的。

“你知道吗？在西海岸，在硅谷，有一群才华横溢的小伙子。他们创建的公司叫苹果，他们发明的电脑叫 Apple II。我记得，你的办公桌上就有一台 Apple II。他们为了找一个新 CEO，已经忙了好几个月了。约翰，如果所有传统公司在你面前都已经失去了诱惑力，你不觉得，苹果这样一家代表未来的公司，是你无论如何都会心动的吗？你难道不想到加州和这些来自未来的小伙子们聊一聊吗？”

“苹果？”

斯卡利惊讶得说不出话来。他万万没有想到，自己这样一个在百事卖了许多年软饮料的职业经理人，竟会和一家年轻人开创的高科技公司扯上关系。当晚，斯卡利认真阅读着罗奇寄来的苹果公司资料，他渐渐被乔布斯、沃兹等人的传奇故事吸引了。这一群个性十足、活力无限的小伙子，正在西海岸用神奇的电脑科技，做着从未有人尝试过的事情。斯卡利又想起了办公室里的那台 Apple II，他喜欢 Apple II 的灵巧、方便。现在，他有机会和发明Apple II 的年轻人接触，对方竟然还为他提供了一个 CEO 的职位！

斯卡利从没想过要离开百事。苹果是一家与百事截然不同的企业，有着他所不了解的员工和文化。最重要的是，斯卡利在百事的事业蒸蒸日上，苹果再诱人，也不值得拿自己的前途做赌注呀。斯卡利谨慎地告诉罗奇，他同意与苹果的年轻人见见面，聊一聊，但绝不是为了换工作。

就这样，斯卡利登上了飞赴西海岸的班机。12 月 20 日，斯卡利来到苹果公司位于库比蒂诺的总部。在这里，斯卡利第一次见到了乔布斯。

当时任苹果 CEO 的迈克·马库拉接待了斯卡利。简单的会谈后，马库拉带着斯卡利来到乔布斯的办公室。

据斯卡利回忆，乔布斯的办公室就像一个活动中心。一群人站在屋外等着进去。屋里电话铃响个不停。最神奇的是，办公室里居然没有电脑。相反，电子配件和包装箱散落得到处都是。墙上胡乱贴着各式各样的海报。乔布斯桌子上则摆着他刚从日本带回来的新款电器，不过已经被他拆得七零八落。

斯卡利还记得，乔布斯当时穿着蓝色牛仔裤，大方格子衬衫，挽着袖子，坐在办公室隔壁一间 3 米见方的小会议室里，和四五个人一起指指点点地讨论问题。

马库拉和斯卡利在办公室外等了几分钟，乔布斯才结束了会议，走到斯卡利面前。

“嗨，”乔布斯说，“我是史蒂夫·乔布斯。你能来这儿，真是太棒了。见到你真高兴。”

“我必须让你知道，”斯卡利说，“我来这儿，真的不是为了应聘一份工作。”

“我们知道。”马库拉说，“能见到你，听你分享市场营销经验，我们已经非常开心了。"

三个人到公司附近的餐馆共进午餐。乔布斯点的是素食主菜和沙拉。在前半个小时里，斯卡利主要在和马库拉交谈，乔布斯只是在一旁倾听，偶尔插一两句话。斯卡利注意到，乔布斯虽然很闷，但即便在听你说话时，目光也十分犀利。

直到斯卡利问起该如何用自己的 Apple II 与百事可乐的灌装厂沟通，乔布斯才打开了话匣子。他滔滔不绝地向斯卡利介绍自己关于改进 Apple II 的各种想法。最后，乔布斯说：

"苹果会成为世界上最重要的电脑公司，远远比 IBM 重要得多。"

三个星期后，在纽约曼哈顿区的卡里尔酒店（Carlyle Hotel），斯卡利又一次见到了乔布斯。酒店 21 层套房的客厅里，聚集了一群来自苹果的年轻人。乔布斯向斯卡利介绍说，这个小团队是来纽约向媒体介绍即将发布的Lisa电脑的。

"嗨，老兄，"乔布斯用老熟人的口吻对斯卡利说，"Lisa 棒极了，每个见过 Lisa 的记者都喜欢上了它。真是难以置信。我们现在就可以演示给你看。"

在酒店房间里，斯卡利作为苹果公司以外为数不多的几十个人之一，在 Lisa 发布前，亲眼目睹了计算机历史上最早出现的图形用户界面（GUI）。斯卡利甚至在 Lisa 部门总经理约翰·柯奇（John Couch）的帮助下，勇敢地拿起普通人闻所未闻的鼠标，尝试着在 Lisa 电脑上画出了一个简单的图形。

"我们会让 IBM 找不着北。"乔布斯骄傲地说，"Lisa 推出时，他们只能眼睁睁地看着我们绝尘而去，他们什么都做不了。这真是场革命，真的难以置信！"

乔布斯在短短的几分钟内，就用 Lisa 电脑打动了斯卡利。斯卡利相信，没有哪家公司比苹果更有激情，更有创造力了。虽然斯卡利仍坚信，他并不值得为此牺牲在百事已经拥有的一切，但与三周前相比，斯卡利内心已经愿意承认，如果自己不是在百事诸事顺遂，苹果 CEO 还真是个有吸引力的好机会。

当晚，斯卡利和乔布斯、柯齐等人聊了许久。他们一起吃晚饭，一起聊市场营销，聊电脑的未来。

第二天，罗奇打电话告诉斯卡利，乔布斯对昨晚的会面非常满意，乔布斯甚至认为那是他人生中最完美的晚上。斯卡利则一如既往地告诉罗奇，他现在不想换工作。

这次会面之后，让斯卡利想不到的是，乔布斯竟然每隔两三天就打电话过来。而且，每次电话里，乔布斯也不提正事，只是随便寒暄道："嗨，约翰，你好吗？最近怎么样？"

斯卡利起初对乔布斯连续不断的电话"骚扰"并不在意。但几周下来，斯卡利意识到，事情正向着不可控的方向发展。他打电话对罗奇说："杰里，这个事情有点儿过了。我告诉过你我不想换工作。可现在，我每天都在'骚扰'电话里过日子。"

乔布斯那边却依然不依不饶。打电话"骚扰"了一段时间之后，乔布斯居然又飞到纽约，专程到斯卡利位于纽约郊外的格林威治（Greenwich）家中拜访。

那是个星期天的午后。乔布斯穿着皮夹克、蓝色牛仔裤和灰色跑鞋。斯卡利把乔布斯让进书房。乔布斯对书架上的藏书很感兴趣，他特意翻看了其中几本有关佛教、哲学和艺术的书。

"史蒂夫，"斯卡利开门见山地说，"为什么你们来找我？为什么你们不去找 IBM 或惠普的人？你们怎么会想到要从软饮料业中寻找电脑公司的 CEO？我可一点儿都不懂计算机呀。"

"我们所做的是别人从未做过的事，"乔布斯说，"我们想建立的是完全不同的公司，我们真的需要你这样杰出的人才。我的梦想是世界上每个人都能拥有自己的苹果电脑。为了实现这个梦想，我们必须成为一家擅长市场营销的公司。而你，恰恰是最懂市场营销的。"

从家里出来，斯卡利驾车带着乔布斯参观了百事公司的办公室，又顺便带着乔布斯看了 IBM 的总部大楼。在 IBM 那幢平庸得不能再平庸的办公楼前，乔布斯惊呆了。在硅谷，所有人都以为IBM是一个庞大的科技帝国。可出现在眼前的，却是这样一幢毫无特色的办公楼。乔布斯兴奋地说：

“我要包一架波音747飞机，让整个Macintosh部门的员工都飞到这里，看一看现实中的IBM是什么样。”

在斯卡利的引领下，乔布斯高兴得像个孩子。可斯卡利却怎么也高兴不起来，他的内心一直在反复斗争。他对乔布斯说：

“我们已经是好朋友了。但我还是不得不说，我觉得，从一家软饮料企业请人去管理一家电脑公司，这事儿太不靠谱。”

乔布斯只是淡淡地说：“好吧。但我希望你再多想想。”

送走了乔布斯，斯卡利陷入了纠结。他的内心告诉他，他已经喜欢上了苹果。但从理智上，他又实在无法说服自己放弃已经得到的一切，去一个跟自己全无关系的地方重新打拼。

为了让自己不再纠结，斯卡利决定，再去硅谷会一会乔布斯。

第二次来到库比蒂诺，斯卡利在苹果总部见到了传说中的Macintosh样机。那台电脑就像一台精致的小电视一样，不但有和Lisa相似的、革命性的图形界面，还有比Lisa简洁得多的主板和外观设计。乔布斯为斯卡利介绍了Macintosh团队里的天才工程师，并把这些工程师称为艺术家。斯卡利觉得，自己就像来到了未来世界一样，所有技术都是那样奇幻，所有人都是那样个性鲜明。

回到纽约，斯卡利还是没能下定决心。这个选择对他来说，实在是太难了。但在大陆的另一边，乔布斯可没有那么瞻前顾后，他已经认准了斯卡利就是苹果CEO的不二人选。3月20日，乔布斯再次飞赴纽约。与斯卡利共进晚餐后，两个人一起到中央公园散步。

“你的感觉到底如何？”乔布斯问。

“看到你们所做的一切，我真的非常兴奋。”斯卡利说，“你们真的真的是在改变世界。”

“那么，我想你就是我们要找的那个人。我想你过来和我一起工作，我可以从你身上学到很多东西。”

两个人从电脑设计，聊到企业管理，从百事和苹果的异同，聊到市场营销的经验、技巧。他们走出中央公园，沿着百老汇大街走到了中央公园西路和75大街交界处的圣·雷莫（San Remo）公寓前——乔布斯一年前刚在这幢楼里买下一套公寓，而离此不远的达科塔（Dakota）公寓就是乔布斯的偶像约翰·列侬（John Lennon）遇刺身亡的地方。

他们登上公寓楼的露台，向西眺望哈德逊河。

斯卡利对乔布斯说：“史蒂夫，我真的很愿意成为你的顾问，为你提供一切可能的帮助。因为你是我遇到的最好的人。但我不想去苹果工作，无论薪水多高，我都不想去。”

乔布斯低下头看着地面，咬着嘴唇一言不发。这片刻的宁静让斯卡利感到浑身不舒服。突然，乔布斯抬起头，用犀利的眼神看着斯卡利，说出了一句让斯卡利终身难忘的话：

“你是想一辈子卖糖水，还是想改变世界？”

斯卡利觉得，这句话像钟磬一样敲在心头铮铮作响。面对乔布斯的诚意，在一次可能改变世界的机会面前，他明白，自己无论如何也不能说“不”。

创始人与CEO

为什么乔布斯一定要外聘斯卡利这样的职业经理人来做CEO呢？

IT公司的创始人外聘CEO，这在硅谷并不罕见。年轻的创始人有激情、能创新，但缺乏管理、经营经验，等企业发展到一定规模，市场、销售、人事、财务之类千头万绪，创始人未必能驾驭自如。另一方面，很多醉心技术创新的创始人并不一定真的有兴趣做管理，他们宁愿天天和电脑交流，而不愿和芜杂的会议、审批、流程打交道。这时最直接的方法就是外聘有经验的职业经理人来当CEO。

“外来的和尚会念经。”这话放到IT领域，可不见得总是正确。有的创始人和外聘CEO合作得珠联璧合，企业也因此生机勃勃。有些企业外聘的 CEO 却未必真能让自己融入企业，水土不服的毛病轻则让 CEO 下课，重则让企业遭殃。

好的榜样近在眼前。2011 年 4 月，谷歌创始人拉里·佩奇从埃里克·施密特手中，接过 CEO 令旗，以一种近乎完美的方式，宣告施密特、佩奇和布林三驾马车共掌谷歌大权的时代正式落幕。10 年前，为弥补自己在管理上的经验不足，创始人拉里·佩奇和谢尔盖·布林从 Novell 公司请来施密特出任 CEO。施密特负责公司日常运营，佩奇和布林则偏重产品和技术，但公司重大决策总是由三人共同讨论决定。起初，不少人怀疑，这种三人共管的方式会不会效率低下。但很快，谷歌的迅猛发展就打消了所有人的疑虑。其实，施密特既是两位年轻创始人的好朋友，也是他们在运营方面的导师。这种师生兼挚友的关系潜移默化地培养着创始人自己的管理和领导能力。10 年后，当创始人胸有成竹的时候，由佩奇接替施密特出任 CEO，独掌公司运营大权，就成了水到渠成的事情。

回头再看苹果。乔布斯和沃兹创立苹果时，只是想做几单生意，卖些电脑，虽然两个人都梦想着改变世界，但那时谁也没想过，苹果会迅速成长为他们实现梦想的平台。沃兹在头几个月里，连惠普的工作都没辞，只是把苹果当成了自己业余时间玩票的地方。

但乔布斯还是从一开始就注意到，即便只经营一家微型公司，也远不是两个攒电脑的毛头小伙子可以胜任的。正是基于这个考虑，他才在早期请来熟悉商务、法律的韦恩帮忙。几个月后，Apple I 竟然卖得不错，苹果也逐渐有了个公司的模样。乔布斯再一次提前预见到，自己和沃兹初出茅庐，有天分没经验，如果没人帮助提携，估计很多东西都玩不转。另一个需要解决的问题是，Apple II 的研发、制造需要资金。两个在圈子里没有任何知名度的年轻人，除了找熟人借点儿钱外，该去哪里募集资金呢？

还是熟人管用。乔布斯找到了自己在雅达利的老板诺兰·布什内尔，向他求教融资渠道。布什内尔在第一时间塞给了乔布斯一张名片，名片上的人叫唐·瓦伦丁（Don Valentine）。这个瓦伦丁可不简单，那时在硅谷，说起瓦伦丁的名头，可谓如雷贯耳，就像水浒里的绿林好汉说起及时雨宋江。他在 1972 年创办的红杉资本（Sequoia Capital）是硅谷最负盛名的风投公司，投资过甲骨文、思科、雅虎、谷歌等一大批顶尖企业，也是雅达利公司的投资者。人送瓦伦丁一个强悍的绰号——硅谷风投教父。

红杉资本的办公室位于硅谷著名的风投聚集地——斯坦福大学校园西侧的沙山路（Sand Hill Road）。1976 年 8 月，乔布斯到沙山路 3000 号找到瓦伦丁时，瓦伦丁被这个穿 T 恤、凉鞋，一副嬉皮士派头的小伙子震惊了。他对乔布斯造电脑、卖电脑的商业计划并不太感冒，但他以前确实没见过像乔布斯这样另类、叛逆，但又有激情、梦想的小伙子。

"你的目标是什么?"这个问题，瓦伦丁问过无数登门拜访的创业者。

"我想改变世界。"乔布斯毫不犹豫地回答。

乔布斯脸上若无其事的表情就像在说，改变世界不过是件应该做也可以做的事，没什么可大惊小怪的。瓦伦丁觉得，眼前这个小伙子要么是个自大狂，要么是个不世出的鬼才。他后来对人说，乔布斯当时看上去简直就是个"人类的叛逆"。在瓦伦丁眼里，苹果的创业计划幼稚得就像小孩子过家家。可瓦伦丁又隐约觉得，帮助这个小伙子是一件正确的事。

乔布斯后来总结说："那个时候的风投，对公司的帮助非常多。他们就像你的导师一样。这是因为，早期的风投者，像瓦伦丁，都曾是高科技企业的创始人或高管。瓦伦丁就曾是国家半导体（National Semiconductor）公司的市场副总裁。这种背景，让投资者在投入金钱之外，也像导师一样分享他们的才能和经验。"

导师一样的瓦伦丁为乔布斯推荐了另一位乐于当导师的人——迈克·马库拉。马库拉是个生意人，市场营销和管理经验丰富。他在飞兆半导体（Fairchild Semiconductor）公司和英特尔公司任市场经理期间，通过股票期权成了百万富翁，然后就四处寻求投资创业公司的机会。乔布斯没费多少力气，就用激情打动了马库拉。马库拉决定以天使投资的方式，注资并加盟苹果。股权分配方案是，马库拉和两个史蒂夫各占 30% 股份，剩下的 10% 归工程师罗德·霍尔特（Rod Holt）所有。

1976 年年底，加盟苹果的马库拉帮乔布斯制定了一套完整的公司战略和经营计划。马库拉在商务和市场方面的特长让乔布斯看到了专业和业余的差距。乔布斯虽然有营销天赋，但那时至多算是个业余高手，和马库拉相比，还差得很远。凭着清晰的商业计划，马库拉还说服沃兹彻底辞去了惠普的工作，专心在苹果创业。然后，马库拉又和乔布斯以及市场公关公司麦金纳（McKenna）一起，制定了更完善也更有针对性的营销方案。

1977 年 1 月 3 日，苹果完成了正式的公司注册手续。但马库拉从来也没有打算亲自管理公司。他坦白地向乔布斯和沃兹指出，年轻创业者缺乏经验，不适合管理公司，必须聘请有经验的人。2 月，马库拉利用自己的人脉，从国家半导体公司挖来了工程师出身的职业经理人迈克·斯科特（Mike Scott），这是苹果公司历史上第一位 CEO。

外聘 CEO 无疑是好事，但前提是，创始人要和 CEO 合作顺利。谁也没想到的是，苹果外聘 CEO 的历程，竟如此磕磕绊绊，一波三折。几乎每位外聘 CEO 都带着懊丧、遗憾甚或是愤怒离开，甚至连创始人自己也因为和 CEO 不和而被排挤出公司。不得不说，苹果外聘 CEO 的历史，差不多就是一部苹果公司早期的动荡史。

拿第一任 CEO 斯科特来说，虽然乔布斯和斯科特都是工程师出身，但他们两个人骨子里，几乎没有多少共同点。

乔布斯是典型的梦想狂，他无时无刻不期盼着实现自己改变世界的梦想。为了达到目的，他追求并享受最高权力，也放纵自己在管理上的控制欲，但同时也极度缺乏管理经验。斯科特后来说：“乔布斯没有管理能力。他不会管人。你好不容易按计划开始做一件事，他总要时不时插一手，让事情按他的意思变来变去。”

斯科特也像乔布斯那样追求权力和地位，但他最大的愿望并不是改变世界，而是作为 CEO，展示并证明自己的管理才能，带领一家公司发展壮大。和乔布斯相比，斯科特是个纯粹的职业经理人，他对管理方法、管理技巧以及权力范围的关心常常胜过他对技术方向和公司远景的关注。

斯科特到来之前，乔布斯想怎么做就怎么做。斯科特到来后，乔布斯发现，权力重心在向斯科特倾斜。马库拉通常也会站在斯科特一边。向来不服输的乔布斯几乎从一开始就和斯科特在各种问题上发生或大或小的冲突，但这似乎并不影响各项工作在吵吵闹闹中开展起来。

为了编员工号，斯科特提出的方案是，既然苹果电脑是沃兹发明的，沃兹当然是1号员工，然后是乔布斯的2号，马库拉的3号，费尔南德斯的4号，霍尔特的5号，等等。大家都对这个编号没有意见，只有乔布斯例外。

“我是1号?”乔布斯问。

“不，沃兹是1号，你是2号。”斯科特说。

“不。我必须是1号。”乔布斯有点儿生气。

“可沃兹已经是1号了。”

“如果我不能是1号，那我可以是0号吗?”乔布斯玩起了数字游戏。

斯科特没有办法，只得让乔布斯成为了与众不同的0号。乔布斯在乎这样的名分，他觉得，惟其如此，才能显示他在公司的特殊性。

Apple II成功推出之后，销量直线上升。等到1979年完成第一轮大规模融资后，苹果开始有了些大公司的迹象。新员工不断到来，公司的内部流程也变得复杂和拖沓起来。当公司只有十几个人时，经常出现的情形是，乔布斯飞快地跑到沃兹或哪个工程师身边，对他说，我需要这个功能。工程师就接连几天几夜奋战，把乔布斯要的功能做出来。现在，随着公司和项目规模的扩大，管理费用高了，人浮于事的情况多了。乔布斯不得不面对工程师们花很长时间打造一个项目却迟迟无法交工的烦恼。斯科特希望用正规的、制度化的方法来解决类似问题，但乔布斯总想用自己的头脑加上干劲儿寻求突破。

1980年12月12日，苹果成功上市。苹果的公开上市，是自福特汽车1956年上市以来最大规模的IPO（首次公开发行）。乔布斯因此一夜之间成了身价2.56亿美元的富翁。但就在苹果上市前几天，12月8日，乔布斯的偶像——披头士乐队的主唱约翰·列侬——被歌迷枪杀。这件事在乔布斯心头蒙上了一层阴影，似乎也暗示着苹果上市后的坎坷。

危机很快出现。上市才两个多月，斯科特就开始对公司内编制冗余、人浮于事的情形大为不满。很多新来的员工在工作中并没有展示出应有的能力。斯科特觉得，必须用裁员的方式，保持员工的工作积极性。

斯科特打算裁掉40名左右的员工，马库拉和乔布斯没有多想就同意了。1981年2月25日，星期三，斯科特开始了苹果历史上第一次成规模的裁员。各部门经理分别向斯科特提交建议名单，再由斯科特作最后的定夺。可过程本身有些混乱，最终被解雇的人并不都是业绩差的人，有些人在几周前还得到了业绩良好的评语。而且，被解雇的人里居然包括公司最赚钱的Apple II团队的不少员工。

当天下午，斯科特对留下来的员工说："我常说，当我觉得做苹果CEO不再快乐的时候，我就会离开。但现在，我改变了我的想法。当这项工作不再快乐的时候，我会解雇你们中的一些人，直到这工作重新快乐起来为止。"

在留下的员工听来，斯科特的话阴森恐怖，让人不寒而栗。没人知道自己将来的命运。在公司刚刚上市，情况一片大好的时候，尚且有这么多人被解雇，那又何谈员工对公司的忠诚呢？员工对斯科特的粗暴做法极为不满，他们把这一天称为"黑色星期三"。

对这样的结局，马库拉和乔布斯也十分沮丧。有员工当面问乔布斯："怎么会这样？公司是这么开的吗？"

乔布斯面无表情地反问他："那你说，公司应该怎么开？"

"黑色星期三"让斯科特在员工心里丧失了威信，也让乔布斯和马库拉对斯科特的看法产生了根本转变。马库拉觉得，斯科特的管理作风越来越简陋、笨拙，这和斯科特刚来时的谨慎、细致形成了鲜明对比。也许，斯科特只适合在小公司当CEO。好在，与斯科特签订的4年合同即将到期。在找到合适的CEO之前，马库拉决定自己出山，先带领苹果走过一段过渡期。

7月，自掘坟墓的斯科特黯然离职。马库拉临时出任苹果CEO，同时开始物色新的CEO人选。

马库拉决定不再留任斯科特的时候，乔布斯就向他提出，自己想当CEO，想管理整个公司。在马库拉和其他董事会成员眼里，乔布斯还是个大孩子，如果有经验的斯科特都玩不转，一向在管理中简单、粗暴的乔布斯，还不把公司搞成幼儿园？马库拉没给乔布斯任何机会，就自己揽过了

CEO大权，但同时也让乔布斯兼任董事会主席，算是给乔布斯的一个补偿。

尽管没得到CEO的职位，乔布斯还是有自己的盘算。如果董事会不让他出任CEO，那么，他希望寻找一位能跟他默契配合，受他影响的CEO。他希望自己关于产品和公司未来的想法，能毫无障碍地贯彻到公司日常运营中。反复比较后，乔布斯相中了斯卡利。因为几次接触下来，乔布斯感觉到，斯卡利不但和自己优势互补，而且可以成为自己在管理方面的老师，将自己培养成真正有资格管理苹果的人。

显然，乔布斯和斯卡利那时都高估了两人之间的互补和默契程度。从根本上说，斯卡利和斯科特一样，都是注重流程、尊重制度的职业经理人。在管理水平上，斯卡利当然要远远高过斯科特，但斯卡利同样不可能真正懂得乔布斯关于技术与未来的宏伟理想，乔布斯也不可能真正学会斯卡利严谨、务实的思维方式。

1983年4月，与苹果谈妥一切待遇条件的斯卡利来到库比蒂诺，开始了他长达10年的苹果CEO生涯。为了乔布斯一句“卖糖水，还是改变世界”的话，踌躇满志的斯卡利踏上了一条不归路。他万万不会想到，他的到来，竟是苹果创始人与CEO之间最大矛盾冲突的开始。

从Lisa到Macintosh

斯卡利来到苹果的时候，苹果内部按产品分为4个主要的团队：Apple II团队、Apple III团队、Lisa团队和Macintosh团队。

除了Apple II面向家庭、教育市场，是苹果当时主要利润来源外，其他三个产品居然都是面向商务市场的。此前说过，Apple III在市场上一败涂地。那么，Lisa和Macintosh又是怎么回事呢？斯卡利来到苹果时，面对的究竟是怎样一种产品格局呢？这一切，还要从1979年乔布斯拜访施乐帕洛阿尔托研究中心（PARC）说起。

1979年夏天，马库拉和乔布斯开始为快速发展的苹果募集外部投资，这也是苹果上市前第一轮对外融资。通过马库拉和瓦伦丁的关系，总共有

16家美国知名的风投公司以每股10.5美元购买了苹果的股份。这个名单上，有一个股东尤为特殊，它就是大名鼎鼎的施乐公司。

为了洽谈投资，乔布斯专程到施乐公司的风险投资部门XDC拜访。对于风险投资，施乐的想法和其他风投公司不大一样。施乐希望，XDC不仅能帮助创业公司成长并获取投资回报，同时也可以成为施乐对外的一个“窗口”，帮助母公司更好地了解产业环境、市场需求、技术应用等。而且，施乐更加看重这个“窗口”作用。

乔布斯来到施乐的那一天，有一位名叫李宗南的华裔中年人刚加入施乐XDC，那也是李宗南第一天到施乐上班。李宗南是硅谷最早跻身风投行业的华人，可称得上华人里的“创投教父”。本书作者采访李宗南时，他愉快地回忆起当天见到乔布斯的情景。

那天，乔布斯穿着T恤、仔裤和球鞋，头发梳理得整齐、光亮，浑身上下透着帅气。

谈到苹果的融资计划，李宗南问乔布斯：“你想做什么？”

乔布斯不假思索地回答：“我想改变世界。”

与会的施乐投资经理们非常惊讶，他们将信将疑地问乔布斯：“那么，你打算如何改变世界呢？”

乔布斯说：“你们知道吗，我在印度，在亚洲，看到那么多穷人还在使用几个世纪前的原始工具辛勤劳作时，我告诉自己说，人们需要高效的工具。”乔布斯一边说一边转向李宗南，“你来自亚洲，你肯定理解我当时的感受。工具革新是改变人们生活的最重要手段。在美国，无论是家庭还是办公室，人人都需要计算机。但以前的计算机要么太大太贵，要么太难用。苹果可以帮助人们实现这个梦想，让人人拥有一台好用的电脑。”

乔布斯的话给李宗南留下了深刻印象。乔布斯一行离开后，李宗南便强烈建议施乐投资苹果。最终，施乐购买了苹果10万股股份，总价约合100万美元。这次融资给了施乐入股苹果的机会，也给了施乐将苹果当做“窗口”，观察个人电脑产业发展的机会。作为交换条件，施乐允许苹果技术人员参观施乐公司里最神秘也最奇幻的地方——帕洛阿尔托研究中心。

帕洛阿尔托研究中心简直就是一个技术圣地。中心里研究人员的水平甚至要超过AT&T公司著名的贝尔实验室。研究中心拥有的专利难以计数。许多改变世界的新技术，比如激光打印机、以太网、面向对象的编程语言等，都诞生在这里。但说来有趣，拥有顶级研究中心的施乐，竟然不知道该如何把这些顶尖的专利技术变成可以卖钱的产品。

1979年年底，乔布斯和苹果的技术人员一起，走进了帕洛阿尔托研究中心。在研究中心里，乔布斯像个孩子一样东看西看，打量着各种新奇的技术，欣喜若狂。

最吸引乔布斯的是一台名为Alto的个人电脑。与Apple II相比，这台电脑简直就是一个全新的梦境。Alto使用了施乐发明、外界无人知晓的图形用户界面（GUI）技术。电脑的屏幕上显示的是窗口、菜单和按钮，用户操作电脑时，除了键盘外，还要使用一个拖着根长尾巴，像老鼠的小玩意儿——现场负责演示的施乐工程师拉里·特斯勒（Larry Tesler）告诉乔布斯，这个小玩意儿叫做“鼠标”。

乔布斯一下子惊呆了，这电脑完全是外星科技！电脑居然可以这样操作！而且，这台电脑居然在1973年就已经问世，比Apple I还早了3年。乔布斯和沃兹在人机界面设计上的不断创新，与这个养在深闺人未识的小家伙比起来，就像武林中称雄多年的高手突然在少林寺遇到扫地神僧，在一招内就被制伏一样。

特斯勒回忆说：“乔布斯当时非常兴奋。当他看我在屏幕上操作时，大约只看了一分钟，就在屋子里跳着嚷道：‘你们为什么不拿这么酷的技术做点儿什么？这是最棒的东西，这是革命呀！’”

也难怪，这么好的技术和思想，居然就生生躲在实验室里，施乐竟然不知道如何把它变成可以卖钱的产品！

在Alto电脑身上，乔布斯看到的不仅仅是惊艳的人机交互技术，他看到的，是一种永远追求用户友好的设计理念。从那时起，这种理念就深深印在乔布斯脑海深处。回到苹果，乔布斯认定，下一代个人电脑一定是以图形用户界面为基础的，Apple II所代表的字符操作界面终有一天会落伍。

当时，苹果公司内部除了Apple III以外，已经启动了另一个面向高端商务用户的 Lisa 电脑项目。Lisa 最开始是乔布斯的主意。乔布斯甚至用自己当时拒绝承认的非婚生女儿丽莎（Lisa）的名字来命名这款电脑。

一方面，乔布斯竭力推动在 Lisa 电脑中使用施乐发明的图形用户界面技术；另一方面，乔布斯也一心想把整个 Lisa 部门控制在自己手中，亲自指挥工程师们打造一款惊世骇俗的电脑。但马库拉和斯科特觉得，乔布斯还不适合管理大的开发团队。他们小心地控制乔布斯的权力，不让他过多地干预Lisa事务。Lisa 项目最早由肯·罗斯穆勒（Ken Rothmuller）负责，很快就交给约翰·柯奇掌管。

心有不甘的乔布斯时不时对 Lisa 项目指手画脚，并经常越过柯奇，直接向工程师提出要求。没过多久，忍无可忍的约翰·柯奇就明白地对乔布斯说，他不想让乔布斯再插手 Lisa 了。马库拉和斯科特坚定地站在柯奇一边，他们一起把乔布斯“赶出”了 Lisa 团队。

图 17　配有外置硬盘驱动器和两个内置软驱的 Lisa 电脑

赶走了乔布斯的 Lisa 虽然使用了图形用户界面，却悲剧地成为了继 Apple III 之后的第二款失败的产品。1983 年 1 月 19 日，Lisa 正式发布，这是世界上第一款使用图形用户界面技术的商业产品。但 Lisa 太贵了，要卖到 1 万美元上下！这样的价格和当时的 IBM PC 机相比没有任何竞争力。而且，Lisa 上可用的软件非常有限，只有可怜的几款办公软件。Lisa 与 Apple II 以及后来的 Macintosh 也互不兼容。更要命的是，Lisa 把自己定位于纯粹的办公电脑，除了提供自己开发的几款办公软件外，完全无视第三方开发者的要求。最终，Lisa 在市场上彻底失败了。1984 年 2 月，业绩持续低迷的 Lisa 团队被部分裁员后并入 Macintosh 团队。1989 年 9 月，苹果销毁了库存中最后积压的大约 2700 台 Lisa 电脑，这标志着 Lisa 项目的最后终结。

被赶出 Lisa 团队的乔布斯愤恨不已，他想尽快找一个项目，证明自己的领导能力。没用几天，到处闲逛的乔布斯发现，计算机科学家杰夫·拉斯金（Jeff Raskin）正在秘密研发一款新的电脑。这是一款拥有和 Lisa 类似的图形用户界面，但便宜得多，价格足以打动普通人的电脑。拉斯金找了几名工程师，在 1979 年圣诞节前就设计出了电脑原型。拉斯金根据自己喜欢吃的一种苹果的名字，把这台电脑命名为 Macintosh，简称 Mac。

流行的说法是，拉斯金当时把这个单词拼错了，苹果的名字本应是 McIntosh，却错写成了 Macintosh。但拉斯金自己说，他是故意把名字拼成这样的，以免和当时一家制造音响设备的公司 McIntosh 实验室重名。即便如此，苹果 1982 年注册 Macintosh 商标时，还是因为和那家音响设备公司的名字发音相像，引出了不大不小的麻烦，一直拖到 1983 年才获得批准。

拉斯金的 Macintosh 只是个小项目。1981 年年初，乔布斯很容易就把项目从拉斯金手里抢了过来，自己当上了 Macintosh 团队的总经理。乔布斯迅速从其他团队，包括 Apple II 团队抽调人手，组建了一支空前强大的队伍。

一开始，拉斯金还如履薄冰地与乔布斯合作，但他内心里并不认可乔布斯抢走 Macintosh 项目的行为。两人之间经常争夺 Macintosh 项目的控制权。有一次，乔布斯居然竭力破坏拉斯金已经准备好的内部讲座，告诉参会者讲座已经取消了。拉斯金则跑到斯科特那里告乔布斯的状，列举了十几条乔布斯不适合管理 Macintosh 部门的理由。马库拉试图调解，但未能成功。最终，失望的拉斯金于 1982 年离开了苹果。

为了展示自己的管理能力，乔布斯和柯齐打赌 5000 美元，赌 Macintosh 比 Lisa 更早发布。很不幸，乔布斯输掉了赌局。Macintosh 的进度一拖再拖，最终发布时间比原计划晚了一年多，直到 1984 年 1 月才正式亮相。

无疑，Macintosh 是一台杰出的电脑。漂亮的外观，低廉的价格，第一次在大家买得起的电脑上出现的图形用户界面，还有强大的广告攻势，这一切都让苹果的忠实用户如痴如狂。虽然面临 IBM PC 的严峻威胁，Macintosh 还是在上市初期取得了不俗的销售业绩。

除了产品和初期销售上的成功，Macintosh 对于苹果还有另外一层意义。Macintosh 的研发、发布和销售，几乎就是斯卡利与乔布斯两人从密切合作走向分歧、决裂的全过程。乔布斯在 Macintosh 团队里大权独揽、任性肆意的管理方式，为他失去众多员工的信任埋下了伏笔，也成了他与斯卡利之间管理理念冲突的关键所在。

图 18　Macintosh 电脑

更重要的是，Macintosh 在销售上一帆风顺的时候，斯卡利和乔布斯之间的合作就亲密无间；Macintosh 在销售上一走下坡路，CEO 和创始人之间的种种矛盾就被凸显和放大了出来。毫不夸张地说，Macintosh 是斯卡利和乔布斯决裂的催化剂，也是乔布斯被排挤、被驱逐的见证者。

活力二人组

离开百事的奢华办公室，来库比蒂诺的苹果总部上班时，斯卡利觉得自己好像刚从一所学校毕业，又马上进入了另一所学校。在这所新学校里，几乎所有东西都与百事大相径庭。这里的工程师不穿制服套装或衬衫、西服上班，研发环境总是一副乱糟糟的样子。这里的员工和经理间的关系，不像百事那样等级分明。这里每天都有新的想法，新的实验，每个角落随时随地都有人讨论产品或技术问题。斯卡利觉得，这儿简直就是工程师的天堂。

当时苹果负责人力资源等运营事务的副总裁杰伊·艾略特（Jay Elliot）为了让斯卡利尽早熟悉苹果的技术和产品，专门安排了一名 IT 员工坐在离斯卡利办公室不远的座位上，以便斯卡利随时咨询。乔布斯默许了这个安排，但不是特别高兴。他更愿意自己成为斯卡利惟一的技术与产品导师，虽然他自己并没有太多时间来做这件事。

斯卡利兴奋地观察、学习着公司里的一切。作为创始人和董事会主席，乔布斯也在观察着斯卡利的一言一行。乔布斯觉得，斯卡利就像英国皇室的大管家，职业、耐心而且细致，同时有着对市场和营销的缜密思考。

一来到苹果，最让斯卡利头疼的问题是，苹果的产品线之间关系模糊不清。Apple II、Apple III、Lisa 和 Macintosh 这四大产品在定位上相互重叠。Apple II 虽说是面向家庭、教育，但很多用户主要用它来办公。Apple III 已经成为苹果的鸡肋。Lisa 刚发布不久，大多数客户一听到昂贵的售价便掉头而去，惟一一宗大订单来自美国国家航空航天局（NASA）。Macintosh 的进度严重拖延，连乔布斯自己都说不清发布日期还要被推迟多少次。最苦恼的是，Lisa 和 Macintosh 都定位在商务领域，除了一个高端、一个不那么高端外，功能上有许多重叠，技术上又互不兼容。

斯卡利和乔布斯一起着手制定一个专注于苹果核心市场的产品战略，试图使产品定位清晰起来。苹果的核心市场是学校、家庭和办公室，在这一点上，斯卡利和乔布斯没有分歧。但问题是，斯卡利希望从市场需求的角度出发，有逻辑、有条理地分析每个产品需要什么样的特性，如何包装，如何定价。乔布斯则更多从技术趋势和用户体验的角度出发，迫切地想在产品中应用各种新技术、新工艺。简单地说，乔布斯总能在第一时间看到未来是什么样，而斯卡利总能在第一时间觉察出，现实需要我们做什么。

不过，因为缺乏管理上的威信，乔布斯对未来的敏锐直觉有时候很难贯彻执行。例如，斯卡利刚来苹果时，已经被赶出 Lisa 团队两年的乔布斯仍在找机会参与 Lisa 的设计讨论。有一次，乔布斯强烈建议 Lisa 放弃 5 英寸软驱，换用索尼公司刚研发出的 3 英寸软驱。Lisa 团队的大多数人对乔布斯的意见不屑一顾。他们认为，5 英寸软驱仍然是业界的主流，为了保证和用户手头的磁盘兼容，Lisa 必须保留 2 个 5 英寸软驱。

“知道么，这是未来的趋势！”乔布斯显得很激动，“Macintosh 电脑已经决定使用 3 英寸软驱了，为什么 Lisa 这么保守？”

"保守?"一位 Lisa 员工带着揶揄的口气说,"你的 Macintosh 发布了吗?你连自己的 Macintosh 都还没搞定呢,就来向 Lisa 发号施令?你能不能等自己真正做出了一款产品之后,再来批评其他产品?"

目睹这一切的斯卡利惊呆了。在苹果,Lisa 团队的员工居然敢这样顶撞公司创始人。这看上去并不像一种正常的企业文化,反倒像是部门之间的相互倾轧。斯卡利明白,要把苹果改造成一家高效运转的现代企业,还有很长的路要走。

斯卡利是个幸运儿。在他刚加入苹果的头几个月里,公司销售势头相当好。6 月,苹果股价已经从 36 美元涨到了 63 美元,这让 100 多位苹果员工成了百万富翁。但坦率地说,销售增长主要不是因为苹果做得比其他公司好,而是因为个人电脑的市场需求在这一年被大规模释放了出来。所有厂商的产品都供不应求,每条电脑生产线都开足了马力。仅仅在这一年里,硅谷就诞生了几百家造电脑的创业公司。

Macintosh 项目屡次延期,但乔布斯自己始终信心十足。Macintosh 团队虽说不上井井有条,但的确充满活力。这种活力,有一多半是乔布斯注入到团队里的。乔布斯在管理上有种神奇的,使人信服的魔力。他每次提出一个主张,总能通过几句铿锵有力的话,让大家相信那是惟一正确的方向。有的员工把这种魔力称为"光晕效应",就像乔布斯头上天生就有神或天使的光环,使人肃然起敬那样。另一些工程师则借用《星际迷航》里的术语,把乔布斯的魔力称为"现实扭曲场"(Reality Distortion Field)。意思是说,乔布斯推销一种观点的能力之强,达到了使现实扭曲的地步,即便这观点不那么合理,也足以让人在第一时间表示信服,就像《九阴真经》里的移魂大法,可以达到我喜敌喜、我忧敌忧的境界。

但 Macintosh 的工程师们同样清楚,在乔布斯的领导下工作,并不是一件轻松、惬意的事。乔布斯既有无数让人信服的点子,也有无数让人无所适从的地方。他经常朝令夕改,也经常给员工一个无比紧急的时间计划,压榨出工程师的所有能量。乔布斯在管理中自负、粗暴、苛刻,极度追求完美,同时还有幼稚、脆弱、敏感、易受伤害的一面。Macintosh 的工程师

图 19　1982 年乔布斯和 Macintosh 团队成员一起边吃饭边讨论

们对他又喜欢、又敬畏。

有时，乔布斯会突然走到某个工程师身边问："你在做什么？"

听完工程师的汇报，乔布斯会说："不，不，不是这样的，我们想要的功能不是这样的。你需要这样这样实现。"

很多时候，工程师按乔布斯的建议回去尝试一阵子，就会跑回来找乔布斯说："史蒂夫，你说的功能我们做不了，这太复杂了。"

乔布斯则会不由分说地打断对方的辩解，说："我不信。如果你做不来，我就去找一个能做这件事的人来代替你。"

乔布斯也参与各种相关产品的细节决策。他总是说："Macintosh 就藏在我心里，我必须放它出来，把它变成产品。"但他的意见却并不一定总是靠谱。例如，他强烈反对电脑里加装散热风扇，因为那会使电脑的噪声变大。可失败的 Apple III 恰恰是因为乔布斯的坚持，而在散热系统设计上闹出笑话的。

Macintosh 的工程师们已经学会了一方面被乔布斯的"现实扭曲场"暂时说服，另一方面理智地评估乔布斯的主意是否靠谱。一位工程师说："乔布斯现在跟你说某件事很糟或者很棒，这并不表示他隔天也会这么想。对他提出的意见别太过认真。另外，他对别人的创意，总会有与众不同的反应。如果你告诉他一个新点子，他通常会告诉你这想法很愚蠢。但一个星期后，他就会回来找你，向你提出一个完全相同的点子，就好像那是他自己想出来的一样。”

斯卡利加入苹果将满一年的时候，Macintosh 终于要对外揭开神秘的面纱，迎来正式发布的日子了。最初，Macintosh 设想的定价是 1000 美元左右。但原型机做出来后，大家发现价格至少要订到 1995 美元才能有合理的赢利。斯卡利还想在这个基础上再多加 500 美元。他的考虑是，因为上市初的 6 个月，生产能力可能跟不上，还不如用贵一点的价格减少一部分订单数量。

乔布斯无法认同这一点，他对斯卡利说：“这价格太高了。Lisa 因为定价太高而影响销售，已经是一个反面教训了。如果再多加 500 美元，那些忠诚的老用户会被吓跑，会觉得受到了伤害。”

斯卡利丝毫不肯让步，还摆出了他精于算计的一面：“如果定价不增加这 500 美元，我们就没有额外的预算去做 Macintosh 的市场营销了。你总不能二者兼顾。要么用比较低的价格，不大张旗鼓地宣传，要么提高定价，并用一笔充足的市场经费在宣传上一鸣惊人。”面对斯卡利给出的选择题，乔布斯作了让步。他知道，没有出色的市场营销，Macintosh 革命性

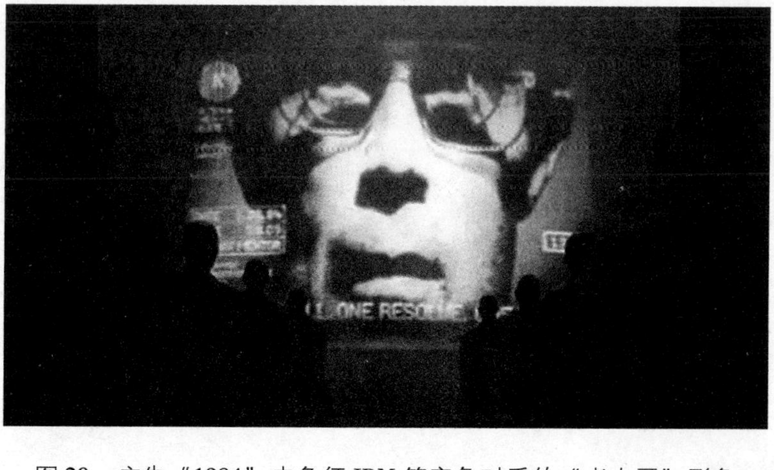

图 20　广告“1984”中象征 IBM 等竞争对手的“老大哥”形象

的优点就无法深入人心。最终二人同意将 Macintosh 的发售价定为 2495 美元。

1984 年 1 月 22 日，在美国职业橄榄球联赛的总决赛超级碗现场，苹果播放了构思奇特，效果震撼的广告“1984”。广告借用乔治·奥威尔（George Orwell）的小说《1984》中的场景，把 IBM 等竞争对手比作集权、黑暗、压抑人性、无处不在的统治势力，把新生的 Macintosh 电脑比作挑战旧势力的自由力量。广告中并没有出现 Macintosh 电脑的形象细节，只是用隐喻的手法，作了一个 Macintosh 即将改变世界的宏伟预言：

“1 月 24 日，苹果公司将发布 Macintosh 电脑。由此，大家将会看到，为什么小说中的 1984 年不会在现实中重现。”

此前，在讨论创意时，乔布斯自己非常喜欢“1984”这个广告，斯卡利却觉得这创意太疯狂了。他试图说服乔布斯选择其他创意，但没有成功。斯卡利勉强作了让步，他想，疯狂的创意也许能出奇制胜。

可董事会成员不这么想。马库拉和其他董事们觉得这个创意简直就是胡闹，是在浪费公司的金钱。他们找来斯卡利和乔布斯，让他们通知广告公司从超级碗撤下这条荒唐的广告。

沮丧的乔布斯把广告放给沃兹看。沃兹一看完广告，就跳起来指着屏幕说：

“这广告太‘我们’了！这简直就是我们自己呀！”

“可董事会不喜欢。他们投了否决票。”乔布斯一脸懊恼。

“别呀，”沃兹大声说，“在超级碗播放这广告要花多少钱？”

“80 万美元。”

沃兹略作思索，说：“如果董事会不愿意付这笔钱，那，我付一半，你付一半，怎样？”

乔布斯和沃兹的执著打动了董事会和其他高管。最终，广告按原计划如期播放，其震撼效果甚至超出乔布斯的想象。Macintosh 上市时的销售佳绩足以证明这条广告的成功。后来，“1984”被广告界誉为历史上最好的电视广告之一。

1 月 24 日，乔布斯在苹果股东年会上正式向公众介绍了革命性的

Macintosh 电脑。面对听众，乔布斯特意朗读了自己最喜欢的歌手鲍勃·迪伦的歌词，作为仪式的开篇：

用笔预言未来
来吧，作家和批评家
把眼光放远大
良辰难再至，良机不再来
别太早下结论
车轮仍在滚滚向前开
没人知道胜负由谁定
失败者也许转眼就会笑开怀
因为这是个变革的时代

这段歌词来自《变革的时代》。无疑，乔布斯是想告诉大家，个人电脑的又一次革命，即将由 Macintosh 拉开序幕。

图 21　乔布斯和斯卡利一起展示 Macintosh 电脑

借着广告“1984”的影响力和乔布斯的个人魅力，Macintosh 电脑一鸣惊人。上市当天一大早，全美国的计算机零售店门口就排起了争购 Macintosh 的长队。最初几个月的销售超出了所有人的预期，在短短 74 天内就销售了 5 万台 Macintosh。1984 年一年内，苹果总共销售了 27.5 万台 Macintosh。

1984 年上半年，一切看上去都那么美好。4 月，苹果又为 Apple II 系列的第一款便携机型 Apple IIc 召开了隆重的发布会。Apple II 和 Macintosh 在销售上呈现交相辉映的热闹场面。无论工作中存在多少分歧，无论在性格上多么不同，刚来到苹果 1 年的斯卡利与乔布斯之间的配合都无可挑剔。斯卡利负责运营，乔布斯主管产品，对于市场和销售方面的重大决策，两人则一起商量决定。

5 月 3 日傍晚，乔布斯突然找人通知斯卡利，请他立即赶到萨拉托加（Saratoga）的黑羊（Le Mouton Noir）餐厅。直到进了餐厅，斯卡利才发现，里面都是熟人。所有董事会成员，所有高层管理者都聚齐了。大家专门举行晚宴，为斯卡利和乔布斯庆功。

举起酒杯，乔布斯兴奋地对大家说：“这儿的所有人都知道，我爱苹果，胜过我爱生命中曾经遇到过的一切。对我来说，生命中有两天最开心，一天是 Macintosh 发售的日子，另一天是斯卡利答应来苹果做 CEO 的日子。”

乔布斯打开了一个透明展示箱，箱子里是一组斯卡利的照片，从斯卡利离开百事起，包括了一年里斯卡利在苹果的每一个重要时刻。看到这个展示箱，斯卡利眼角闪烁着泪光。他动情地说：

“苹果只有一个领导者，这个领导者就是史蒂夫和我。”

乔布斯也同样激动，他对斯卡利说：“你虽然不是创始人，但真的就像公司的创始人一样。我和沃兹创立了公司的过去，你和我则正在开创公司的未来。”

10 月，斯卡利和乔布斯一起登上了《商业周刊》的封面。媒体记者将斯卡利和乔布斯两人之间的完美组合称为“活力二人组”（Dynamic Duo）。

图22 “活力二人组”在斯坦福大学的合影

也许是因为一切都太过完美，也许是因为斯卡利和乔布斯过高估计了两人性格中互补的一面。当销售业绩持续增长，公司势头一派大好的时候，再多的矛盾也会被快速的发展所掩盖。即便是经验老到的斯卡利也有点儿忘乎所以，他似乎忘记了乐极生悲、否极泰来的道理。一旦销售下滑、发展停滞，斯卡利和乔布斯这对儿“活力二人组”还能让辉煌继续吗？

危机降临

直到1984年10月，斯卡利才隐约意识到，苹果近一年来的成功一方面给整个公司带来巨大的信心，另一方面也让乔布斯的权力欲极度膨胀。

在斯卡利到来之前，马库拉和斯科特小心地控制着创始人乔布斯的权力，甚至不让乔布斯插手他钟爱的Lisa项目。斯卡利并不像马库拉那样担心乔布斯在管理上的幼稚和鲁莽，他经常默许乔布斯参与公司决策。斯卡利觉得，乔布斯总有一天会成熟起来，成长为合格的企业管理者。

但Macintosh的成功让乔布斯信心爆棚，他开始在公司高层管理者会议上以CEO的口吻说东道西，还频繁地插手他职责范围外的事情。与此同时，本来就危机四伏的部门间关系也成为最让管理层挠头的事情之一。

“1984”广告的成功播出让Lisa和Apple II团队的员工觉得，自己成了最不受重视的一群人。乔布斯在公司里处处用Macintosh的成功发布来说事儿。他毫不避讳地说，Macintosh团队是公司内水平最高的一群人，理应得到最好的支持和待遇。个别Macintosh团队的成员甚至公开称呼其他团队的人是笨蛋。

有一次，Macintosh团队和Apple II团队的员工竟打起了“群架”。两拨人在屋子里各占一张桌子，互相攻讦。Macintosh团队的人大喊：“我们是未来!”Apple II团队的人则大声回应：“我们是利润!”接着，两拨人用工程师才有的“斯文的”打架方式，互相投掷笔和纸团，场面混乱不堪。

斯卡利此前一直抱着观望和容忍的态度，直到10月份，斯卡利才发现，这种纵容可能是个错误，因为事情正向着不可控的方向发展。

10月份的年度财务计划会议上，乔布斯第一次在所有高层管理者面前，显露出了自己的权力欲。在讨论下一年度各部门预算时，乔布斯提出了一个改变预算方法的建议。他认为，每个单独的部门，例如Macintosh团队、Apple II团队等，都应单独核算，每个部门都应有支配自己所创造的利润的权力，而不是作为整个公司的一部分，听由公司按某种比例分配。

这个建议在斯卡利等职业经理人看来，实在是幼稚到了极点。不同部门创造的价值存在差异，但这种差异应当体现在奖励机制中，而不应体现在财务预算里。否则，公司部门之间必将势同水火，倾轧和抢夺资源的情况一定会愈演愈烈。

乔布斯自己显然没有意识到这个建议有多么幼稚。他用他擅长的推销产品的方式，在管理层面前口若悬河地介绍新预算方法的优点。在座的公司高层几乎没人同意乔布斯的观点，但在乔布斯夸张的手势和语言面前，又没人愿意出头阻止。有些人在下面交头接耳，他们猜测，乔布斯是因为Macintosh部门的销售势头正旺，试图用这个方法为自己的团队谋得更多的利益。大家都用恳求的目光看着斯卡利，希望他能出来打个圆场，结束乔布斯拙劣的表演。

斯卡利选择了容忍，他知道乔布斯需要约束和培养，但又碍于自己和乔布斯之间的关系，不愿亲自站出来。会议间隙，斯卡利离开房间时，他亲耳听到有人在背后嘟哝："斯卡利为什么不让那家伙闭嘴呢?"

关于 Macintosh 的销售方向，乔布斯和斯卡利之间也有不同的看法。斯卡利希望 Macintosh 像 IBM PC 那样主打商务客户，而乔布斯却不愿冷落了普通个人消费者。Macintosh 发布后不久，苹果在夏威夷的瓦基基（Waikiki）海滩举行销售会议。当时，斯卡利刚刚在全球范围招聘了 2500 名销售人员，以便向商务客户推广 Macintosh 电脑。乔布斯觉得，斯卡利主打的销售方向是错误的，但他又很难说服斯卡利。在夏威夷的第一个晚上，两个人就在晚餐时因为这件事发生了激烈的争吵。

脑子里总是充满新思维的乔布斯明显不喜欢斯卡利所擅长的传统销售和分销模式。有一次，乔布斯和联邦快递（FedEx）创始人兼 CEO 弗雷德·史密斯（Fred Smith）一起吃饭时，史密斯提到，IBM 正在考虑用联邦快递做中介，建立从工厂到客户的全新直销模式。听了这个新思路，乔布斯眼睛亮了。他立即找到斯卡利，说出了一个大胆的设想：直接在苹果电脑生产工厂旁为联邦快递修一条专用的飞机跑道，刚走下生产线的 Macintosh 电脑就可以直接上飞机，以最快的速度飞向全球每个客户手中了。乔布斯觉得，自己的设想简直就是天才创意，可以节省维护庞大分销渠道所需的巨额资金。斯卡利却觉得，乔布斯脑子里装的都是些什么稀奇古怪的东西呀！斯卡利说："这怎么可能！"

对于两人之间的分歧与权力纷争，包括马库拉在内的董事会成员也逐渐担忧起来。1985 年年初，董事会在评审斯卡利过去一年的工作情况时，坦率地对斯卡利说："你做得非常棒，只有一点除外——你似乎不是一个人在管理公司。"

真正的危机还是出在 Macintosh 电脑上。无论是斯卡利还是乔布斯，都被 Macintosh 初期的成功冲昏了头，没有看到隐藏在深处的危机。

苹果并不缺头脑清醒的人。从施乐请来的计算机科学家，早在 1968 年就提出过笔记本电脑概念设计（Dynabook）的阿兰·凯（Alan Kay）便是其中一位。阿兰·凯仔细分析了Macintosh电脑的不足，并直接在斯卡利的办公桌上留了一张便条。阿兰·凯告诉斯卡利，Macintosh的设计非常好，但内存配置严重不足，单软驱设计不方便使用，就像一辆只能装1升油的本田汽车，即便发动机再好，也只够带你去街区另一头兜个圈子的。内存的不足甚至制约了Macintosh上的软件开发，开发者必须使用Lisa才能方便地开发Macintosh上的应用程序。相对于IBM PC，Macintosh严重缺乏办公软件的支持，且与IBM PC不兼容。所有这些不足终有一天会暴露出来，影响Macintosh的销售。

乔布斯当然知道这些技术上的局限，但总是一副不以为然的架势。斯卡利看到了阿兰·凯的便条，但他觉得，市场和销售才是当务之急，改进Macintosh软硬件的优先级并没有那么高。

与此同时，销售部门也向斯卡利反映了Macintosh在营销上的弱点。Macintosh并不像Apple II那样支持各式各样的扩展设备，同时，Macintosh的操作非常直观，不需要太多培训。但事实上，销售扩展设备和提供培训服务，是当时计算机零售店的两大利润来源。正因为如此，计算机零售店里开始流行一种奇特的做法：先用漂亮、时尚的Macintosh电脑把客户吸引到店里，然后，再向客户推销更便宜、实用，对店家来说也更有利可图的IBM PC。

转折点出现在斯卡利和乔布斯对下半年销售形势的预估上。1984年年中，乔布斯找到斯卡利，在白板上根据Macintosh前几个月的销售增长趋势，画了一条连续增长的曲线。乔布斯肯定地说：

“根据目前的增长趋势，到年底圣诞季的时候，每月大约可以卖掉8万台Macintosh电脑，这样，加上Apple II的数字，苹果一个圣诞季的销售额可以达到10亿美元。”

“告诉我，”斯卡利带着怀疑的口吻说，“你为什么相信，目前的销售增长势头会一直保持到圣诞季？”

“当然会，”乔布斯的语气不容置疑，“这两年全球的电脑销售只有一个关键词，就是‘增长’。电脑正在真正渗透到每个普通人的生活里。尽管如此，已经销售的电脑数量，和可以买得起电脑的家庭数量相比，还小得可怜。无疑，个人电脑将在今后几年保持更强劲的增长。”

“嗯，这趋势倒是没错。”斯卡利说，“但即便总体销量增长，竞争依然激烈，为什么 Macintosh 一定能赢得竞争呢？”

“这还用问吗？”乔布斯说，“和 IBM PC 相比，Macintosh 领先整整一代。为什么用户放着领先一代的电脑不选，要去选过时的 IBM PC 呢？”

对于乔布斯的自信，斯卡利虽然有些疑问，但总体上还是认同的。除了阿兰·凯所担心的那几件事以外，似乎没有什么理由，能让 Macintosh 输给竞争对手。但如果假定乔布斯对销售增长的预测是正确的，那就必须解决另一个棘手的问题。苹果根本没有月产 8 万台 Macintosh 电脑的能力。

“怎么样？为了每月销售 8 万台的预测，我们放手一搏，扩大投资，增加产能？”斯卡利谨慎地问乔布斯。

“当然！我们当然要放手一搏！”乔布斯斩钉截铁地说。

1984 年最后一个季度，苹果公司的销售额虽然没有达到预期的 10 亿美元，但 6.983 亿美元的数字也非常可观。只不过，在所有销售收入中，70% 来自 Apple II，这对于乔布斯和他的 Macintosh 而言，并不是一个好消息。

看到 6.983 亿的数字，大多数人都相信，1985 年的苹果会更成功，苹果上下一派盲目乐观的氛围，只有斯卡利和乔布斯明白问题的严重性。两人此前关于 10 亿美元和每月销售 8 万台的估计远远超出了实际销量，Macintosh 即便在圣诞季，每月也只能卖出 2 万台。当初急匆匆扩大投入增加的产能现在成了累赘，库房里到处堆积着没有卖出去的 Macintosh 电脑。

Macintosh 配套软硬件的研发也不顺利。原本乔布斯寄予厚望的 Macintosh Office 套件（包括一台网络文件服务器，一套局域网设备，一台网络激光打印机及相关软件）在开发上遇到了重重困难，过于超前的设计让进度一再拖延。斯卡利对乔布斯无法掌控 Macintosh Office 的研发进度非常苦恼，几次和乔布斯为产品的发布时间争吵。乔布斯在 Macintosh 团队的管理上也越来越简单和急躁，团队员工的不满越来越多。外部环境同样不容乐观，因为 IBM PC 在市场份额上的优势，软件厂商更愿意为 IBM PC 开发办公软件，而不是为不兼容的 Macintosh 写程序。

公司内部的部门纷争愈演愈烈。Apple II 团队的员工几乎成了公司里最委屈的人。他们弄不明白，为什么自己开发的产品为公司贡献了大部分销售额和利润，却无法得到哪怕只及 Macintosh 团队一半的资源配置。很多人觉得，乔布斯是在滥用自己的权威，把好的资源都拿到了自己的 Macintosh 团队。Macintosh 工程师的平均收入也比 Apple II 工程师高不少。对 Apple II 有深厚感情的沃兹对此非常生气，他认为，苹果已经失去了正确的方向，正在放弃Apple II 这样伟大的产品。

1985 年年初，沃兹离开了公司。一些中、高层经理也相继离职。Apple II 团队和 Macintosh 团队总共有几十位工程师辞职。每个部门都缺少人手，斯卡利办公室墙上贴的组织结构图上，有好多地方标记着“待招聘”（TBH）的字样。

因为库存积压，到 1985 年 1 月时，分销商为了消化已有的库存，不再从苹果公司进货。Macintosh 销量开始直线下跌。

乔布斯急匆匆地敲开斯卡利办公室的门，大声说：“我不懂，我真的搞不懂，为什么 Macintosh 卖不动？所有事情都无比顺利。可我就是弄不明白，为什么销量上不去。”

这时的斯卡利已经逐渐清醒了过来。他意识到，当初忽视阿兰·凯的建议，是一个多么大的错误。尽管乔布斯拒绝承认，但 Macintosh 产品本身的确存在很多硬伤。最糟糕的是，自己和乔布斯对销售趋势的预测又与事实有很大出入。

斯卡利没有回答乔布斯的问题。他一直在思考。苹果正处于最关键的时刻，如果不采取有力措施，整个公司可能会毁于一旦。

都结束了

销售下滑，业绩不佳，让苹果内部积压的矛盾接二连三地暴露出来。乔布斯的草率粗暴和越权管理也成为许多中、高层经理发泄不满的对象。

在一次经理会上，许多中层经理对公司的现状表达了不满。有一个经理威胁要辞职，他当着大家的面说："到底是谁在管理这家公司？如果是斯卡利，那为什么乔布斯总是跑过来，对我们指手画脚？"

斯卡利给每个经理一张纸和一支笔，让他们画出他们心中公司的样子。测试的结果让人伤心。有人画了斯卡利和乔布斯在抢着驾驶同一条船。另一个人画的是乔布斯面前摆着两顶帽子——董事会主席和 Macintosh 团队总经理，乔布斯必须从两顶帽子中选一顶。

斯卡利不得不几次三番地对乔布斯说："如果你继续什么人都管，什么事都过问，我们就没法共事了。你应该集中精力在 Macintosh 的事务上。"

与此同时，Macintosh 部门的几个人也跑来抱怨，乔布斯在部门内乱指挥。乔布斯最早希望 Macintosh 部门不超过 100 人。但现在 Macintosh 团队已经成了几百人的臃肿机构，再也没有了当初的高效率。乔布斯朝令夕改的老毛病在臃肿的团队中显得尤为突出，让许多人无所适从。

每次斯卡利把这些抱怨反映给乔布斯时，乔布斯总是说："别担心，镇静。我知道我们在做什么。相信我，这是正确的道路。"

"可员工并不认同这是正确的道路呀。"斯卡利说。

乔布斯轻蔑地说："他们不懂。"

公司的形势越糟糕，乔布斯就越活跃。乔布斯甚至跟别人说，目前只有他才是拯救公司的惟一人选。斯卡利觉得，自己和乔布斯之间意见一致的地方越来越少，乔布斯已经不再适合管理 Macintosh 团队了。

斯卡利找到乔布斯，对他说："没有人像我这样崇拜你的才华和远见。我不惜改变了我的职业生涯来和你一起工作，史蒂夫。但现在这种境况的确不行。如果你不想办法改进，管理层就必须去作出改变。在过去两年里，我们相互间成了最好的朋友。但我对你目前管理 Macintosh 部门的方式彻底失去了信心。

乔布斯露出惊愕的表情："是吗？好吧。那你能多花一点时间，配合我一起工作吗？"

的确，斯卡利最近几个月，跟乔布斯一起工作的时间没有那么多，也没有太多时间指导和培养乔布斯的管理能力。但这与目前的现状无关。斯卡利现在最头疼的是，如何尽快消除乔布斯对公司内部管理秩序的干扰。

斯卡利说：“我想让你知道的是，我打算把这件事告诉董事会。我打算建议董事会，让你从管理 Macintosh 部门的位置上退下来。在通知董事会之前，我想让你提前知道这件事。”

乔布斯惊呆了，他看着斯卡利说：“我真的不敢相信，你竟然想这么做。”

斯卡利说：“是的，我想这么做。我觉得你应该集中精力在董事会主席的职务上，同时关注未来的新技术、新产品。我们必须解决 Macintosh 部门存在的问题。”

乔布斯被激怒了。他从座位上跳起来，踱着步子。他的眼睛里充满了挑衅。

他怒气冲冲地说：“如果你这么做了，你会毁掉整个公司。我是惟一充分理解这家公司的制造和运营的人，我不认为，你已经懂得了所有的一切。”

斯卡利说：“你走得太远了，偏离了一个日常管理者应该做的。如果我继续纵容你，我们将不会有任何新产品发布，我们也不会再取得任何成功。”

曾经的“活力二人组”之间，再也找不到共同语言了。乔布斯不敢相信，为什么几个月前还是配合得天衣无缝的好搭档，几个月后，就成了无法共存的对立者。

1985 年 4 月 10 日，斯卡利在预先得到马库拉支持的情况下，把乔布斯的问题提给了董事会。斯卡利对董事们说：“我正在劝说乔布斯放弃 Macintosh 部门总经理的职务。如果你们支持我，我会对今后公司的运营负一切责任。如果不支持我，我们将很难扭转困局，也许，不久你们就要去找一个新 CEO 来接替我了。”

斯卡利已经做好了被董事会解雇的准备。他进一步向董事会解释说：

“在现在这个二人同时执掌权力，乔布斯兼有董事会主席和 Macintosh 部门总经理双重身份的时候，做事情真的很难。乔布斯必须接受，斯卡利才是 CEO，才是公司的管理者。”

斯卡利建议由法国人让－路易·卡西（Jean－Louis Gassée）来接替乔布斯管理 Macintosh 部门。

董事会会议从下午 6 点开到晚上 9 点半，又在第二天晚上 9 点继续，一直到第三天凌晨 3 点半为止。董事们分别和斯卡利及乔布斯谈话，试图找到更好的解决方案。

最终，尝试调解失败的董事会集体站在了斯卡利一边，决定免去乔布斯 Macintosh 部门总经理的职位，由卡西接任，但保留乔布斯董事会主席的头衔。董事会同时授权斯卡利去执行这一任免计划。

会后，马库拉给斯卡利打电话，提醒他说：“你知道，乔布斯绝不会服气。他不会接受这个改变的。应该有人找乔布斯聊一聊。我担心，乔布斯真的不会接受这个事实。”

和马库拉的预测一致，乔布斯在接下来的几天里，一直处于暴怒和狂躁的状态。他非常激动地跟同事说：“我不相信发生的一切。我不相信。为什么？为什么斯卡利这么对我？我不相信他竟然这么对我。他背叛了我。我不会原谅他。”

几天后，冷静了一些的乔布斯找到斯卡利，提出了一项和解计划：“为什么不能让我保留现在的职位？如果保留我 Macintosh 总经理的职位，那么，我会承诺不再插手公司事务，给你管理公司留出足够的空间。其实，我只是想要一个证明自己的机会。”

斯卡利拒绝了乔布斯。他觉得，事已至此，没有回头路了。

5 月初，乔布斯再次找到斯卡利说：“我想你真的乱了阵脚。你在第一年真的很棒，所有事情都非常完美。但发生了一些事。我没法说清楚发生了什么，但肯定是发生在 1984 年年底。我想我知道苹果必须做什么，可我们没有按我的想法去做，我对此非常失望。”

斯卡利仍然保持了足够的耐心，他对乔布斯说：“史蒂夫，让我们坐下来好好想想。我想，我没有花时间好好指导和约束你，这是我的失误。

你没有按时推出 Macintosh Office，也没有真正听取市场的反馈，看看用户真想要的是什么。你不接受别人关于兼容 IBM PC 的建议。也许，你根本不相信这些，但目前市场上，IBM PC 的份额的确比苹果多很多。”

“嗯，你的分析听上去很精辟。”乔布斯揶揄道，“请你来当 CEO 的时候，我让你看了公司的情况。如果我不是一个好的管理者，那么棒的 Macintosh 电脑又是怎么设计出来的？如果你是一个好的管理者，那么，目前的库存积压情况又是怎么造成的？”

斯卡利一时语塞，不知道该说什么好。

5 月 23 日夜里，斯卡利正在收拾行李，准备第二天即将开始的中国之行。他要在那里会见中国副总理，探讨苹果电脑在中国教育市场的应用前景。卡西打电话告诉斯卡利：“你最好取消旅行计划。因为你必须注意到，目前公司正有一股势力想要赶走你。”

“你说什么？”斯卡利不相信自己的耳朵。

“我也不清楚所有细节，但我建议你最好别去中国。乔布斯显然很生你的气，他正在串联很多人，计划着什么。我猜，他们想趁你在中国时，说服董事会解雇你。”

斯卡利不得不取消了中国之行。他决定在第二天的高层管理者会议上，正面质询乔布斯的挑衅。

5 月 24 日上午 9 点，除了乔布斯以外，所有高管都按时到了会场。过了好一会儿，乔布斯才姗姗来迟。

斯卡利这一次没有丝毫犹豫，他站起来对乔布斯说：“史蒂夫，我们今天不打算遵循日常议程，因为我们必须解决一个最重要的问题。我想整个管理层都应该参与进来。我听说你要把我从公司赶走。我想问问你，这是不是真的？”

听到这个消息，在座的高层经理们并没有感到惊讶。事实上，乔布斯已经跟他们每个人都打过招呼了。这些天来，乔布斯一直在暗中活动，希望得到每一位高层经理的支持。乔布斯的想法很简单，用高层经理逼宫的方式，迫使董事会屈服，赶走斯卡利。

整个会场陷入了短暂的宁静。一分钟后，乔布斯才说："我想，你不适合苹果了，你不再是一个称职的 CEO 了。"

乔布斯说得很慢，声音很低，竭力控制着自己的情绪："你真的应该离开公司。我非常担心公司的前景，比以往任何一次都担心。我担心你。你根本不懂运营，约翰，你在唱独角戏。你根本不懂产品开发和制造流程。你根本没有理解这个公司。中层经理们已经不再信任你了。第一年，你帮助我们重建了公司。但第二年，你伤害了公司。"

斯卡利强忍住痛苦说："非常明显，我们之间有严重的分歧。我觉得，你不能插手公司的每一件事。"

乔布斯说："我把你当做老师，希望你来这里帮我成长，成为合格的管理者。但你没能做到这一点。"

斯卡利伤心地说："我犯了一个错误，我太过尊重你了。"他随即高声对大家说，"如果我离开，谁能来管理公司？"

乔布斯说："我想我可以管理公司。我想我知道事情该怎么做。"

会场中的所有人都面面相觑，他们眼睁睁地看着公司创始人和 CEO 的决裂。很少有人站起来发言，但每个发言的人都说，自己不相信事情会到这个地步。每个发言的人也都表示，自己会支持斯卡利而不是乔布斯，尽管乔布斯曾经对公司作过巨大的贡献。

Apple II 部门的负责人德尔·约坎（Del Yocam）说："我喜欢乔布斯，我也尊重斯卡利。但是，喜欢并不代表一切，苹果必须有一个强有力的、高效的领导者。"

比尔·坎贝尔（Bill Campbell）说："乔布斯是公司的心脏、灵魂。即便不担任管理职位，乔布斯也需要在公司里扮演一个合适的角色。"

看到众叛亲离的场面，乔布斯失望地说："好吧，我想我已经明白目前的形势了。"

乔布斯的眼睛里闪着亮光，情绪激动。他大踏步地甩门离去，会议只好草草结束。

不久后的一天下午，斯卡利和乔布斯一边散步，一边聊二人的矛盾。

两年多前，在库比蒂诺，在纽约中央公园，两个人不也是一边散步，一边聊斯卡利加盟苹果的事情吗？时过境迁，物是人非，谁能想到这一次的散步，竟成了两个曾经的朋友间最后一次面谈。

乔布斯问斯卡利："为什么你不去当董事会主席，而由我来当CEO？"

斯卡利说："史蒂夫，这不合理。我被你们请来，不是来当一个有名无实的虚职的。这个公司也不需要我做这个。如果我不能当CEO，我们就应该另找一个CEO。"

"好吧，这也是我所想的，"乔布斯说，"我也不想当一个有名无实的虚职。我不想当一个只关注长远计划，没事想想未来发展的董事会主席。我们能不能把事情分解开，你只负责市场和销售，我负责产品？就像两个部门那样？"

斯卡利觉得，乔布斯真是天真得可爱。这怎么能行呢？他对乔布斯说："我们正处于危机之中，没有时间做实验。这种时候，必须由一个人来管理公司。我得到了支持，而你没有。"

周一，斯卡利召集管理层开会，并再次得到了大家的支持。斯卡利亲自打电话通知乔布斯，公司已经决定解除他在Macintosh部门的管理职务。

乔布斯淡淡地说："好吧，我猜到事情会是这样。"

5月31日，斯卡利正式签署文件，解除了乔布斯Macintosh部门总经理的职位。当斯卡利向所有中层经理宣布这件事时，乔布斯就坐在台下角落里，用奇怪的、愤怒的、无助的眼神看着斯卡利，但又很害怕和斯卡利目光对视。

这时，已经没有人相信，乔布斯会愿意在董事会主席的职位上继续待下去。惟一的悬念就是乔布斯本人何时会主动辞职，离开他亲自开创的公司了。

当然，在那个艰难的时刻，并不是所有人都百分之百地支持斯卡利和董事会的决定。副总裁杰伊·艾略特就站在乔布斯一边。他觉得，一向注重产品导向的乔布斯要比来自传统行业，只擅长销售却不懂研发的斯卡利更适合苹果。艾略特从马库拉开始，一个一个找董事会成员谈话，告诉他们，斯卡利排挤和抛弃乔布斯是一个大错误，苹果也许可以考虑把 Macintosh 部门分拆出去，让乔布斯单独统领。

马库拉对艾略特的答复是："不行，乔布斯太不成熟了。"

其他董事的反应也和马库拉类似。

乔布斯听说了艾略特所作的努力后，专门请艾略特到自己在伍德赛德（Woodside）镇购买的西班牙风格的别墅里吃午饭。乔布斯对艾略特说："谢谢你！我真的希望，你对董事们说的话可以帮助他们作出正确的决定。"

显然，乔布斯和艾略特太一厢情愿了。几天后，斯卡利召集所有副总裁级别的高管开会，希望他们向自己"宣誓效忠"。艾略特拒绝了，他只愿意向苹果、苹果的员工和苹果的股东效忠。

斯卡利专门找到艾略特，对他说："你必须告诉我，为什么你对董事们说那是一个错误？"

"你不觉得，"艾略特镇静地说，"你和乔布斯之间的矛盾很荒唐吗？公司已经分裂成了两个部分，Apple II 团队和 Macintosh 团队。可 Macintosh 团队毕竟代表公司的未来呀，是乔布斯而不是别人，领导并创建了 Macintosh。我觉得，你应该找出一种让 Apple II 在剩余的技术寿命中与其他团队融洽共处的方法，而乔布斯则应该带领 Macintosh 赢得市场和未来。你与乔布斯应该合作而不是决裂呀。"

无论如何处理与乔布斯之间的关系，斯卡利还是不得不面对继续蔓延的危机。1985 年夏天，为了化解危机，斯卡利不得不解雇了 1200 名员工。这在当时是苹果历史上最大规模的裁员。经历过裁员而被幸运地留下的员工都在问同一个问题："公司一直说员工要对苹果忠诚。可是，苹果对员工的'忠诚'如何体现？'忠诚'到底应该是什么样子？"

这时，乔布斯仍然挂着董事会主席的虚衔。斯卡利担心，无所事事的乔布斯会在公司内惹是生非，他特意安排秘书陪同乔布斯到欧洲旅行，一边出席市场活动，帮苹果做宣传，一边由着乔布斯的性子游山玩水，放松心情。

说是放松心情，可乔布斯在整个欧洲之行里都心灰意冷，打不起精神，像刚失恋一样。苹果的同事甚至担心他会不会自寻短见。在意大利，乔布斯一个人骑着自行车在风雨中疾驰。他甚至对朋友说，干脆像那些落魄的艺术家一样，客居欧洲，找个地方种田养花算了。他还告诉朋友，如果可以，他想向美国国家航空航天局申请，乘坐“挑战者”号航天飞机，到太空去看一看。

就在这次旅行中，乔布斯第一次来到了苏联，在美国冷战对头的国土内推销苹果电脑。在莫斯科，当他听到被放逐的托洛斯基的故事时，不禁感慨说：“我简直就是苹果的托洛斯基呀。”他甚至想过，干脆就留在苏联，专门向学校的孩子们推销电脑。

乔布斯也喜欢把自己比做宝丽来（Polaroid）公司的创始人埃德温·兰德（Edwin Land）。当年，兰德仅仅因为一次产品研发上的失败，在董事会的压力下被迫辞职，和乔布斯的处境多少有点儿相似。

从欧洲游历归来，乔布斯还是心存了一丝“复辟”的幻想。他找到杰伊·艾略特，对他说出了一个惊人的“群众运动”方案。

乔布斯说：“让我们再试一试，看能不能说服董事会，改变他们的想法。我打算订做一批T恤衫，上面写着‘我们要乔布斯回来’。”

“这点子真聪明。”艾略特想。

乔布斯接着说：“你就在午餐时候把全体员工召集在一起，然后给他们每人发一件T恤衫，怎样？”

“晕，怎么能是我！”艾略特的脑子还算清醒，“不行，史蒂夫。我是苹果高管，我可不能做这件事。”

乔布斯泄了气，只好沮丧地对艾略特说：“好吧，不行就不行吧。不过无论怎样，这都是个好主意，不是吗？”

“嗯，是个好主意。”艾略特不知道该怎样安慰乔布斯。

1985年9月，对苹果万念俱灰的乔布斯向董事会递交了辞呈。9月13日，星期五，董事会开会讨论乔布斯离职的问题，并最终同意了乔布斯的辞职请求。9月17日，乔布斯正式从苹果离职。

几天后，当人们打扫乔布斯的办公室时，在地上发现了乔布斯和斯卡利的一张黑白合影。照片的玻璃框已经碎了。照片背后，是斯卡利大约在7个月前写的一句话：

“为了伟大的创意、伟大的体验、伟大的友谊！约翰。”

奥德赛

奥德赛是“荷马史诗”中的英雄。在特洛伊一战之后，奥德赛开始了长达10余年的漂泊生涯，历经无数劫难才返回家乡。斯卡利在赶走了乔布斯之后，写过一本名为《奥德赛》的书，将自己从百事到苹果的十余年历程比做漂泊中的英雄奥德赛。

其实，在苹果的历任CEO中，斯卡利非但不是最糟糕的，反而在能力和成绩上比斯科特等人高出一大截。一位苹果前副总裁在接受我们采访时，是这样评价斯卡利的：“他是一位出色的CEO。在斯卡利的领导下，苹果公司的销售额从几亿美元增长到了百亿美元，斯卡利的营销天赋也带动了Macintosh电脑的销售。但是，斯卡利不擅长预测产业趋势，也不擅长在纷繁复杂的局面下，快速作出果断的决策。同时，他身边的高管素质参差不齐，这说明他选人的眼光并不太准。”

无疑，斯卡利是苹果历任CEO中争议最大的一位，这仅仅是因为，他没有处理好自己和创始人乔布斯之间的关系，逼得乔布斯不得不选择出走的道路。

乔布斯热爱苹果，也曾尊重和敬佩马库拉与斯卡利。在乔布斯眼里，马库拉就像一位经常给予自己呵护的长者，而斯卡利就像一个循循善诱的导师，可这些，都已经是记忆中的事情了。现在，斯卡利成了敌人，马库拉则成了敌人的庇护者。乔布斯恨他们，恨董事会，恨那些不理解自己的中高层经理们。他亲手创建的公司抛弃了他，他曾经信任的人抛弃了他，他只能选择离开。

1996年，在一次采访中，乔布斯对记者说：“斯卡利毁掉了一切。”

世事难料。谁又能想到，被斯卡利和董事会抛弃的乔布斯历尽艰辛，在外漂泊12年后，竟能阴差阳错地被苹果用收购的方式请回公司？谁又能预测到，回归后的乔布斯竟然成为了一名称职的CEO，并真正挽狂澜于既倒，将苹果打造成为世界第一科技企业，实现了自己毕生的理想？

和斯卡利在百事和苹果的经历相比，乔布斯在离开苹果后12年里的大起大落才真正称得上千难万险，才真正是像奥德赛一样的生命漂泊！也许，只有乔布斯才最有资格把自己的自传命名为《奥德赛》！

许多年后，回忆起当年的往事，鬓发皆白的斯卡利感慨万千。他动情地说：

"也许，当年赶走乔布斯是一个错误。也许，他应该来当CEO，而我应该去当董事会主席。这些事情，都应该在形势恶化前，预先作出安排。如果我们当时有一个更好的董事会，也许事情就不会发展到那个地步。后来，当我自己也无法继续担任CEO时，我又犯了第二个错误，没有把乔布斯请回来当CEO。那时，我应该对他说：'嗨，我想回家了。这仍然是你的公司，让我们找一种方式，使你可以回来管理你的公司。'可是，我没有那样做，我不知道为什么。"

许多年后，有记者问乔布斯，如果当年留在苹果担任CEO的是乔布斯而不是斯卡利，会有什么不同？乔布斯是这样回答的：

"很多年来，苹果追求的是让每个人都拥有电脑，追求的是个人电脑的革命，追求的是产品和用户体验。有人教导我说，如果你可以掌控公司的最高层面——包括你的客户、你的产品和你的战略——那么，所有其他底层的细节都自然会纲举目张，有条不紊。如果你只注意底层细节而忘掉了其他的东西，你就会因为一叶障目而最终碰壁。在苹果，从斯卡利开始，人们失去了对最高层面的掌控。因为他们的目的变得越来越现实，从产品和客户驱动，变成了利润驱动。最最重要的一点是，公司的价值观改变了，从制造世界上最好的电脑，变成了赚最多的钱。"

"那么，你仍然会说，是斯卡利毁了苹果？"记者问乔布斯。

"是的，他的确毁了苹果。"乔布斯说。

04 生命『下一站』

——NeXT的漂泊与奋斗

贵客到访

创新工场董事长兼 CEO 李开复经常回忆起与乔布斯第一次见面的情形。那是 1989 年初冬的一个周末，匹兹堡的天气寒意逼人。依山而建的卡内基·梅隆（Carnegie Mellon）大学像依附在城市边上的一座公园，在明亮的阳光里，显得愈发清新而宁静。

当时在卡内基·梅隆任助理教授的李开复在家中接到了导师拉吉·瑞迪（Raj Reddy）从学校打来的电话。

“嗨，开复，”瑞迪的声音听上去很兴奋，“今天有位贵客来拜访我们实验室。你能到学校来一趟吗？我想，你一定有兴趣在他面前演示一下你的语音识别系统。”

“哦？他是谁呀？”李开复好奇地问。

“是一位很重要很重要的人。你一定迫不及待地想见他。他叫史蒂夫·宙普斯。”

“史蒂夫·宙普斯？”李开复一下子没反应过来，怔了一下，才恍然大悟，“哦，哦，您说的是史蒂夫·乔布斯？苹果的创始人？”

“对，就是他！”瑞迪教授讲话有些印度口音，难怪李开复一开始没听清楚。

“真的？我马上就可以见到乔布斯？”李开复开心得像个孩子。

赶到校园，李开复看见瑞迪教授身边站着一个高大帅气的小伙子，西装外面套着一件浅灰色长风衣，俊削的肩膀，深邃的眼神，与《英雄本色》里的小马哥颇为神似。他就是已经离开苹果 4 年，正为推销刚发布不久的 NeXT 电脑而四处奔走的史蒂夫·乔布斯。

李开复给乔布斯演示了自己发明的世界上第一套非特定人连续语音识别系统。演示非常成功，乔布斯连声称赞：

“哇，太神奇了！这是能改变未来、能撬动地球的技术！”

听到苹果公司的创始人夸奖自己，李开复心里高兴极了，他还以为，乔布斯没准儿会投资或购买自己发明的专利技术。但他很快发现，乔布斯夸奖自己，其实是醉翁之意不在酒。乔布斯此行的目的，主要是和计算机系谈合作，推销 NeXT 电脑，而不是考察某种新技术。果然，话锋一转，乔布斯对李开复说：

“你的语音识别系统是在 Sun 工作站上实现的，对吗？你知道吗？我们的 NeXT 工作站比 Sun 更快、更强。我们使用的操作系统 NeXTSTEP 是基于你们卡内基·梅隆大学的 Mach 内核研发的，代表着未来技术，有最好的图形用户界面，最灵活的面向对象开发模式。如果把你的语音识别系统移植到 NeXT 电脑上，效果一定会好很多。”

就这样，乔布斯用他出色的营销天分赢得了卡内基·梅隆大学的订单。一批 NeXT 工作站在不久后驾临计算机系的实验室。李开复也尝试着把自己的语音识别系统移植到了 NeXT 电脑上。不过，试用结果让李开复大失所望。虽然 NeXT 工作站提供了更人性化的开发和使用界面，但 NeXT 的速度比当时李开复使用的 Sun 工作站慢了不少，并不像乔布斯介绍的那么强劲。这对最关心 CPU 速度的语音识别系统来说，简直就是个悲剧。

但无论如何，乔布斯的卡内基·梅隆之行都给李开复留下了难忘的印象。后来，李开复加盟苹果时，乔布斯仍在执掌 NeXT 公司。而李开复从苹果离开后不久，乔布斯就返回了苹果。两人始终没能在一家企业共事，说起来，也真算得上一大遗憾。

李开复所在的卡内基·梅隆大学对于计算机科学领域的研究者、学生、工程师而言，简直就是个圣地。这里汇聚了世界上最顶尖的研究人员，拥有难以计数的一流科研成果和专利技术，其影响力丝毫不亚于武侠世界里的少林、武当。李开复的导师拉吉·瑞迪就是一位图灵奖获得者，地位差不多相当于武林中的一派宗师。除了李开复外，瑞迪还培养过 Java 语言的发明人——詹姆斯·高斯林（James Gosling）——这样的高徒，的确名不虚传。

在卡内基·梅隆，类似的大师级人物还有很多。有一位名叫里克·拉什德（Rick Rashid）的牛人早在几年前就引起了乔布斯的注意。1985 年，拉什德教授开始在卡内基·梅隆带领一个团队从事下一代操作系统内核的研究。基于最前沿的“微内核”理论，拉什德的团队成功地研发出类 UNIX 的全新操作系统内核 Mach。

乔布斯一见到 Mach，就立刻意识到，这种代表未来的操作系统内核与同样面向未来的 NeXT 电脑简直就是天生一对儿。一不做二不休，乔布斯干脆跑到卡内基·梅隆大学里，针对拉什德教授及其团队，展开了声势浩大的“挖角”工作。

很遗憾，乔布斯没能说动拉什德教授。拉什德于 1991 年加盟微软，并很快成为领导微软全球研究院的资深副总裁。但乔布斯还是成功地从拉什德教授的团队里挖到了一个编程天才。说来凑巧，这位编程天才还是李开复在卡内基·梅隆时的同班同学，他的名字叫阿维·特凡尼安（Avadis Tevanian）。

特凡尼安是亚美尼亚裔美国人，在卡内基·梅隆读书时，就显示出了非凡的编程天赋。据李开复的回忆，特凡尼安在班里虽然理论学习并不突出，考试成绩很一般，但动手编程的能力绝对出类拔萃。再难的问题，再复杂的逻辑，一经他手，很快就能变成一行行精妙的代码。特凡尼安在拉什德教授的 Mach 团队里早就是独当一面的人物，乔布斯一开始就牢牢锁定了他，软磨硬泡地把他挖到了 NeXT。

后来，特凡尼安随着乔布斯回到苹果，并将自己在 Mach 和 NeXTSTEP 上的积累沿用到苹果新一代操作系统 Mac OS X 中，成为苹果软件领域里的第一牛人，也被称为“OS X 之父”。更重要的，特凡尼安也是乔布斯回归苹果后，帮助乔布斯力挽狂澜并再创辉煌的三驾马车之一。另外两架马车分别是主管产品设计的乔纳森·艾维（Jonathan Ive）和主管硬件与工程的乔恩·鲁宾斯坦（Jon Rubinstein）。当然，这些都是后话，我们暂且不表。

NeXT 反击战

有一位奇人，天赋异禀，年少成名，十几岁就仗剑天涯，遍访名师，修禅问道；21 岁开帮立派，25 岁傲视群雄，富甲天下。却偏偏恃才放旷，一意孤行，在 30 岁这一年竟被自己帮内的长老和执事背叛，天下之大竟无容身之地，不得不愤然出走。这个人，不是丐帮帮主乔峰，而是水果帮帮主史蒂夫·乔布斯。

一位曾经成名立万的大侠被自己所信任的人背叛和抛弃时，他最想做的是什么？

不同性格、不同经历的人也许会有不同的选择。

在武侠世界里，乔峰被丐帮抛弃后，空有侠肝义胆和绝世武功，却陷在国恨家仇的两难里无法自拔，最终，他选择在聚贤庄上大打出手，大开杀戒，以泄心头的愤懑。

在 IT 世界里，乔布斯被马库拉和斯卡利抛弃后，空有改变世界的远大抱负，却眼睁睁看着自己开创的苹果王国离自己的理想渐行渐远。水果帮的乔布斯会不会像丐帮的乔峰那样，选择最极端的复仇手段呢？

复仇，没错，乔布斯当然想复仇！但是，乔布斯的复仇方式，可不是绿林好汉式的打打杀杀。在哪里跌倒，就在哪里爬起来。既然在苹果无法按自己的设想领导产品团队，无法按自己的意愿掌控公司方向，那么就从头来过，重新打造一款惊世骇俗的电脑产品吧。让那些不信任我、不理解我的人看一看，我乔布斯到底有没有领导才能，到底能不能在电脑研发的战场上决胜千里！

一定要研发一台比 Lisa 更好，比 Macintosh 更好，比世界上所有个人电脑都更好的电脑，这是乔布斯为自己设定的底线。当然，乔布斯并不是凭空妄想，他脑子里早就有了关于未来电脑的方案雏形。

说来话长。1984 年 Macintosh 发布后，苹果与美国高校开展了广泛的合作项目，允许高校师生用最好的折扣，买到便宜的Macintosh电脑。为了宣传和推介高校合作项目，乔布斯经常以董事会主席和公司代言人的身份，走访各大高校，也因此和许多高校教授成了朋友。

1984年3月，在斯坦福大学举办的欢迎法国总统密特朗访问硅谷的午宴上，乔布斯认识了一位斯坦福大学的生物化学教授保罗·伯格（Paul Berg）。在生物化学领域，伯格的名字有相当的分量。1980年，凭借在重组DNA分子方面的卓越贡献，伯格获得诺贝尔化学奖。

伯格告诉乔布斯，自己在教学中常常被计算机性能低下困扰。当时的计算机内存小，运行速度慢，图像分辨率低，没有一台可以很好地模拟演示DNA分子的结构与变化。可如果不在计算机中模拟，完全靠生化实验，费用就太高了。伯格一直在寻找一台高性能的计算机，能够为科研和教学提供帮助。

伯格对乔布斯说："这台理想的电脑最好有3个M（100万）的指标。就是说，要有100万字节的内存，100万像素的显示器，以及每秒100万次的运算能力。"

乔布斯被这个理想中的"3M电脑"打动了。他相信，如果能为教育界研发一台面向未来的电脑，这足以和Apple II以及Macintosh的革命相媲美。

1985年秋天，被逐出Macintosh团队的乔布斯还在苹果挂着虚职，就到处与工程师聊自己的想法，讨论如何设计符合伯格要求的"3M电脑"。少数工程师被乔布斯说动了，他们相信，乔布斯正在筹划着一项比当年开创苹果更伟大的事业。

9月，乔布斯向董事会递交辞呈时，同一天还有另外6名员工辞职，他们都想跟着乔布斯开创一片新天地。

乔布斯对苹果董事会说："我会创建一家新电脑公司，这家公司不会与苹果直接竞争。而且，在新技术研发成功后，我可以考虑将这些技术转让或授权给苹果。为了更好地开始新公司的业务，我想，我需要从苹果带走几名员工。"

马库拉和斯卡利不干了。走就走，怎么还要挖人呢？马库拉气冲冲地对乔布斯说："你无权这么做。这些工程师都是在苹果成长起来的。你要创业，为什么不去另行打造一支你自己的队伍呢?"

乔布斯耸了耸肩膀，一副无辜的模样："嗨，别冲动。他们都是自愿离开的，不是吗？再说，那几个人只不过是些底层的工程师罢了。带走他们，对苹果不会有多大影响的。"

起初，乔布斯把他的新公司命名为 Next，注意这与后来的 NeXT 大小写形式不同。寓意再明显不过：乔布斯想打造下一代电脑，超越此前所有的产品，证明自己在个人电脑领域是无可争议的教主。

新电脑的设计目标是，性能强大到足以运行 DNA 模拟教学这样复杂的应用，价格便宜到大多数大学生可以买一台放到宿舍里使用。

就在乔布斯筹划新公司的产品和战略方向时，苹果正式起诉乔布斯和 Next，理由是乔布斯用不正当手段从苹果带走了人才、创意和专有技术。创始人被自己开创的公司起诉，这真够难堪的。

不过，乔布斯可没有退缩，他对媒体说："真是难以置信，一家超过 4300 人，销售额超过 20 亿美元的大公司，会担心一家只有 6 名员工的小公司。这场官司真是荒唐。"

苹果起诉 Next，多少有点儿与乔布斯赌气的意思。不久，就连马库拉和斯卡利自己也认识到，这场官司最容易伤害的，还是苹果自己。无论是不是在理，一家公司起诉自己的创始人，怎么说都是件丢脸的事儿。考虑再三，苹果还是在开庭前撤回了上诉。

1986 年，乔布斯请著名商标设计师保罗·兰德（Paul Rand）来为 Next 做企业标识设计。兰德当时已经 71 岁高龄，是美国商标设计界的绝对大腕儿，IBM、UPS、西屋电器等大公司的标识都出自他手。为了请出兰德，乔布斯花了 10 万美元的重金。

兰德的作品是一个神秘的黑色立方体，表面写有彩色的 NeXT 字样。根据兰德的建议，乔布斯把公司名称由此前的 Next，改为更有个性也更易识别的 NeXT。

1986 年 2 月，乔布斯卖掉了自己手中全部的苹果股票，仅为了收到公司年报而保留了象征性的1股。卖股票得到的钱为 NeXT 的启动提供了足够的资金保障。

图23　保罗·兰德设计的 NeXT 商标

夏天，在目标产品定位上，乔布斯又产生了摇摆。他发现，性能强大和价格便宜之间，很难找到一个平衡点。最初关于价格低廉、性能超群的教育电脑的设想，根本就不可行。两相权衡，乔布斯宁愿放弃便宜的价格。因为他的目标是证明自己预见和创造未来的能力，无论如何也不会选择研发低端兼容机的道路。

就这样，调整方向后的 NeXT 将成为一款高性能的工作站级电脑，与 Sun 等公司的高性能工作站竞争。虽然第一个目标市场仍是高校，但价格将向工作站级的电脑靠拢。

另一个关于产品的重要决定是，NeXT 将既生产电脑，也研发软件，而不是外购操作系统。这个决定主要是因为乔布斯从卡内基·梅隆挖到了操作系统开发高手阿维·特凡尼安。NeXT 公司的操作系统 NeXTSTEP 由特凡尼安领导研发，而 NeXT 电脑的硬件团队则由里克·佩奇（Rich Page）负责。佩奇是从苹果的 Lisa 团队跟随乔布斯来到 NeXT 的，是当初与乔布斯同时辞职的6人之一。

1987年，NeXT 在加州的弗里蒙特（Fremont）投资建立了第一座工厂，拥有年产15万台电脑的能力。这一年，商人罗斯·佩罗（Ross Perot）慕名找到了乔布斯，希望能投资 NeXT。不知道还有没有人记得这个有趣的佩罗？1992年，就是这个佩罗毛遂自荐、自掏腰包参加美国总统竞选，与克林顿和布什同场竞逐，一时传为笑谈。

佩罗是主动给乔布斯打电话要投资 NeXT 的。说来有趣，和佩罗在 NeXT 总部会面时，乔布斯突然对身边一个员工大发雷霆，言辞粗暴。老到、圆滑的佩罗并没有流露尴尬，只是劝乔布斯说：“我在你这个年龄，也是这个脾气。但后来，我懂得了激励比呵斥更有效的道理。来，史蒂夫，别管他，我们继续谈。”

最终，佩罗注资2000万美元，换得了16%的公司股份。事实上，乔布斯一直小心地控制着外部资本的流入，保持自己的股份不被稀释太多，以免重蹈在苹果时被董事会剥夺权力的覆辙。

乔布斯原本告诉媒体，1987年NeXT就可以正式发售。但一直拖延到1988年10月12日，乔布斯才向媒体展示了NeXT电脑的原型机。一些记者猜测，NeXT会不会像当年的Apple II那样风靡世界。但更多记者对NeXT的未来表示了谨慎的怀疑。原型机展出后，开发进度仍不断延误，发售时间一再推迟。

焦急的记者当面追问乔布斯："究竟NeXT的发售还要拖后多久?"

乔布斯一脸不屑的神情："拖后？不，不是拖后，而是领先。NeXT领先这个时代整整5年!"

图24　蒂姆·伯纳斯－李用于搭建第一台Web服务器的NeXT电脑

终于，1989年，NeXT开始以校园协议的方式，向高校直销。但叫好不叫座，无论媒体对NeXT有多少热情，NeXT的销售情况就是不像乔布斯估计的那样好。其实道理也很简单，NeXT的零售价定在6500美元，虽然和竞争对手的工作站相比并不算高，但普通的高校怎么买得起呀？这个定价，也和当初想的大学生买来放在宿舍里的电脑差距太远了吧。

虽然卖得不怎么样，但值得一提的是，为数不多的用户里有一个牛人。Web之父蒂姆·伯纳斯－李（Tim Berners－Lee）使用一台NeXT电脑在欧洲核子研究中心（CERN）搭建了世界上第一个Web服务器。这应该是NeXT历史上最值得纪念的一件事。

靠着媒体的追捧和过人的口才，1989年，乔布斯又说服佳能公司注资1亿美元，占公司16.67%的股份。这下，乔布斯暂时可以不用为资金发愁了。

文化重建

NeXT 可以算是乔布斯的第二次创业。与头一次在苹果创业相比，乔帮主有了更多的资源，更好的工程师和更响亮的名气。最重要的是，因为吸取了苹果的教训，乔布斯在 NeXT 有无可争辩的话语权，不会再有外来的 CEO 和他明争暗斗了。

在 NeXT，乔布斯刻意尝试打造一种与苹果不同的企业文化。对苹果曾经出现过的部门倾轧、产品线混乱、资源分散、人浮于事等种种弊端，乔布斯早就不耐烦了。现在，既然 NeXT 由他乔布斯一人说了算，那就来个彻底的制度重建，让那些弊端无从滋生。

自以为已经谙熟管理技巧，有足够资本进行管理创新的乔布斯开始在环境、后勤、薪酬、福利等各个方面，做着理想国式的实验。NeXT 差不多成了他自己练习和证明管理能力的实验品。

例如，从根本制度上，乔布斯就想彻底改变传统公司的模式，建立一种类似社团或协会的架构。员工的身份更像是社团会员，而不是企业雇员。为了实现社团式的管理，乔布斯在薪酬体系上尝试着使用简单的二级工资制度。员工的起薪只有两档，凡是 1986 年前加入的元老，起薪就是 7.5 万美元一年，其他人的起薪则统一为 5 万美元一年。所有员工每 6 个月考评一次，根据个人业绩决定是否加薪。同时，为了保证最大限度的透明化，员工可以看到其他所有人的工资单。明眼人都知道，这种乌托邦式的薪酬制度并不靠谱，如果许多经理拿的薪水比自己的员工还低，那还怎么保证工作积极

图 25　乔布斯与 NeXT 的员工在开往工厂的大巴上有说有笑

图 26　苹果专卖店里的透明楼梯

性呀？没几年，乔布斯就自行放弃了这一套所谓的制度实验。

在办公环境上，为了激发员工的灵感和创造力，乔布斯煞费苦心。最初，乔布斯将 NeXT 的办公室选在帕洛阿尔托（Palo Alto）的鹿溪路。那是一幢两层的小楼。乔布斯在上下两层都铺了红木地板。除了乔布斯自己的办公室和几间需要隔音的会议室，所有办公区域都是开放式的。后来公司员工不断增加，乔布斯又将办公室搬到了红木城（Redwood City），但同样延续了豪华的装修和开放的布局。

NeXT 办公室的墙上常年挂着风景摄影大师安塞尔 · 亚当斯（Ansel Adams）的作品。偶尔还会有临时的艺术作品展出。办公室楼顶配有太阳能板，以及供小孩子玩耍的嬉水池。

无论是在帕洛阿尔托还是在红木城，NeXT 办公室有一个共同的特点：办公室里的楼梯都有着特别的设计。鹿溪路的办公室，上下两层之间是一个漂亮的圆形扶梯，而红木城的楼梯则是一个半透明的，没有多余支撑物的“悬浮”楼梯。据说，这两处楼梯都出自华裔建筑设计大师贝聿铭的手笔。

很明显，乔布斯在选择办公室时有或多或少的“楼梯情结”。这情结一直延续到了后来苹果专卖店的设计风格里。今天，无论是在第五大道，陆家嘴，还是在三里屯，每一家苹果专卖店里几乎都有一个半透明的楼梯，这可能是 NeXT 留下的最美丽的一份遗产。

至于内部管理，乔布斯还是延续了自己在苹果时苛求细节、完美，风格简单、粗暴的做法。他会像以前一样，突然出现在忙碌的员工面前，然后用刻薄的话挑出对方工作里的毛病，给人当头一棒。他也会像以前一样朝令夕改，让人无所适从。

他经常骂员工是傻瓜，但大多数人都已经习以为常。有一位员工回忆说：“当史蒂夫说你是个傻瓜时，别当真。那并不说明他真的认为你是一个傻瓜。那只说明，他不同意你的意见。”

在 NeXT，乔布斯对细节和完美的追求近乎疯狂。他在决定 NeXT 机箱外该使用何种黑色颜料时，不厌其烦地比对几十种不同的黑色颜料样本，又几乎对每一种都不满意。这把负责机箱制造的员工折腾得苦不堪言。

他还要求工程师把 NeXT 机箱内部的电路板设计得漂亮、吸引人。工程师不解地问：“电路板只要清晰、容易维护就好了，为什么要吸引人呢？谁会去看机箱里的电路板呢？”

“我会。”乔布斯说。

与其说乔布斯是在精心打造与众不同的管理文化，还不如说，在管理上远未成熟的乔布斯正在 NeXT 的平台上实验和摸索。对于乔布斯这样心高气傲却又缺乏经验的管理者，也许，只有更多的失败才能让他更快地清醒和成熟起来。

崩溃边缘

理想和现实总是有落差，越是急于证明自己，想在短时间内重回巅峰，就越容易跌得头破血流。

乔布斯的战略眼光独到，往往能预见未来几年的产业趋势，这是乔布斯的财富。但能看到未来趋势，不等于有条件也有能力把握好未来。乔布斯一上来就把 NeXT 定位成领先业界 5 年的外星科技，但又没有认真考虑过当时的产业水平是不是允许他用足够低廉的价格生产出好用的外星电脑来，也很少顾及外部竞争的因素。

其实，NeXT 从 1985 到 1996 这 11 年里，正是个人电脑产业一边放量发展，一边借着技术换代而重新洗牌的关键 11 年。一大批电脑公司快速兴起又快速倒下。PC 及其兼容机不但垄断了市场，而且悄悄窃取了苹果在图形用户界面方面的开创性成果。晚于苹果 Macintosh 系统出现的 Windows 操作系统从 3.0 版开始变得强大起来，到了微软发布 Windows 95 时，IBM、英特尔和微软结成的 PC 同盟在市场上已经没有敌手，只求一败了。

同期的苹果，规模比 NeXT 大许多倍，也无法和 PC 阵营正面竞争。乔布斯走后，斯卡利全力推动苹果转型，虽然也取得了不俗的销售业绩，但更像是回光返照。1993 年，随着苹果业绩再次滑向低谷，曾在权力斗争中胜过乔布斯的斯卡利也从苹果黯然离职。

在这样的大背景下，乔布斯的 NeXT 居然又像苹果那样，选择了一条与 IBM PC 不兼容，局限在教育等特定市场，但囿于技术限制，定价居高不下的不归路。

而且，不仅仅是定位上有问题，在研发上，乔布斯尽管凝聚了一干技术高手，NeXT 的进度却一拖再拖。电脑硬件的发布时间从预计的 1987 年春天拖延到 1988 年 10 月，操作系统 NeXTSTEP 更是到 1989 年 9 月才真正可用。

图 27　1991 年乔布斯和比尔·盖茨在乔布斯家中一起接受《财富》杂志采访

关于 NeXT 的拖延，还流传着这样一段笑话。1986 年 10 月，距 NeXT 成立已经一年之久，媒体记者都在猜测乔布斯的葫芦里究竟卖的是什么药。一位叫托德·鲁伦－米勒（Todd Rulon－Miller）的资深电脑销售来到了鹿溪路应聘 NeXT 的工作职位。

在会议室，米勒看到了一个用幕布遮盖着的矩形物件，他猜测，也许幕布下面就是传说中的NeXT电脑了。这时，乔布斯几乎是蹦跳着走进了办公室。他先是云山雾罩地跟米勒讲了半小时NeXT的宏伟蓝图。米勒被感染了。随后，乔布斯故作神秘地说：

“怎么样？你想看一看这块幕布下面的东西吗？”

乔布斯拉开幕布，米勒看到了一块黑色的矩形铁盒子。矩形的正面还有奇怪的斜角。

“这是NeXT电脑？”米勒好奇地问。

“不，这是NeXT电脑的主机箱。可是，这难道不是一台漂亮的主机箱吗？瞧，这斜角的设计多么前卫。”

米勒对着面前这个黑漆漆的铁盒子无语哽咽。原来NeXT在一年里只折腾出了一台机箱呀。即便如此，米勒还是被乔布斯的感染力打动，加盟了NeXT公司。

NeXT发布后，根据乔布斯最初的设想，NeXT主要是通过大学合作项目在高校中销售。因为NeXT定价过高，普通高校又往往拿不出足够的资金。乔布斯就常常通过大幅度的折扣，甚至是赠予的方式，将NeXT电脑送进校园。

后来，免费赠送的例子越来越多，以至于NeXT自己的销售人员都经常开这样的玩笑：

“提问：我们常说的助高校一臂之力，究竟是什么意思？”

“回答：就是高校一伸出手臂，我们就免费捐赠。”

教育市场销售乏力，乔布斯不得不改换思路。1989年3月，NeXT与商业地带（Businessland）签署协议，由商业地带的连锁零售店代销NeXT电脑。这个策略也不成功，连锁店在一年内只能卖出几百台电脑。本来嘛，NeXT设计时就不是面向普通消费者的个人电脑，在零售店里怎么可能卖得动？

NeXT电脑的质量也是个问题。乔布斯口中“领先5年”的未来科技在真正的用户手里成了笑话。前面说过，李开复的语音识别系统移植到NeXT后，就饱受性能低下的困扰。几乎所有用户都抱怨NeXT性能不如

Sun 的工作站，抱怨 NeXT 早期产品没有彩色输出，磁盘驱动器的配置太低等等。乔布斯和他的 NeXT 团队不断改进产品，却总也无法达到“领先 5 年”的标准。

1989 年，在 NeXT 销售不顺的情况下，乔布斯凭着他出色的口才，居然说动了 IBM 的 PC 之父比尔·劳（Bill Lowe），让他相信 NeXTSTEP 比 Windows 更适合 IBM 的高端电脑。正巧，当时的 IBM 对微软在操作系统上的垄断地位心存隐忧，Windows 本身也远未成熟。在比尔·劳的建议下，IBM 派出规模庞大的技术团队到 NeXT 考察操作系统。

当时 IBM 为乔布斯准备了一份长达 100 页的合同，试图用 6000 万美元获得 NeXTSTEP 系统的独家使用权。乔布斯把 100 页的合同抛在一边，傲慢地说：

“请重新拟一份 10 页以内的合同，我可没工夫看这么长的条款。而且，我绝不会将系统独家授权给 IBM，我们自己的电脑还要继续用 NeXTSTEP，其他电脑公司也在找我们谈合作。”

的确，康柏和戴尔也曾为了 NeXTSTEP 系统找过乔布斯。但他们和 IBM 一样，不希望他们自己的电脑使用了 NeXTSTEP 后，还要面临来自 NeXT 的竞争。他们打算出更多的钱，换取 NeXT 停止生产自己品牌的电脑硬件。

是否该像微软那样只卖软件？是否该独家授权某个电脑厂商使用自己的操作系统？这在 NeXT 内部引起了激烈争论。员工们各执一词，但无论有多少分歧，都无法影响到乔布斯。乔布斯脑子里非常清楚，他的梦想是打造完整的、可以改变世界的电脑，而不是看不见、摸不着的软件代码。

设计制造完整的电脑产品，尽量控制软件、硬件等全部环节，并尽量保持独立、封闭的产业链，这是乔布斯从打造 Apple II 和 Macintosh 起就一直坚持的一个基本思路。在 IBM PC 用开放的思路打造 PC 兼容机的生态系统，并由此而垄断市场的年代，乔布斯的思路与产业的流行风向格格不入。NeXT 这样的小角色，也的确没办法在这种事情上和 IBM 叫板。

坚持控制一切的乔布斯就这样失去了与 IBM 合作的最佳时机。有人说，如果当初乔布斯与 IBM 联手，也许就没有今天的微软，没有今天的 Windows。但任何事情都有两面性。如果乔布斯从那时起就放弃了对设计独立、完整产品的追求，那多半也不会有后来从硬件到软件都完美整合的 iPod、iPhone 和 iPad，更不会有苹果自己构建的相对封闭，却更容易赚钱的 iTunes 音乐库、App Store 应用商店等产业模式。

NeXT 还在不断改进和发布新品。1990 年，新一代 NeXT 电脑 NeXTcube 发布，这是一个边长 1 英尺左右的可爱的立方体。NeXTcube 的销路并没有好到哪里去，但这种立方体造型的电脑外观设计却着实显露出了乔帮主后来回归后在工业设计上那种舍我其谁的霸气。看看后来的 Mac mini 电脑吧。这种基于几何形体的简洁造型，绝对是一脉相承的。

图 28　NeXTcube

和 NeXTcube 同时发布的高端电脑是 NeXTstation 工作站。在发布 NeXTstation 时，善于营销的乔布斯又玩了一个小手段。当时，发布会的舞台上用 NeXTstation 电脑在大屏幕上放映电影《绿野仙踪》。那时，还没有任何一台桌面电脑强大到可以放电影。所有观众都被震撼了。可他们并不知道，乔布斯其实只是玩儿了一个小把戏，电影是从单独的放映机里，而不是从 NeXTstation 上播放出来的。

新产品无论如何也无法重现苹果当年的辉煌。1992 年，NeXT 销售了 2 万台电脑，销售额 1.4 亿美元。这个成绩已经是 NeXT 史上的最好成绩了，但和竞争对手相比还是微不足道。销售收入远远无法弥补生产成本和研发投入的亏空，亏损越来越大。

NeXT 当时有 700 多员工，每个月的开销非常大。公司现金一天天紧张起来，乔布斯心急如焚。和乔布斯一样着急的是佳能，眼看着自己投入的 1 亿美元有可能血本无归，佳能不得不追加 3000 万美元投资。可结果是

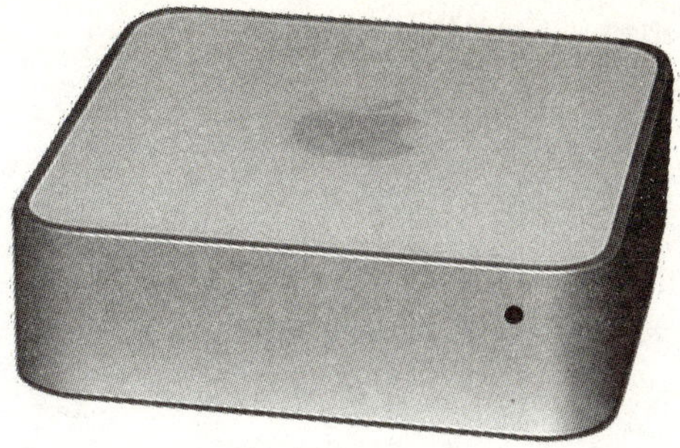

图 29 Mac mini

越投越赔，佳能整个就变成了一个被套牢的苦主，还有苦难言。

束手无策的乔布斯在屡屡撞墙后不得不接受他曾经拒绝相信的严酷现实：NeXT 的硬件产品根本没有竞争力，以 NeXTSTEP 操作系统为代表的软件产品倒还有不少买主。如果坚持既做硬件又做软件的理想，不出几个月，有可能赢利的软件部门也会被活活拖死。

1993 年 2 月，在只销售了大约 5 万台电脑后，乔布斯决定，放弃硬件业务，专注于软件的研发和销售，NeXT 电脑公司也正式改名为 NeXT 软件公司。

2 月 8 日，NeXT 正在关闭工厂，销毁硬件，并大规模裁员的消息最先被《信息世界》（*InfoWorld*）披露出来，又很快被其他报纸转载。舆论哗然。2 月 10 日，乔布斯不得不召开发布会，对媒体证实这个传闻。

NeXT 的电脑工厂被直接转让给佳能，硬件研发部门的 300 多人被裁员，办公室里大量办公用品被变卖。看着满地狼藉的办公室，乔布斯难以承受这样的打击。他干脆不怎么去上班，只在家里用大量的时间陪自己刚满 2 岁的儿子。

关闭 NeXT 硬件部门时的那种痛苦，几乎不亚于乔布斯被苹果抛弃时的感受。这个打击太大了，创业受到挫折还在其次，乔布斯一直坚持的理想遭到当头一棒才是他最痛心的。乔布斯希望打造面向未来的电脑，希望将最好的硬件、软件集成起来改变世界的想法一直都没有变过。如果早知道要放弃硬件业务，那当年和 IBM 谈判时还坚持个什么劲儿呀。

《信息世界》的记者约乔布斯谈 NeXT 的转型。乔布斯同意了。记者在一个空荡荡的大会议室里找到乔布斯时，他正趴在桌上，把头深埋在臂弯里。乔布斯用手指揉着太阳穴对记者说：

“我不想接受采访了。”

放弃一直亏损的硬件业务之后，NeXT 的成本大幅削减，仅靠软件的销售，1993 年居然扭亏为盈，第一次取得了 103 万美元的赢利。但这点儿赢利不足以带给员工们足够的信心。核心员工的相继离职成了乔布斯最头疼的问题。实际上，1990 年，看着公司业务委靡不振，许多高管已经选择了离开。到 1993 年 4 月，苹果当年跟随着乔布斯到 NeXT 创业的那 6 位元老已经全部离职。1995 年，NeXT 尝试上市，没有成功。

1991 年 4 月，《福布斯》杂志曾评价说："NeXT 公司令人失望的结局说明，无论史蒂夫·乔布斯是一个多么伟大的预言家，作为一名管理者，他实在不够高明。"

这个评价对于乔布斯来说，也许过于苛刻了。那时的乔布斯虽然已经 30 多岁并结婚生子，但在管理上还幼稚得像个孩子。或许，并不是乔布斯的管理不高明，而是他还没有真正成熟起来，至少，还没有经历足够的磨难。

来自苹果的邀请

造化弄人，就在 NeXT 艰难维持着软件业务，屡败屡战的时候，一份来自苹果公司的竞标邀请再次将乔布斯与他亲手创建的苹果联系了起来。这一次，苹果看上的不是乔布斯，而是 NeXTSTEP 操作系统。

当年离开苹果时，乔布斯就曾对董事会说，NeXT 将来研发的新技术、新产品，完全有可能以收购或授权方式回归苹果。谁都知道，那时乔布斯说的不过是句气话，就像被恋人抛弃的痴情人赌气说"将来你一定会想起我的好处"一样。谁承想，在 NeXT 濒临崩溃的时候，看上 NeXT 技术的竟然真是苹果。

NeXT 难以维继，苹果那边也同样风雨飘摇。1996 年，火线上任的苹果新 CEO 阿梅里奥像个救火队员一样，马不停蹄地解决危机、填补漏洞。那时，苹果面临各种严峻挑战，但最重要的还是产品质量下降的问题。Macintosh 系统运行缓慢，动不动就死机直接影响苹果产品的口碑和销量，阿梅里奥为此焦虑不已。

当时 Macintosh 使用的操作系统是 Mac OS 第 7 版。实际上，自从

Macintosh 换用 Power PC 芯片以来，操作系统就一直不大稳定，死机频繁出现，微软为苹果研发的 IE 浏览器和 Office 办公套件在 Mac OS 上也远不如在 Windows 上稳定。用户的抱怨一浪高过一浪。

Mac OS 开发团队发现，自己陷入了一个可怕的死循环。每次用户报告的问题看上去都不难解决，可修好了这一批问题，又会有新的一批问题出现。工程师们精疲力竭。这似乎表明，Mac OS 第 7 版操作系统已经病入膏肓，无可救药了。

为了跳出这个恶性循环，Mac OS 团队决定，把大量人力投入到新版操作系统的研发。新版操作系统代号是 Copland。与此同时，还有另一个更长远的操作系统开发计划，代号是 Gershwin。

开发一款新的操作系统，谈何容易。当大部分工程师涌向新操作系统的开发，而又不能在短时间内取得突破时，苹果陷入了一个软件开发常见的两难境地，旧的系统缺人维护，新的系统屡屡延期。历史上，许多大型软件项目就是这么死掉的。

阿梅里奥发现，投入大量时间和资源后，Copland 还只是几个无法连接到一起的功能模块，Gershwin 则更是空中楼阁。阿梅里奥不得不强令开发团队把部分工作重心转移到修补 Mac OS 7 故障的工作上来。

面对乱糟糟的开发状况，在市场和用户压力煎熬下彻夜难眠的阿梅里奥觉得，自己只剩下了一个选择——外购成熟的操作系统。

该选择什么样的操作系统呢？

阿梅里奥和比尔·盖茨是生意场上不错的朋友。尽管 IBM PC 和苹果电脑水火不容，但微软和苹果还是一直保持了磕磕绊绊、若即若离的伙伴关系。一方面，苹果起诉微软的知识产权官司迟迟不能定论；另一方面，微软一直为 Mac OS 开发 Office 和 IE。想到外购操作系统，阿梅里奥第一个想起的就是微软。

“嗨，比尔，如果微软基于 NT 为苹果开发一个 Macintosh 使用的操作系统，你觉得怎样？”阿梅里奥打电话里探寻盖茨的意见。

“操作系统？”盖茨在电话那一头沉默了一小下，突然高兴地说，“当然了，微软当然愿意为苹果电脑研发操作系统，这毫无疑问！我相信，微软是苹果最好的选择！”

“真的？”

“请放心，如果这个单子交给微软，我会投入几百人的开发团队。”盖茨大包大揽地说。

听得出，盖茨非常想拿下这个单子，他甚至都没有仔细考虑把Windows NT移植到Macintosh平台究竟有多难。

阿梅里奥知道，苹果CEO去请微软帮忙开发操作系统，这事情怎么听怎么可笑。但阿梅里奥是个生意人，苹果和微软之间的恩怨情仇必须让位于从利益出发的理性分析。Windows是当时最流行、软件兼容性最好的操作系统，苹果这一次为什么不能“庸俗”一把呢？

当然，精明的盖茨在一口应承的背后，还是藏了更多的玄机。很快，盖茨就向阿梅里奥提出了交换条件。

盖茨说：“苹果特别擅长人机交互，如果新操作系统底层基于Windows NT，上层基于苹果的人机交互技术，那必将是最完美的结果。而且，这样一来，你我之间的知识产权纠纷也迎刃而解了。”

言外之意，盖茨是要在合作中无偿获得苹果的优势技术，同时将苹果与微软间的官司一笔勾销。

盖茨积极推动这桩交易。微软的工程师也飞到硅谷，与苹果员工讨论技术细节。但很快大家就发现，操作系统移植和用户界面技术的整合工作量实在太大，连不大懂软件开发的阿梅里奥也不得不承认，这绝不是短时间可以完成的任务。

还有其他可选的操作系统吗？

阿梅里奥想起了法国人让－路易·卡西。还记得这个卡西吗？11年前，乔布斯被斯卡利赶出Macintosh团队时，就是这个卡西接管了Macintosh团队。当然，卡西的结局也并不比乔布斯好多少。卡西一开始做得还不坏，不久就升职并主管苹果的新产品研发和全球市场营销，苹果内部甚至有谣言说，卡西是斯卡利的接班人。但好景不长，因为缺乏执行力，卡西负责的许多产品又陷入了一再推迟上市的怪圈。1990 年，斯卡利像当年赶走乔布斯那样，迫使卡西辞职。

辞职后的卡西创办了一家名为 Be 的公司，他选择的方向仍是电脑和操作系统研发。新开发的操作系统名为 BeOS，用在电脑 BeBox 上。新操作系统在多任务并行处理方面有独到之处。当时，苹果正学着 IBM 的模样，授权其他厂商研发 Macintosh 兼容机。卡西看到了这个商机，就把 BeOS 也移植到了 Macintosh 平台上。他希望 BeOS 成为 Macintosh 兼容机的首选操作系统。但 Be 公司的生意还不如乔布斯的 NeXT，BeBox 系统只卖了 2000 套就寿终正寝。

因为开发 Macintosh 兼容操作系统的关系，卡西辞职后仍和苹果保持着密切的联系。阿梅里奥知道，BeOS 已经是一款能直接在 Macintosh 上运行，且与 Mac OS 在很大程度上兼容的操作系统了。外购 BeOS 显然可以节约大量成本和时间。当然，BeOS 刚研发出来，没经过大规模应用的考验，是不是真的比 Mac OS 稳定，还是一个大大的问号。

卡西听说苹果要选操作系统，兴奋得难以入眠。他找到阿梅里奥说："我们的操作系统是现成的，只要几个星期，就可以在 Macintosh 上发布。"

Windows NT 更流行也更稳定，但移植需要更多的时间。BeOS 不一定成熟，但却是现成可用的。阿梅里奥需要在二者之间作一个抉择。也许是因为卡西是苹果的旧将，也许是对盖茨心有余悸，阿梅里奥心中的天平逐渐倒向了 BeOS 一边。

苹果和 Be 公司之间的商业谈判进入到了实质流程。卡西甚至承诺说："我爱苹果。我希望看到苹果成功。如果达成协议，我可以加入苹果，帮助管理软件部门。"

但讨价还价的过程不大顺利。苹果想买下整个 Be 公司，且只打算出 1.25 亿美元。卡西则想把公司卖到 2 亿到 4 亿美元。阿梅里奥又一次犹豫起来。

乔布斯？阿梅里奥猛地想起，乔布斯不是正在研发和销售 NeXTSTEP 操作系统吗？

此前，阿梅里奥和乔布斯因为兼容Macintosh授权的事情，曾打过一次交道。虽然当时的会谈不欢而散，但阿梅里奥见识过NeXTSTEP操作系统的强大。有没有可能用NeXTSTEP替换苹果现有的操作系统呢？

无巧不成书。就在阿梅里奥想到了NeXTSTEP又没有拿定主意的时候，11月底，苹果公司首席技术官艾伦·汉考克（Ellen Hancock）接到了一个陌生人的电话。当时，汉考克正在欧洲出差。

“我是NeXT软件公司的销售。”电话里的陌生人自我介绍说。

“NeXT?”

“对，NeXT。我们研发NeXTSTEP操作系统。我想知道，苹果公司有可能考虑使用NeXTSTEP作为下一代操作系统吗?”

汉考克是阿梅里奥加入苹果时从国家半导体公司带来的亲信之一。她第一时间把这个情况汇报给了阿梅里奥。阿梅里奥和汉考克都觉得，乔布斯一定知道了苹果正在选操作系统的情报，否则，不会让销售在这个节骨眼上打电话询问。既然两边想到了一起，那就谈一谈吧。

12月2日下午，刚从日本出差回来的乔布斯来到了苹果总部。面对阿梅里奥，乔布斯一开口就显示出超凡的推销技巧：

“我注意到，有一个潜在的机会可以让NeXT为苹果提供帮助。”乔布斯顿了顿继续说，“我不知道你们对此是否真的有兴趣，但请允许我讲一讲，这个计划里最吸引人的地方在哪里。也许，这完全是个疯狂的主意，我甚至不知道为什么我会在这里向你们推销这个计划。不过，还是让我们一起看一看，这主意究竟靠不靠谱。”

乔布斯首先断言，选择BeOS对苹果来说是一场灾难。看来，乔布斯来之前做了功课，对苹果正和Be公司谈判的进程了如指掌。他用激烈的言辞批评BeOS不成熟，不稳定。然后用鼓动人心的话大加称赞NeXT操作系统。

紧接着，乔布斯话锋一转：“如果你们觉得，NeXT能为苹果提供帮助，那么，我个人可以接受任何形式的协议。无论是软件授权，还是转让整个公司，无论什么形式我都没问题。”

有备而来的乔布斯在谈判伊始就抓住了关键。微软因为附加条件过多、技术难度大而提前出局，Be 公司因为价格问题而与苹果争执不下。这时，乔布斯直接摆出了最好的的条件，这不能不让阿梅里奥动心。

想想也是，NeXT 屡败屡战，就要关门大吉，苹果的邀约就像一根救命稻草。乔布斯必须背水一战，也许只有他的三寸不烂之舌可以拯救 NeXT 了。

12 月 10 日，星期二。在帕洛阿尔托的花庭酒店（Garden Court Hotel），BeOS 和 NeXT 展开正式对决。乔布斯和他的 NeXT 团队先向苹果决策层介绍 NeXTSTEP，然后再由卡西介绍他的 BeOS。

一上来，乔布斯向大家强调 NeXT 是面向未来的操作系统，他的演讲征服了听众。紧接着，阿维·特凡尼安在便携电脑上演示了 NeXTSTEP 的强大之处，实机演示大大加深了听众对 NeXT 的印象。

也许卡西自以为胜券在握，居然没有为这次演示作精心的准备。卡西不但是一个人来的，而且没有幻灯片，没有产品彩页，没有演示用的电脑。他的演讲也索然无味，全无重点。

几乎所有人都把票投给了乔布斯和他的 NeXT。

几天后，乔布斯又为苹果董事会做了一次演示。演示前，乔布斯在走廊里见到了 12 年前将自己从苹果赶走的马库拉。马库拉显得很尴尬，两个人只是简单握了握手，没有说更多的话。

图 30　乔布斯和阿梅里奥

协议很快达成，12 月 20 日，苹果以 4.29 亿美元收购 NeXT，收购对象既包括 NeXT 操作系统，也包括 NeXT 研发团队，乔布斯本人也因为这次并购而重回苹果。

关于回归后乔布斯的身份，阿梅里奥问他：“你想回来领导工程技术团队吗？”

“不。”乔布斯坚定地说。

“那，你想成为苹果公司的顾问吗？”

“不。”

“可是，既然你回归苹果，你的职位安排，我总要对董事会有个交代吧。”

乔布斯想了很久，终于松口道：“好吧，如果你非要对董事会有个交代，那不如说，我可以回来当董事会主席的顾问。”

一切都很顺利，阿梅里奥松了一口气。与马库拉不同，他和乔布斯此前并没有太大的过节，乔布斯以顾问身份回归苹果，帮自己尽快做好NeXT与苹果的整合，这计划看上去不错。不过，阿梅里奥的心底还是有一丝隐忧，他猜不透，苹果创始人的回归，对自己在苹果的前途到底意味着什么。

败亦伟大

说NeXT是乔布斯的滑铁卢，一点儿都不为过。如果不是被苹果收购，乔布斯在NeXT将败得血本无归。但失败和失败也不完全相同。有的失败轻于鸿毛，有的失败则重于泰山。

NeXT虽然失败了，但NeXT留给苹果和电脑产业的遗产，其价值无法估量。

NeXT留给这个世界的第一份重要遗产，是NeXT的操作系统。这当然要归功于操作系统研发大师阿维·特凡尼安。

虽然销售业绩不佳，但NeXTSTEP仍足以在操作系统发展史上，占据一个里程碑式的地位。强大的Mach内核让NeXTSTEP拥有了超凡的性能和近似UNIX系统的稳定性。设计优雅的OpenStep接口标准，让操作系统和应用程序之间的交互更加清晰、简洁。更重要的是，NeXTSTEP操作系统创造性地将面向对象的开发方法与操作系统的应用开发接口完美结合，大幅降低了软件开发和维护的难度。

面向对象的特性是乔布斯大为推崇的亮点，他说："当我 1979 年到施乐访问，看到图形用户界面的时候，在短短 10 分钟里，我就清楚地知道，世界上每一台电脑都应该像这样工作。你可以质疑，这个变革究竟需要花多长时间。你也可以质疑，在这个过程里，到底谁会胜出，谁会失败。但没人可以否认，世界上所有电脑最终都将在图形用户界面下工作。面向对象技术也是一样。一旦你理解了面向对象技术，你就会知道，世界上所有软件最终都将使用面向对象技术开发。你可以质疑这个过程需要花多少年，可以质疑谁会胜出谁会失败，但这个转变必然发生。"

乔布斯返回苹果后，一直在推动 NeXT 操作系统与 Mac OS 的整合工作，但因为技术上的困难，这项工作花了好几年的时间。其间，Copland 项目研发的不少新技术被融入到了 Mac OS 7 的升级版 Mac OS 8 中，后续的 Mac OS 9 则是这个系列的最后版本。

1999 年，基于 NeXT 技术研发的全新操作系统 Mac OS X（最后这个 X 是罗马数字 10 的意思，表示 Mac OS 9 的后继，但事实上已经是全新的操作系统了）的服务器版。2001 年 3 月 24 日，桌面版的 Mac OS X 正式发布。直到今天，所有苹果笔记本、台式机上运行的操作系统，都是 NeXT 当年打下的基础，就连 iPhone 手机和 iPad 平板电脑上使用的 iOS 操作系统，也是 NeXT 一脉传承的结果。

Mac OS X 和 iOS 操作系统在设计上将 NeXT 操作系统内核的稳定性，面向对象开发的便捷性和苹果 Mac OS 天生就具有的超凡用户界面结合得天衣无缝。乔布斯回归后，苹果之所以能起死回生，又能在 2007 年后凭借 iPhone 和 iPad 等"神器"在消费电子领域横扫千军如卷席，NeXT 操作系统留下的遗产可谓居功至伟。

顺便提一下，Mac OS X 的每个版本都有一个公开的代号，而且都是猫科动物的名字。即便是不懂软件原理的人，看到这些有趣的名字，也会一下子喜欢上苹果的操作系统。

Mac OS X 版本	发布时间	猫科动物代号
10.0	2001 年 3 月	猎豹（Cheetah）
10.1	2001 年 9 月	美洲狮（Puma）
10.2	2002 年 8 月	美洲豹（Jaguar）
10.3	2003 年 10 月	黑豹（Panther）
10.4	2005 年 4 月	虎（Tiger）
10.5	2007 年 10 月	豹（Leopard）
10.6	2009 年 8 月	雪豹（Snow Leopard）
10.7	2011 年 6 月	狮（Lion）

NeXT 留给这个世界的第二份重要遗产，是经过重重磨难后回归苹果的乔布斯乔帮主。

12 年前，乔帮主愤然离开苹果时，还是一个在管理上极不成熟的小伙子。12 年间，像奥德赛一样漂泊在外的乔帮主经历了太多的挫折和失败。在这 12 年里，虽然事业不顺，乔布斯的个人生活却有了着落。他终于放弃了嬉皮士一样放荡不羁的生活方式，娶妻生子，有了美满的家庭。

无论遭遇过多少磨难，无论生活状态如何变化，乔布斯用技术改变世界的梦想始终都没有变。12 年后，回到苹果的乔帮主是不是已经足够成熟，可以在他钟爱的苹果一展身手？他能不能再次创造奇迹，让苹果再次震撼世界呢？

这一次，乔帮主不是一个人在战斗。从 NeXT 跟随乔布斯来到苹果的，还有他身边的左膀右臂——软件研发大师阿维 · 特凡尼安和硬件研发大师乔恩 · 鲁宾斯坦，这些人都是 NeXT 留给乔布斯和苹果的无价之宝。

NeXT 成长过，失败过。乔布斯迷茫过，沮丧过。但 NeXT 远没有完结。NeXT 留下的人和技术正在苹果悄悄积淀和凝聚，等待着一飞冲天的时刻。

05 动画总动员

——皮克斯的前世今生

“星战之父”的烦恼

“愿力与你同在。”

当绝地武士挥舞着各色光剑，在《星球大战》的大银幕上惩奸除恶，与邪恶的银河帝国抗争时，不知道大家想过没有，1977 年上映的《星球大战》，究竟是用什么样的魔幻科技，在电影中创造出剑光纵横、宇宙战机穿梭恶斗的热闹场面？

“电脑！三维动画！”今天那批看着《指环王》《哈利·波特》和《阿凡达》长大的孩子们一定会毫不迟疑地给出这个答案。

很不幸，在《星球大战》之父乔治·卢卡斯（George Lucas）拍科幻片的年代，大多数老百姓还不知道电脑为何物。那时，乔布斯和沃兹哥儿俩还在埋头打造 Apple II。当时最牛的电脑，也不过能做些复杂的科学计算或文字排版。想要用电脑来渲染每秒 24 帧的逼真电影画面，门儿都没有！

没电脑怎么拍《星球大战》呀？

好吧，告诉大家答案。当年，卢卡斯带着一群天才盖世、精通摄影和后期制作的科幻电影先驱，硬是凭着影棚布景和暗房后期，生生造出了惊世骇俗的科幻场面。绝地武士的光剑对决，其实是演员们拿着手电筒一样的光剑柄，凭空做出各种动作，然后再由技艺高超的绘图员在胶片上一帧一帧地画出每一道剑光！

不得不佩服那个时代电影工作者的耐心和勇气！光是绘制光剑对决，

就要手工处理几千帧画面，不要说更复杂、刺激的 X 战机大战钛战机的场景了。

有时候，回过头看看科技发展的历史，哪怕只上溯几十年，也是一件极为有趣的事。就拿电影来说，短短 100 多年，从黑白默片到三维立体特效，拍摄技术飞跃式发展。而就在人们屡屡感叹电影已臻完美，技术已然登峰造极的时候，总有那么几位牛人站出来，用让人瞠目结舌的作品告诉全世界，电影人对科技与艺术的追求永无止境。

像这样站在电影技术的最前沿，不断挑战极限的牛人，随手就可以列出一大批。从卢卡斯的《星球大战》，到斯皮尔伯格的《侏罗纪公园》，再到沃卓斯基兄弟的《黑客帝国》，从詹姆斯·卡梅隆 1991 年在《终结者 2》中创建的液态金属机器人，到同一个卡梅隆 1997 年在《泰坦尼克号》中再现的冰海沉船，再到同一个卡梅隆 2009 年年底为我们奉献的《阿凡达》神话，每一部影片都是一个传奇。

可如果说，本书的主角史蒂夫·乔布斯也曾在电影技术的革命史中，扮演了一个至关重要的角色，甚至还帮助开创了一个电影科技的崭新时代，你会感到惊讶吗？在 IT 界呼风唤雨的乔帮主和电影有什么关系？

这段故事，还要从乔治·卢卡斯的婚姻纠纷说起。

和乔布斯类似，乔治·卢卡斯也是年少成名，27 岁时就创立了自己的电影公司卢卡斯影业（Lucasfilm），31 岁时为了制作《星球大战》中的特效而投资成立了后来鼎鼎有名的工业光魔（Industrial Light & Magic）。凭《星球大战》和《夺宝奇兵》系列影片，卢卡斯一个人拿下不计其数的奥斯卡奖项和提名，屡屡打破全美乃至全球票房纪录。仅 1977 年上映的《星球大战：新的希望》就包揽 7.75 亿美元全球票房。要知道，那之前可从没有哪部电影的全球票房超过 3 亿美元。名利双收的卢卡斯在 30 多岁时就已经拥有多家电影制作公司组成的影业集团和亿万资产，成了名副其实的电影大亨。

不过，再大的英雄也未必能一辈子顺风顺水。1983 年，《星球大战》第三部《绝地归来》（算上后来拍的前传，这其实是全系列的第 6 部）尽管拿下了 4.75 亿美元的全球票房，但与前两部相比还是相形见绌。评论者认为这是《星球大战》三部曲中最乏味的一部。卢卡斯不得不暂时打消了继续拍摄《星球大战》前传的念头。没有了《星球大战》这样的吸金利器，卢卡斯影业的收入直线下滑。祸不单行，卢卡斯自己的婚姻偏又出现了问题。《绝地归来》正式公映前一周，卢卡斯和妻子玛西亚·卢卡斯（Marcia Lucas）来到所有员工面前。二人手拉着手，眼泪扑簌簌地跌落。他们告诉大家两个人正在协议离婚。

卢卡斯和玛西亚既是夫妇，又是拍电影的搭档。14 年的婚姻并不算短。也许是因为拍电影的紧张和压力，两个人都觉得，再也没有办法维持稳定的家庭生活。可离婚也不是件容易事，根据法律，两人必须平分夫妻间的共有财产。卢卡斯拥有的影业帝国包括摄影棚、制片公司、特效公司、外景地和大量先进的电影制作器材。这些都是夫妻共有财产的一部分。卢卡斯可不想把这些他视做生命的东西一分为二，而玛西亚则只想要一笔钱了事。根据清算结果，卢卡斯至少要付给玛西亚几千万美元的现金。

刚拍完星战三部曲，卢卡斯手中现金短缺。该从哪儿筹钱来付给玛西亚呢？如果不卖掉一部分公司资产，卢卡斯和玛西亚之间的离婚协议就无法履行。可让卢卡斯卖掉自己钟爱的公司，即便只是其中一部分，也跟从他身上挖掉一块肉差不多呀。就算忍痛割爱，也要有个合适的对象吧。

卢卡斯想到了图形工作组（Graphics Group），这是卢卡斯影业名下一个研发未来技术的小组，目标是打造高性能的图形电脑和最先进的图形图像技术，并梦想着有朝一日可以用电脑代替画笔，彻底颠覆动画电影的拍摄方式。不过，这个小组的东西在当时看来太科幻了，卢卡斯不知道他们何时才能真正赚到钱。也许，卖掉这个部门会是个不错的选择。如果遇上对未来科技感兴趣的买主，也许还能卖个不错的价钱。

为了出售图形工作组，卢卡斯到处寻找买主。几经辗转，乔布斯居然成了接手这个图形工作组的候选人之一。

1985 年，被苹果董事会抛弃，正郁郁不得志的乔布斯从苹果的计算机科学家阿兰·凯那里听说，卢卡斯正有意出售图形工作组。阿兰·凯和这个工作组的创始人是大学同学，他清楚地知道，那个图形工作组里聚集了一批喜欢图形图像技术的计算机天才。也许，乔布斯会对那里的人才和技术感兴趣。

得知有未来科技和人才，乔布斯来了兴致。他一个人驱车穿过金门大桥一直向北，在一片库房与工棚林立，贫民窟一样的地方找到了卢卡斯影业和工业光魔的所在地。

图形工作组的员工们在电脑上给乔布斯演示了几段数字动画短片，都是用电脑制作出来的三维动画。枉自在个人电脑界领军许多年，却从来没见过这些新奇玩意儿的乔布斯一下子惊呆了。

“太酷了!”乔布斯说，“这种震撼的感觉，简直就跟我当年在施乐看到图形用户界面时一模一样!”

“是吗？您认可这些技术的价值?”图形工作组的技术天才们谨慎地审视着这个可能成为自己未来老板的人。

“当然，这毫无疑问!”乔布斯又一次显示出卓越的洞察未来的能力，“如果你们今天的技术已经可以拍出这样的短片，那不出几年，所有动画电影都将由电脑来制作!”

就像当初预见图形用户界面技术必将成为所有电脑的缺省界面一样，在卢卡斯影业的图形工作组，乔布斯只看了十几分钟演示，就再一次预见到了未来。

乔布斯天生就有预知未来的本事，总能比其他人多看5到10年。但预见到未来不等于拥有未来。上一次，乔布斯虽然看到了图形用户界面技术的未来，但苹果的Lisa和Macintosh都没能成为市场主流，反而被微软的Windows后来居上。这一次，乔布斯同样说不清楚，图形工作组研发的这些未来科技到底什么时候才能成为现实。但无论如何，既然卢卡斯肯卖，还是先把这些人和技术买下再说。

卢卡斯的开价是3000万美元，这远远超出了乔布斯的心理接受能力。为了一个暂时还不赚钱的技术小组花这么多钱，即便是愿意为未来赌一把的乔布斯也觉得不值。但乔布斯注意到，为了解决和前妻之间的财务纠纷，卢卡斯正急于为这个小组找买家。他决定暂时缓一缓，静观事态发展。

图 31　皮克斯的标志

很快，乔布斯得知，卢卡斯正与另一个潜在买家——富商罗斯·佩罗——接触。如果大家还记得的话，这个罗斯·佩罗就是后来投资 NeXT 的富商，也是 1992 年自费参加总统竞选的那一位。这位有趣的佩罗先生愿意出接近 3000 万的价格购买图形工作组，卢卡斯当然求之不得。但临近合同签署却突生变故，原本在通用汽车担任董事的佩罗突然被通用董事会解雇，这直接让佩罗从卢卡斯的候选人名单中出局。

佩罗和卢卡斯的合作告吹，乔布斯知道，现在是压价的最好时机。他再次找到卢卡斯，直接把对方的报价砍掉三分之二，开出了 1000 万美元的价码。为离个婚而心力交瘁的卢卡斯再也不愿拖延下去了，1000 万就 1000 万吧。

1986 年 2 月，刚刚创立 NeXT 公司不久的乔布斯现在又拥有了一家新的公司。不久，这家新公司被正式命名为皮克斯。据说，这个带点儿西班牙语味道的名字 Pixar 来自英文里的“像素”（Pixel）一词，暗含了皮克斯的技术天才们想用最新、最酷的计算机图形技术改变世界的宏伟梦想。

动画双雄

购买皮克斯时，乔布斯隐约看到了未来。但如果有哪个穿越回 1986 年的人跑去告诉乔布斯，你买下的这个技术小组，要经历10年的磨难和动荡才能看见曙光，而且，在这长达10年的时间里，还会像NeXT一样成为只有投入没有产出的包袱，不知道当年的乔布斯会作何感想。

其实，一直到乔布斯收购之后好几年，皮克斯的商业计划还主要集中在销售三维图形计算机及相关的软硬件技术上。虽然公司里有几个人在琢磨如何用这些技术制作动画短片，但那也只是展示技术、帮助营销的副业。皮克斯当时可没有自己去投资拍摄动画电影的计划。

谁知，无心插柳柳成荫。本来是皮克斯主业的图形计算机生意越做越差，最终落得个与NeXT硬件部门一样被解散、出售的下场。原本只是皮克斯副业的动画内容制作却在10年后为我们奉献了一出出震撼世界的大戏。

10年之后，皮克斯带给全世界的，是下面这些地球人耳熟能详的电影片名：

- 1995年，《玩具总动员》
- 1998年，《虫虫危机》
- 1999年，《玩具总动员2》
- 2001年，《怪物公司》
- 2003年，《海底总动员》
- 2004年，《超人总动员》
- 2006年，《汽车总动员》
- 2007年，《料理鼠王》
- 2008年，《WALL－E》
- 2009年，《飞屋环游记》
- 2010年，《玩具总动员3》

还需要再罗列下去吗？

这些曾让几十亿的地球人开怀大笑，莫名感动的三维动画电影，全都出自乔布斯所拥有的皮克斯公司！

皮克斯在电影史上的地位，皮克斯的三维动画电影为电影技术革命所作的贡献，无论如何渲染都不过分。简单地说，在皮克斯之前，所有动画长片都是手工绘制的二维画面。在皮克斯之后，三维电脑动画一跃成为了动画电影的主流。

差不多60年前，迪士尼用一部《白雪公主》开创了二维动画长片的黄金时代；60年后，乔布斯的皮克斯公司则直接用电脑为动画片增加了一个维度，并把动画师从纯手工劳动中解放了出来——这件事的革命意义，绝对可以与电脑在办公领域取代纸、笔和打字机相提并论。

就像苹果的基因来自乔布斯和沃兹一样，皮克斯将技术和电影艺术完美结合的基因，来自这个小团队的两位创始人：一位叫阿尔维·雷·史密斯（Alvy Ray Smith），另一位叫埃德温·卡特穆尔（Edwin Catmull）。

史密斯先生是斯坦福大学的计算机科学博士，毕业后在纽约大学的电子工程和计算机科学系当助理教授。单从这份简历看，史密斯先生绝对算得上高智商、高学历，只要在学校混几年，不难成为纽约大学的资深教授。

可史密斯先生不这么想。他的骨子里，其实和乔布斯年轻时一样叛逆。史密斯宁愿在滑雪中摔得浑身几处骨折，也不愿老老实实待在学校里教书育人。他疯狂地追求与众不同的生活方式，喜欢一切书本以外的东西。他研究艺术，喜欢心理学，甚至爱好占星术。他把自己打扮成流浪汉和嬉皮士，过着散漫不羁的生活。当然，他最热爱的还是计算机科学，但一时还没有想清楚，自己这一辈子，究竟该研究点儿什么好。

终于，史密斯先生在一次滑雪事故后，卧床休息了3个月。这3个月里，他冥思静想，决定辞去纽约大学的教职，只身到硅谷闯荡。

在硅谷的第一年，年轻的史密斯完全是在颠沛流离中度过的。迫于生计，他一边闲逛，一边在伯克利大学兼职教课。1974年的一个周末，史密斯为了借几本书，逛到了斯坦福的校园。在这里，他遇见了一位叫迪克·舒普（Dick Shoup）的老朋友。舒普当时在施乐的帕洛阿尔托研究中心做图形学方面的研究，他盛情邀请史密斯到研究中心看一看。

没错，又是施乐的帕洛阿尔托研究中心。当年，乔布斯就是在这里被震撼后，“偷”走了神奇的图形用户界面技术。在这里，各种未来科技琳琅满目，却都被施乐束之高阁。施乐就像个屋里收藏了奇珍异宝却不懂得鉴赏、利用的土财主，每次都便宜了那些有眼光、有见识的来访者。

史密斯就是这些幸运的来访者中的一员。在研究中心，他被舒普主持开发的一款软件吸引了。软件的名字叫 SuperPaint，拥有好几样神奇的功能：绘制与编辑彩色图形，直接截取电视输出并进行后期编辑，制作二维动画并输出成视频。这玩意儿简直是太酷了！

“这不就是我千里迢迢来到加州的意义所在吗？”史密斯对自己说。

舒普劝史密斯留下，帮忙开发 SuperPaint 软件。史密斯一口答应。可当时施乐并没有空闲的职位。舒普想了想，干脆来了个暗度陈仓，用设备采购的账目付薪水给史密斯，其实就是通过做假账，为史密斯在研究中心打临时工解决了报酬问题。

在帕洛阿尔托研究中心的工作经历让史密斯找到了自己的奋斗方向——计算机图形学。他喜欢编程，也喜欢艺术，而计算机图形学恰恰是技术和艺术的最佳结合点。

不过好景不长，施乐很快发现了造假账的行径，史密斯不得不中断了非法打工的生涯。

已经点燃的激情再也无法熄灭。史密斯没有办法停下来了，他必须在计算机图形学的道路上走下去。他很快听说，盐湖城的犹他大学也有一台高性能的图形计算机，有人在做计算机图形学方面的研究。他二话不说就径直驾车奔向盐湖城，那劲头儿，颇有一点儿乔布斯当年到印度朝圣的架势。

好事多磨，赶到犹他大学的史密斯失望地听说，一位来自纽约长岛的亿万富翁亚历山大·舒尔（Alexander Schure）几天前刚刚来到这里，不仅花高价把图形计算机买走，还把这里最强悍的一位计算机图形学专家埃德温·卡特穆尔也一并挖走。

纽约？亿万富翁？亿万富翁也搞计算机图形学？史密斯吃惊得合不拢嘴。详加打听，他才大致了解了这位亿万富翁的来龙去脉。

原来，这是一个热衷教育与科学的亿万富翁。就像热爱足球的阿布拉莫维奇花巨资买下切尔西来实现梦想一样，舒尔最喜欢做的事就是投资教育和科研机构，他曾亲自投资和创立了纽约理工学院。因为经常参与教育和科研，舒尔对未来科技也很感兴趣。1974 年前后，舒尔发现了用计算机制作动画的潜力。在技术方面，他是个门外汉，但他的商业头脑告诉他，这也许是个未来的方向，几年后，也许自己可以成为新一代的华特·迪士尼。

就这样，梦想着成为迪士尼二世的舒尔以纽约理工学院为平台，开始疯狂投资计算机图形技术。东西海岸之间，只要是和计算机图形学沾边儿的地方，只要有可以挖的人和技术，他就直接飞过去拍出巨额支票。

“好吧，既然是个喜欢计算机图形学的亿万富翁，那怎么着也要去东海岸走一趟喽。”史密斯对自己说。

这一趟没有白走。虽然舒尔未必是史密斯真正喜欢的投资人，但如果不到纽约去一次，史密斯就不会在纽约理工学院的计算机实验室中见到他未来的创业伙伴卡特穆尔。

牛人卡特穆尔并不像史密斯那样叛逆和嬉皮，他只是从小就在爱好和职业的矛盾间挣扎纠结。小时候，卡特穆尔迷上了迪士尼的动画电影，满脑子都是《彼得·潘》和《皮诺曹》中的动画形象。他在白纸装订的册子上画上一帧帧的画面，然后快速翻动册子“放映”自己的动画短片。他的梦想是有朝一日也能成为杰出的电影动画师。但很不幸，他很快发现自己的绘画才能并不是特别出色，远远无法达到杰出电影动画师的要求。

在理想和现实中纠结的卡特穆尔最终找到了解决问题的办法。他觉得，也许自己可以用迂回的方式到达目标。要拍动画电影，画画并不一定是惟一的手段，高科技没准儿会成为动画电影的另一个支点。卡特穆尔很快就把自己的兴趣转移到了数学与图形学上，在犹他大学，他选择了物理和计算机科学专业。

读研究生和博士期间，卡特穆尔和阿兰·凯一起师从于犹他大学的大师级人物——计算机图形学、图形用户界面和因特网的先驱伊凡·苏泽兰

(Ivan Sutherland)。在苏泽兰的启发下，卡特穆尔进一步坚定了用电脑实现三维图形动画的决心。

1973 年，卡特穆尔做了一次用电脑制作三维动画影片的尝试，这大概是人类历史上的第一次。他在一个不长的镜头中，用计算机对自己的左手建模，然后用三维动画技术让这只手在屏幕上动了起来。后来，这个具有革命意义的镜头被一位好莱坞制片人发现，并被收入到 1976 年的电影《未来世界》(*Future world*) 中。由此，《未来世界》成为历史上第一部使用三维电脑动画技术的电影。

《未来世界》里的那只手看上去幼稚得可笑，活像个塑料模型，一点儿都不真实。但历史恰恰是这样被开创出来的。在随后的时光里，电脑特效爆炸式地发展壮大，《终结者 2》里随意变形的液态机器人，《玩具总动员》里逼真的玩具材质，《海底总动员》里炫目的海底光影，当然还有《阿凡达》里奇幻的外星世界，这一切，其实都起源于卡特穆尔的一只左手。

被舒尔挖来的卡特穆尔和追随理想赶到纽约的史密斯一见如故。他们觉得，凭着两个人在计算机图形学方面的造诣，终有一天，动画电影的拍摄方式将因他们二人而改变。

“可是，舒尔这家伙是个门外汉，他什么都不懂。”史密斯对卡特穆尔说。

“我知道，我知道。”卡特穆尔笑了，“管他呢？他有的是钱，这才是重点。他不但喜欢电脑动画，还舍得投资，还放手让我们搞研究，这就足够了，不是吗？这难道不是你我最想要的研究环境吗？”

史密斯和卡特穆尔带领着一群研究人员，一边花着富翁舒尔的钱，夜以继日地搞他们的三维动画技术，一边却偷偷和更懂动画电影的迪士尼公司眉目传情，希望自己的动画技术能被迪士尼看上。但事与愿违，迪士尼的管理层仍沉醉于当年《白雪公主》所开创的手工动画的辉煌，对电脑动画这种新生事物暂时还不感兴趣。

1977 年 5 月，乔治·卢卡斯的《星球大战》上映。史密斯和卡特穆尔在电影院里像其他观众一样看得如痴如狂。和只知道赞叹炫丽画面的普通观众不同，两位懂行的专家心里很清楚，《星球大战》虽然在特技制作水平上独步天下，但却没有运用任何计算机三维动画技术，并不是一部代表未来科技的影片。

星战之父乔治·卢卡斯对此也有清醒的认识。为了制作《星球大战》中的特效，全靠摄影棚拍摄和手工后期制作的方法太复杂了，不可能应对今后越来越大、越来越复杂的场面。卢卡斯开始寻找能简化科幻电影拍摄的技术。他甚至找了一家名为 Triple－I 的公司为他制作了星球大战中 X 战机的三维模型。虽然 Triple－I 的 X 战机并没有用到《星球大战》里，但卢卡斯还是看到了电脑动画的巨大潜能。

几经周折，卢卡斯找到了史密斯和卡特穆尔，这大概是卢卡斯当时能找到的最棒的电脑动画团队了。动画双雄很快发现，卢卡斯才是既精通电影技术，又肯花钱支持未来科技的理想投资人。双方一拍即合，1979 年，史密斯和卡特穆尔带领实验室的大多数研究人员，一起“背叛”了富翁舒尔，转投到卢卡斯的麾下，这就是卢卡斯影业下属的图形工作组的由来。

图形工作组成立不久，就有了初试锋芒的机会。当时，工业光魔承接了为派拉蒙影业的大片《星际迷航 2：可汗之怒》制作特效的任务。剧本中有这样一个特效镜头：一个如月球般死寂的星球被称为“创世纪”的技术在分子级别拆毁后快速重组，重建成一个全新的、生机勃勃的星球。这一分多钟的特效对于当时的特技手段而言，实在太复杂了。工业光魔想起了史密斯和卡特穆尔，也许是时候见识一下图形工作室的功力了。

动画双雄带领他们的团队，为这个一分多钟的镜头倾注了全部心力。《星际迷航 2》上映时，这段三维特效虽说用今天的标准看还十分幼稚，但在当时已经足够震撼了。

“这镜头棒极了，”卢卡斯对史密斯和卡特穆尔说，“我要在今后的电影里更多地使用电脑特效。”

连一向看不起电脑动画的迪士尼也被“创世纪”撼动了。为了避免被新技术抛弃，迪士尼高层决定，投入资源从事电脑动画的研究。听到这个消息，史密斯和卡特穆尔尝试着再次和迪士尼接触。但结果又一次让二人失

图 32 《星际迷航 2》中用三维电脑动画绘制的星球表面

望，电脑动画对迪士尼而言似乎仍属于值得一试的新鲜事物，却不是什么值得长期投资的事业，迪士尼自己的电脑动画团队拍摄的短片也惨不忍睹。

不过，史密斯和卡特穆尔在迪士尼还是有了不小的收获。1984 年，他们从迪士尼挖到了一个动画奇才约翰·拉塞特（John Lasseter）。拉塞特是精通传统动画绘制的大师，同时又热爱并拥抱新技术。拉塞特在艺术方面的专长正好弥补史密斯和卡特穆尔这两位技术背景创始人的不足。

来到图形工作室，拉塞特成为动画小组的核心，专职负责动画短片拍摄，以帮助宣传和销售三维动画技术。他的第一部三维动画短片作品是《安德鲁和威利冒险记》（*The Adventures of André and Wally B*）。1984 年 12 月，这部短片在计算机图形学会议 SIGGRAPH 上首次放映就引起了不小的震动。

又一个深渊

等到乔布斯买下图形工作室并将其命名为“皮克斯”的时候，公司大致包括三块业务：研发和销售图形计算机及其软件，用三维电脑动画技术为电影或电视广告制作特效镜头，还有一块儿就是拉塞特所在的动画小组，负责创作动画短片。

很不幸，这三块业务里，没有一块是赚钱的。

现在，乔布斯是皮克斯的董事会主席兼 CEO。不过，他这个 CEO 多少有些徒有虚名。史密斯和卡特穆尔只是把他看成和舒尔类似的富翁老板，在日常管理上并不买他的账。例如，乔布斯希望把皮克斯的办公室搬到旧金山，这样，他从 NeXT 赶到皮克斯就可以省掉不少时间。但史密斯和卡特穆尔拒绝了这个提议。他们宁愿每周跑到硅谷向乔布斯汇报工作，也不愿乔布斯经常来现场莅临指导。

既然无法深入参与公司业务，乔布斯也乐得做个高高在上的投资人。据皮克斯员工的回忆，乔布斯在 1992 年之前的 5 年时间里，到皮克斯公司的次数总共不超过 5 次。除了乔布斯利用自己的营销天分和人脉帮忙推销产品外，皮克斯的产品研发完全按史密斯和卡特穆尔的计划运转。当然，没人知道公司何时才能赢利。

皮克斯研发的电脑硬件名叫皮克斯图形计算机，这也是乔布斯最感兴趣的方向。但三维动画技术对当时的电脑来说还是太复杂了，皮克斯的电脑不得不使用了大量昂贵的技术，最终的售价高得离谱，卖到了 13.5 万美元一台。

这样高昂的售价，就连真正需要用电脑制作三维动画的制片公司、广告公司、电视台也买不起。当然，更重要的原因是，当时大多数人还无法理解，为什么三维电脑动画会成为未来的趋势。

例如，尽管皮克斯一直和迪士尼保持着紧密的联系，但每次乔布斯到迪士尼推销皮克斯电脑时，都会碰一鼻子灰。有一次，乔布斯在为迪士尼最有权势的总裁，负责动画片部门的杰弗瑞·卡森伯格（Jeffrey Katzenberg）演示最新的电脑时，迪士尼 CEO 迈克尔·埃斯纳（Michael Eisner）也意外走进了会议室。迪士尼的两个巨头一起在会议室里听乔布斯作产品介绍。

当然，乔布斯并不惧怕这样的大场面，他很快就投入到了激情四溢的演讲中，把代表未来技术的三维动画和皮克斯的电脑产品说得天花乱坠。

当时，乔布斯带了两台电脑，一台是黑白屏幕的普通电脑，另一台是用于演示的彩色计算机。听完乔布斯的演讲，埃斯纳缓步走向两台电脑，然后，手指着黑白的那一台对乔布斯说：

“这台电脑，代表着商业办公。迪士尼公司需要很多很多，我们也许会买 1000 台。”

正当乔布斯猜不透埃斯纳话里的玄机，愣在当间摸不着头脑的时候，埃斯纳又用手指向那台彩色的图形计算机：

“这台电脑，代表着动画艺术。可是，在我们迪士尼，有的是艺术家，有的是绘画器材。在我们这里，没人会需要电脑帮忙。”

没有销路就意味着失败。乔布斯正在经历 NeXT 销售上的失败，他不愿看到，自己同时投资的两家公司，竟然在电脑销售上面临同样的窘境。他千方百计地为皮克斯图形计算机寻找客户。除了史密斯和卡特穆尔想到的目标客户，比如电影动画制作者和研究者以外，乔布斯甚至想把皮克斯电脑卖给医生，用于创建三维病理图像。

同时，乔布斯也在不遗余力地帮助皮克斯创建营销网络。就像他在苹果和 NeXT 曾经做过的那样，皮克斯很快拥有了遍及全美几个重要城市的营销网络，公司也第一次拥有了超过 100 名员工。

但销售还是没有丝毫起色。皮克斯图形计算机除了太贵，还特别难操作，连大学里的专业研究人员都难以掌握。

客户调侃说：“要用好这台电脑，你要先成为导弹专家。”

皮克斯自己的销售人员则开玩笑说：“要给客户介绍电脑，我得带上 3 个博士生。”

到 1988 年，皮克斯图形计算机只卖掉了 100 多台。看到无论如何也坚持不下去的硬件部门，乔布斯没有表现出自己在 NeXT 时的犹豫不决。1990 年 4 月，他果断地卖掉了皮克斯的硬件部门和所有销售网点，彻底关停硬件业务。所有硬件研发和销售人员都走了，皮克斯一下子从 100 多人缩减到 40 多人。

皮克斯销售的软件产品名为 RenderMan，用于三维动画的创建和渲染。软件的销路比硬件稍好，但也远到不了赢利的程度。最重要的原因，可能还是皮克斯的三维动画技术太超前了。三维动画是个非常复杂、非常难的技术，用计算机来模拟真实世界的体积、质感和光影，需要大量的运算能力，当时的大多数计算机都难以胜任。

乔布斯试图通过合作伙伴打开软件的销路，他想到了 Adobe 公司。Adobe 公司的 CEO 乔恩·沃诺克（John Warnock）之前在施乐帕洛阿尔托研究中心工作（好吧，又是这个神奇的地方），离开施乐后创立 Adobe，从事桌面印刷领域使用的页面描述语言 PostScript 的研发与销售。此前，因为 Adobe 授权苹果使用 PostScript 的合作，乔布斯与沃诺克成为了不错的朋友。

乔布斯希望将皮克斯在计算机图形学方面的技术与 Adobe 公司桌面出版领域的积累结合起来，但与 Adobe 公司的会谈无果而终。沃诺克本人看不出皮克斯的技术在实际应用中有什么好的前景。

沃诺克评价说："主要原因在于，高度复杂的三维动画技术还没有足够大的市场。这是一个很难很难的技术，艺术家们还不知道该如何驾驭它。三维动画需要不同领域的智慧。三维动画的作者必须同时是一个小说家、一个摄影师、一个雕塑家、一个艺术家和一个数学家，他还不得不自己设计算法和程序。"

是的，正如沃诺克所说，三维动画技术太复杂了。要制作一部真正意义的电脑动画长片，不但需要等待技术的突破，更需要等待艺术家们真正驾驭三维动画创作的那一刻。

皮克斯的技术先驱们一直在努力，一直在等待一鸣惊人的那一刻。

但乔布斯快要等不下去了。他自己投在 NeXT 和皮克斯的钱每月都在飞速流失。对此，史密斯和卡特穆尔心知肚明，但没有办法，动画双雄的心里只有高难度的技术，却没有赚钱的法门。每次公司现金告罄，两个人都会厚着脸皮去找乔布斯要钱。

看来，皮克斯对于乔布斯来说，又是 NeXT 之外的另一个深渊。

创收乏力的 NeXT 和皮克斯正拖着漂泊中的乔布斯滑向深渊，没人知道何时是个尽头。

玩具突围

当皮克斯的硬件和软件产品销售困难，资金链就要断裂时，乔布斯几次想关闭拉塞特所在的动画小组。硬件和软件部门虽然赔钱，但好歹有收入，拉塞特所在的动画小组除了拍几部用于广告宣传的短片外，一分钱也

图 33 卡特穆尔、乔布斯和拉塞特

赚不到。

当时的乔布斯没有意识到，最终拯救皮克斯，拯救乔布斯，从某种意义上说也拯救了后来的苹果的，正是这个创作动画短片的艺术家小组。

1990 年夏天，皮克斯的老合作伙伴迪士尼终于向皮克斯伸出了橄榄枝。卡森伯格亲自通知卡特穆尔，表示愿意给皮克斯一个机会，看双方能不能合作拍摄几部真正意义上的电脑动画长片。

为什么曾经对三维电脑动画嗤之以鼻的动画电影大佬突然又对皮克斯青睐有加了呢?

究其原因，主要还是拉塞特创作的几部动画短片打动了卡森伯格。

那是几部足以彪炳动画技术史册的精彩短片。

之前说过，拉塞特的第一部三维动画短片《安德鲁和威利冒险记》就已经在 SIGGRAPH 会议上赢得了满堂彩。利用史密斯和卡特穆尔他们研发的未来科技，拉塞特把计算机当做画笔创作动画短片的激情愈发高涨。1986 年，他主持拍摄了里程碑式的作品《顽皮的跳跳灯》(*Luxo Jr*)。

《顽皮的跳跳灯》用独到的三维动画语言，为两盏普通的台灯赋予了生命和情感。在短片里，台灯“孩子”欢乐地追逐、冲顶、踩踏着一只皮球，一直到皮球瘪掉为止。而台灯“父亲”守在一旁，慈爱地看着顽皮的孩子。他试图劝“孩子”安静一会儿，却又无可奈何。

《顽皮的跳跳灯》在 SIGGRAPH 会议放映时，人们被惊呆了。其惊讶程度丝毫不亚于第一次看到《星球大战》。短片把台灯的金属光泽和皮球的塑料质感塑造得惟妙惟肖，更神奇的是，一大一小两只台灯的光影效果极其逼真，远远超出了人们当时对计算机图形学的想象力极限。

最终，《顽皮的跳跳灯》获得了奥斯卡最佳动画短片奖的提名，这也是皮克斯的三维动画技术第一次为电影圈和大众所知。跳跳灯的形象成了

图 34　顽皮的跳跳灯是皮克斯的标志，也是公司园区里的著名景观

皮克斯工作室商业标识的一部分。每次坐在电影院里，当银幕上出现那只可爱的跳跳灯时，我们就知道，这又是一部皮克斯的大作了。

在艺术创作上连战连捷的拉塞特再接再厉，1988 年完成的《小锡兵》（*Tin Toy*）更是一举拿下了奥斯卡最佳动画短片奖。

正是《顽皮的跳跳灯》和《小锡兵》这样把完美的艺术创作和魔幻的电脑技术结合在一起的作品，才真正吸引了迪士尼电影大亨们的目光。如果没有拉塞特的艺术创作，也许史密斯和卡特穆尔他们搞出来的未来科技，会在实验室里沉睡更多的年头。

尽管在拉塞特等艺术大师的眼里，乔布斯是一个不懂艺术的门外汉。但乔布斯还是注意到了这些三维动画短片的价值。如果连卡森伯格这样的大腕儿都认可这些短片的价值，这是不是说，皮克斯的最核心价值其实不是那些冷冰冰的电脑硬件，而是这群掌握了未来科技，同时拥有天才艺术头脑的动画师呢?

乔布斯意识到，也许迪士尼的邀请是皮克斯实现转型的一个好机会。从动画双雄在纽约理工学院创建这个计算机图形学团队开始算起，已经 15 年过去了。如果一家创业公司这么久还没有找到自己的价值所在，那真的到了该转型的时候了。

当年，乔布斯在卢卡斯影业看到这些未来科技的时候就下过断语，说未来的动画电影必将由三维电脑动画来实现。但那时的乔布斯并没有真正想过，最终拍摄地球上第一部三维动画长片的任务会落到这个小团队的肩膀上。现在，经历过太多失败的乔布斯似乎明白了一个最简单的道理——如果皮克斯创造的未来科技没有人懂得如何使用，那么，就让皮克斯来走出这第一步吧。

“皮克斯公司的任务是拍摄真正的电影。”乔布斯下定了决心，“我们要拍出世界上第一部电脑动画电影。这部电影要完全由电脑制作，包括其中的场景、人物等所有一切。”

乔布斯、卡特穆尔和拉塞特一起来到位于洛杉矶的迪士尼总部大厦，开始与迪士尼高层就动画长片的拍摄展开艰苦的谈判。

在 IT 界，乔布斯是呼风唤雨的人物，但在电影界，乔布斯只是一个没有任何资历的外来者。

这时，真正的电影大亨——卡森伯格，就一脸傲慢地坐在乔布斯他们对面。

“我得先讲清楚，”卡森伯格一上来就先声夺人，“如果你们想与迪士尼谈判，那么，你们就必须和我来谈判。”

“我个人已经为皮克斯投入了超过 5000 万美元，”乔布斯试图表现得和卡森伯格一样强硬，“尽管经营困难，但我绝不会轻易放弃。我们同意为迪士尼制作电影，但你们别想得到皮克斯的专利技术。而且，皮克斯要分到 30% 的票房。”

“这不可能。”卡森伯格说，“有关版权和票房分成，我们之间没有讨论的余地。如果你们不接受，那就再见好了。”

在电影大亨的强势面前，乔布斯服软了：“那么，少一点儿也不行吗？”

“10%，最多 15%，取决于票房成绩到底如何。”卡森伯格说，“但迪士尼必须拥有影片的版权，也就是说，迪士尼如果对皮克斯不满意，今后可以选择与其他公司合拍续集。”

“好吧。”乔布斯无奈地答应了苛刻的条件。

关于影片的制作经费，全无电影投资经验的乔布斯首先报出了价码：“我们想要2200万美元的制作费。”

“这不可能。”卡森伯格面无表情地说，“我们从没为动画片开出过这么高的预算，这之前，没有哪部影片的经费高过1500万。”

“1500万？”乔布斯觉得，这砍价也砍得太凶了些。

“好吧，”卡森伯格说，“鉴于我们之间长期的合作关系，给你们破个例，1700万美元。”

一向狂妄的乔布斯这一次不得不在电影大亨面前低头。他们勉强同意了。皮克斯与迪士尼签订拍摄三部动画长片的合同。

没多久，乔布斯他们就发现自己被卡森伯格彻底忽悠了。事实上，迪士尼当时一部动画片的预算少说也在3000万美元上下，当时正在拍摄的动画片《美女与野兽》实际花费是3200万美元！

无论如何，合同已经签了。只要能如期拍出电影，皮克斯至少有了起死回生的契机。可是，该拍一部何种题材的动画长片呢？

拉塞特自己最喜欢的动画题材是反映家庭或朋友间的爱和帮助，展示主人公从稚嫩到成熟的整个成长历程。这也成为了皮克斯选择每一部影片主题的一贯思路。拉塞特后来说：

“就像皮克斯自己所经历过的成长历程那样，皮克斯的电影总是在追寻同一个主题：自我成长。在朋友或家人的帮助下，故事主角在真实世界中历险，学习如何与朋友和家人相处。最重要的是，电影故事总是关于这个主角的成长和转变的。”

既然之前拍过《小锡兵》这样以玩具为题材的短片，那么，为什么不能用玩具作为主人公，讲述玩具朋友之间互爱、互助的成长故事呢？

1991年，拉塞特写出了《玩具总动员》的剧本。

看过《玩具总动员》的大人孩子，没人忘得掉牛仔胡迪和巴斯光年。两个玩具互相帮助、一起成长的故事在1995年一上映就震撼了世界。当然，除了好看的故事外，真正的三维电脑动画也让所有人大饱眼福。

图 35 牛仔胡迪和巴斯光年

仅仅是牛仔胡迪的三维建模，就有 723 个活动关节，可以在程序指挥下自如模拟各种动作。这在以前是无法想象的。凭借出色的故事和精湛的技艺，《玩具总动员》获得了 1996 年奥斯卡最佳动画长片提名和奥斯卡特别成就奖（Special Achievement Award）。

看到《玩具总动员》的成功，局外人不会想到，在电影背后竟然是长达 5 年的艰辛。从 1991 到 1995 年，乔布斯在 NeXT 和 Pixar 两处深渊里挣扎，眼看着投资一点点化为泡影，惟一的希望，就是盼着与迪士尼合作的这部动画长片能早日问世了。

1991 年，《玩具总动员》的 30 秒示例镜头和剧本初稿得到了迪士尼高层的赞许。为了保证影片质量，迪士尼专门派资深电影人参与影片制作。但这毕竟是第一次拍摄三维电脑动画长片，皮克斯在技术和艺术两方面都遇到了重重困难。卡特穆尔集中精力改进软件和特效技术，拉塞尔则夜以继日地推敲人物、情节和每一帧画面。

拉塞特此前并没有剧本创作的经验。因此，仅故事一项，反复修改就耗去了太多的时间。无论拉塞特怎么改进故事情节，迪士尼的专家们就是不满意。时间拖得越长，乔布斯就越绝望，他似乎又看到了苹果和 NeXT 曾反复出现过的，产品因技术太超前而迟迟不能发布的怪圈。

直到 1993 年 7 月，《玩具总动员》的剧本才最终确定下来。拉塞特的小组开始在电脑上绘制动画。影片使用了最强悍的 Sun 和 SGI 图形工作站。即便如此，每渲染一帧也要花上个把小时。整部影片有几十万帧需要渲染。为了加速渲染过程，大家把许多台工作站组成集群并行工作。

就在影片拍摄了 10 个月后，迪士尼再次对剧本提出了异议。卡森伯格甚至威胁拉塞特说，如果不改好剧本，就终止合同。1994 年 4 月，重压之下的拉塞特终于拿出了迪士尼满意的剧本，拍摄工作得以继续进行。

虽然亲临皮克斯现场的时间很少，但乔布斯对《玩具总动员》的拍摄非常关心。他总是指手画脚，不断对工作人员提出自己的建议。每看一段样片，乔布斯就会对拉塞特说：

“这里不够吸引人，需要删掉。那里要加快节奏。”

拉塞特碍于乔布斯是老板，只好唯唯诺诺地敷衍。但实际上，他觉得，乔布斯的建议实在太外行了，没有一句是靠谱的。

包括拉塞特在内的皮克斯动画师们后来总结说：“乔布斯这个人，真的没有影片鉴赏能力。”

最后完成的《玩具总动员》由大约 11 万帧全部用电脑渲染的三维画面组成，这些画面整整填满了 1000 张光盘。即便如此，影片的制作成本也要比迪士尼传统的二维动画片便宜得多。要知道，迪士尼有几百名动画师，完成一部影片平均需要 75 名动画师。而皮克斯只有 27 名动画师，绝大多数工作量都是由电脑承担的。

虽然在电影创作方面插不上手，但在电影临近首映时，乔布斯还是可以发挥自己出色的营销天分。他就像在苹果推敲 Macintosh 发布会的所有细节那样，对电影海报、电影预告片和广告牌的设计，电影的发布日期，玩具、唱片等电影周边产品的销售计划详加斟酌，与皮克斯和迪士尼的市场营销人员反复讨论。

后来，几乎每一次皮克斯的新片出炉，乔布斯都会亲自参与电影的营销计划。其参与程度之深，给一位《时代》周刊记者留下了深刻印象。“他详细审查时间计划，”那位记者回忆说，“就像一个律师精心研读法典一样。”

1995 年 11 月 22 日，千呼万唤始出来的《玩具总动员》正式上映，成功地收获了大约 3.5 亿美元的全球票房。

借着《玩具总动员》的强大声势，皮克斯公司于 1995 年 11 月 29 日正式上市。乔布斯的投资终于有了回报。几天内，皮克斯股价从开盘时的 22 美元迅速上涨到 50 美元，乔布斯自己也从快要倾家荡产的境地重新变成了身价亿万的富翁。

乔布斯本人是这样评价《玩具总动员》的：“我们相信，这部电影是自 60 年前迪士尼拍出世界上第一部动画长片《白雪公主》以来，动画片领域最长足的进步。”

目标迪士尼

《玩具总动员》后，皮克斯在三维动画领域的创作潜能被全部释放了出来，从此一发而不可收，以每一两年一部大片的速度，拍摄了十儿部脍炙人口的动画盛宴。其中，光是获得过奥斯卡奖（不包括获得提名和获得特别成就奖的影片）的影片就有《怪物公司》《海底总动员》《超人总动员》《料理鼠王》《WALL－E》《飞屋环游记》和《玩具总动员 3》等。

虽然电影创作一帆风顺，但 2003 年前后，皮克斯和迪士尼之间的合作还是出现了麻烦。在分成和版权方面，乔布斯想获得一份对皮克斯更有利的合作协议，但埃斯纳一直不同意。两家公司之间的谈判断断续续。2004 年 1 月，乔布斯单方面终止了谈判。

乔布斯公开贬低迪士尼在影片拍摄方面的贡献，他说：“事实上，迪士尼公司多年来很少与我们在电影拍摄的技术层面开展合作。大多数合作仅限于电影的市场发行，而非电影拍摄。”

乔布斯甚至宣称，皮克斯的品牌影响力已经超过了迪士尼：“现在的动画电影界，皮克斯才是最有影响力，也最值得信任的品牌。皮克斯的电影比迪士尼的电影更能让影迷信服，对影迷更有意义。”

迪士尼公司的公关发言人则予以公开回击：“乔布斯的这些言论很不合时宜。他的说法令人遗憾。他不但攻击侮辱迪士尼公司，还在谈判破裂后损害迪士尼的名声。我们希望乔布斯好自为之。”

事实上，因为皮克斯开创的三维电脑动画技术的兴起，动画电影正全面向三维动画倾斜。当时，皮克斯的电影为迪士尼带来的利润已经占到了总利润的45%以上。乔布斯和埃斯纳之间的纷争从某种意义上说，直接影响到了动画电影产业的未来。甚至连当时身为美国副总统的戈尔也试图出面调停皮克斯和迪士尼之间的分歧。

迪士尼和皮克斯两个动画巨头之间的决裂只有一个结果，就是两败俱伤。如果分道扬镳，迪士尼将失去巨额收入，而皮克斯也将失去最好的发行平台。

迪士尼的股民和董事会不干了，他们不能坐视埃斯纳因为所谓的分成和版权问题而置两家公司的战略合作于不顾。在迪士尼家族的罗伊·迪士尼（Roy Disney）的带领下，股民和董事会发起了“拯救迪士尼”活动，逼迫埃斯纳下台。2005 年 9 月，埃斯纳辞去了迪士尼董事会主席和 CEO 的职务。

赶走了埃斯纳，迪士尼和皮克斯的合作重又被提上了议事日程。更加理性的迪士尼管理团队向乔布斯发出了更加善意的邀请，而这一次的邀请不是普通的合作关系，而是公司合并！

2006 年 1 月 24 日，迪士尼公司正式对外宣布，用大约 74 亿美元的价格收购皮克斯公司。因为这桩交易，乔布斯一跃成为了迪士尼最大的个人股东，并进入了迪士尼的董事会，真正成了电影圈里举足轻重的人物。

从 1985 年被苹果驱逐算起，到 1996 年年底重返苹果，乔布斯在这 12

年间做了两件事，一是创立了 NeXT 公司然后被苹果收购，一是收购了皮克斯公司并最终被迪士尼收购。头一件是彻头彻尾的失败，后一件却是在屡败屡战后的终成正果。

如果说，NeXT 为乔布斯留下的最大遗产是失败的体验和走向成熟的过程，那么，皮克斯为乔布斯留下的最有价值的东西，也许就是对技术与艺术关系的思考了。

拍动画电影给乔布斯带来了和研发电脑完全不同的体验。乔布斯在一次采访中总结说："电脑产业里，每件产品都注定会在几年、十几年后成为历史的积淀，被新产品所替换。而动画产业则完全不同。皮克斯正把它所创造的东西注入到一种可持续更新的文化中，每一代孩子都会用新的眼光来观看皮克斯的动画片。《白雪公主》最近刚通过录像带发售，卖了差不多 2000 万份拷贝。要知道，《白雪公主》已经快 60 岁了。我想，60 年后，人们会像今天看《白雪公主》一样看《玩具总动员》的。一部好电影会被人们看上 60 到 100 年，这真是一件神奇的事情。"

就像皮克斯善于用创新的电脑技术拍摄观赏性强的动画片一样，技术可以释放艺术的潜力，艺术反过来也可以让技术更加可爱，更加与众不同。虽然乔布斯本人被皮克斯的艺术家们批评为没有艺术鉴赏力，但他的确是这个地球上把工程视角、艺术品位以及大众需求结合得最好的一个人。

乔布斯很早就懂得技术与艺术相结合的道理。1982 年，他带领整个 Macintosh 团队去参观路易 · 蒂芙尼（Louis Comfort Tiffany）的艺术作品。路易 · 蒂芙尼是珠宝大亨查尔斯 · 蒂芙尼（Charles Lewis Tiffany）的儿子，一生致力于用高超的艺术技巧设计彩色玻璃或马赛克镶嵌拼接而成的唯美工艺品。路易 · 蒂芙尼的艺术追求与乔布斯对艺术的理解殊途同归：好的技术产品应该有最好的艺术设计，而好的艺术品也应该为普罗大众所拥有和使用。

看一看苹果公司在乔布斯回归后的那些有如神助的绝美工业设计吧：从 iMac 透明的彩色机壳，到 MacBook Air 轻薄的金属机身，从 iPod 的动感音乐造型，到 iPhone 和 iPad 简约主义的流畅线条……谁又能真正说清楚，这些产品究竟是卓尔不群的高新科技，还是美轮美奂的艺术设计，抑或是时尚流行的消费元素？

甲骨文公司的拉里·埃里森是这样评价乔布斯的：“他有一个工程师的头脑和一颗艺术家的心灵。”

06 凤凰涅槃

——只有乔帮主能救苹果

濒临绝境

现在，让我们再次回到本书的开头。

1997 年夏天，重新回到苹果的乔帮主被董事会任命为临时 CEO。

我们已经知道，那时的乔帮主差不多是这个星球上最纠结的人。一方面，苹果内忧外患，濒临破产；另一方面，曾被苹果无情抛弃的乔帮主，在 12 年的漂泊后依然痴心不改，钟爱着苹果。

就算乔帮主是神，在 1997 年夏天，他也不过是个刚刚与昔日“恋人”破镜重圆，却对未来充满迷茫，进退维谷的神。

1997 年，硅谷编辑迈克尔·墨菲（Michael Murphy）说：“苹果无论如何都需要一个救星，这个人必须同时是伟大的管理者、预言家、领导人和政治家。惟一称职的人，也许就是耶稣，不过他在 2000 年前已经被钉在十字架上了。”

西部数据（Western Digital）公司 CEO 查尔斯·哈格蒂（Charles Haggerty）则揶揄说：“苹果还有救，但你得把上帝请来。”

但我们也已经知道，在那之后的 10 年里，苹果经历了一个神妙奇幻、举世瞩目的复活历程。如果接连出现在世人面前的 iMac、iBook、iTunes、iPod 等神奇产品还不足以撼动整个世界，那么，2007 年，距乔布斯回归整整 10 年后，苹果直接“砸”在这个星球上的 iPhone 手机，就是那枚宣告乔帮主重新君临天下的重磅炸弹。

2010 年 5 月，苹果超越微软，成为地球上市值最高的科技公司，无可争议地回到了 IT 霸主的宝座上。

真的，也就是 10 年的时间，乔帮主做到了只有上帝和耶稣才能做到的事。

问题是，他是怎么做到的？

苹果是一家以乔布斯的回归为分水岭的神奇公司。

乔布斯回归前，苹果的常态是隔三岔五地炒掉自己的领导人；乔布斯回归后，苹果的常态是隔三岔五地发布震惊世界的产品。

1981 年，苹果请来的第一个职业经理人迈克·斯科特用黑色星期三大裁员为自己的苹果之路画上了惨淡的句号。1985 年，Macintosh 销售危机让 CEO 和创始人反目成仇，乔布斯被斯卡利驱逐。可乔布斯的离开并没有改变苹果 CEO 的悲催命运。除乔布斯以外的苹果历任 CEO 里，其实斯卡利还算得上是命最好的一位。

乔布斯离开后，斯卡利在技术上更多依赖来自施乐的两位计算机科学家——阿兰·凯和拉里·特斯勒。在产品销售上，斯卡利除了继续保持苹果在教育市场的主导地位，也尝试向出版、设计等专业领域扩张。

1989 年 9 月发布的 Macintosh Portable 便携机，似乎给委靡不振的 Mac 电脑注入了一针强心剂，销售形势一度复苏。1991 年 10 月，苹果发布真正意义上的笔记本电脑 PowerBook，拉动苹果电脑的市场份额小幅回升。从 1989 年到 1991 年这段时间，虽然在正面战场不能和微软、IBM 阵营抗衡，但斯卡利还是凭着出色的迂回战略，把苹果带入了自 Apple II 王朝之后的又一个黄金时代。

看着公司小有起色，斯卡利开始飘飘然起来。他觉得，即便没有乔布斯，他斯卡利也可以做一些乔布斯曾经做过的，用技术改变世界的“大事业”。

斯卡利很快发现了“改变世界”的机会。苹果工程师史蒂夫·萨科曼（Steve Sakoman）正在研制一款只有一本书大小的电脑。斯卡利眼前一亮：如果当年乔布斯和沃兹把电脑变成一个纸箱子大小就足以改变世界，那么，我斯卡利如果能把这款书本样大小的电脑推向市场，不就比乔布斯更伟大了？

斯卡利安排苹果研发中心 ATG 的创建者拉里·特斯勒负责这个项目，还给这款书本大小的产品取了一个科学家的名字——牛顿（Newton）。

1992 年 1 月，在拉斯维加斯的美国消费电子展（CES）上，斯卡利在讲台上学着乔布斯当年的模样，向公众隆重介绍了牛顿的产品概念。斯卡利把这种全新的产品概念称为个人数字助理（PDA）。

站在讲台上，斯卡利兴奋莫名。他激动地告诉大家，PDA 将彻底改变人们对电脑的理解，也将开创一个全新的市场。在不远的将来，人们可以利用这些体积小巧，甚至可以塞进口袋的电脑，随时随地连接网络，处理个人事务，或者办公、听音乐、玩游戏、看电影。斯卡利还声泪俱下地作出了一个也许会让自己后悔一辈子的极品预言：

“PDA 所开创的市场，在不远的将来，将达到 3,500,000,000,000 美元的规模！”

没错，我们没有听错，也没有数错。斯卡利说的是一个 3.5 万亿美元的天文数字！

从某种意义上讲，斯卡利的预言并没有错。他所发明的 PDA 概念在几年后由一家名为 Palm 的公司发扬光大，生产出了销路不错的 PDA 电脑。但 Plam 只红火了几年，PDA 的概念就被智能手机所涵盖。黑莓（BlackBerry）等智能手机的兴起让 PDA 渐渐淡出了人们的视线。又过几年，风水转回苹果。无论是惊世骇俗的 iPhone，还是头一年就卖出 1000 万台的 iPad，骨子里其实都残存着一些 PDA 的遗迹。

斯卡利的错误在于，他在一个不正确的时间，用了一个不知所云的天文数字，试图预言一个根本就不属于自己的机遇。牛顿上市后的惨淡业绩和斯卡利信誓旦旦预言的 3.5 万亿市场规模相差实在太远，以至于公众和媒体无论如何也无法相信斯卡利是个头脑清醒的人。

《商业周刊》撰文嘲笑斯卡利所吹嘘的 PDA 市场只是一个虚无的泡影：“PDA 所代表的也许并不是‘个人数字助理’（Personal Digital Assistant），而是‘多半会再次悲剧’（Probably Disappointed Again）。”

1992 年后，PC 阵营越来越强，Mac 在图形用户界面方面的优势逐渐被微软的 Windows 赶上，苹果重又跌入低谷。困境中的斯卡利甚至想过把公司卖给 IBM 或 AT&T，但合作谈判都无疾而终。

1993 年，苹果裁员 2500 多人，整个公司薪水冻结，又一个冬天降临。在苹果，这通常预示着，又有一位领导者必须为此付出代价。

6 月，斯卡利被解除了 CEO 职务，内部提拔的迈克尔·斯平德勒（Michael Spindler）成为新任苹果掌门。

斯平德勒是个身高体壮的德国人，因为可以连轴工作不休息，人送外号“内燃机”。可勤勉不一定代表有才，拼命往往是无能的同义词。斯平德勒也许懂些产品和销售，但几乎不懂什么技术，对管理和运营也笨手笨脚，常常顾此失彼。他还不喜欢像乔布斯那样在媒体和公众面前展示个人魅力，反倒是一遇到棘手的事情就浑身哆嗦，一站到讲台上就背脊出汗。

斯平德勒当苹果 CEO 的几年里，微软借助 Windows 95 正式宣告了苹果在电脑大战中的败局。IBM、英特尔和微软阵营毫无争议地胜出，个人电脑的发明者苹果只能龟缩在 7% 上下的一小块市场份额里苟延残喘。

1995 年，单单最后一个财季的亏损就达到 6900 万元。1995 年，全公司 45 位副总裁里就有 14 位离职，更多的高管在为自己的将来作打算。1996 年 1 月，斯平德勒不得不再次挥舞起裁员的利刃，1300 多名员工离职。

在苹果目睹了这一切的李开复评价说：“那时的苹果是一家失去灵魂的公司。乔布斯离开了公司，灵魂也就丢失了。惨不忍睹的财务报表，一项项有用的创新无法推向市场，多年的心血付诸东流，这伤透了苹果人的心。裁员的时候，很多员工都是流着泪离开的。”

风雨飘摇中，斯平德勒看似强壮的身体也最终垮了下来。心脏病和焦虑症折磨得他苦不堪言。同事们亲眼见过他在痛苦时两手抱头钻到桌子下面的场景。1996 年 1 月，斯平德勒因为心脏病入院，医生向他发出了最后通牒：要么辞掉 CEO 的职务好好休息，要么在忙碌中等待心脏破裂的那一天。

斯平德勒掌舵的这段时间里，苹果也曾试图复制 IBM PC 的兼容机模式，授权一些电脑商生产 Macintosh 克隆机。但这努力为时已晚，克隆计算机不但不能帮助苹果扩大市场份额，反而转过来蚕食苹果自己的领地。

1996 年 2 月的《商业周刊》这样点评苹果在个人电脑市场中的处境："这一次，苹果失去了某些难以挽回的东西——那种使 Macintosh 卓尔不群的，曾领先时代的创新科技。数百万苹果用户还在坚持为苹果辩护，说 Macintosh 仍比普通 PC 机更出色。但是，微软不遗余力地改进 Windows，以至于今天大多数新的电脑买家已经看不出 PC 和 Mac 有什么不同——除了苹果电脑更贵以外。"

Sun 公司在那时已经虎视眈眈，妄图吞并苹果。从 1994 年 9 月开始，斯平德勒和 IBM 及 Sun 展开了认真的收购谈判，但最终都因为价格原因没有谈拢。

1996 年 1 月 23 日的股东大会上，股东们集体要求斯平德勒辞职。马库拉还在言不由衷地为斯平德勒辩护："董事会完全支持斯平德勒。"但就在几周后，董事会正式解除了斯平德勒的职务。那次董事会上，一位董事不顾斯平德勒严重的心脏病，激动地指着他说："斯平德勒先生，到了你走路的时候了。"

赶走斯平德勒，董事会请来的"救火队员"就是本书第一章的主角吉尔·阿梅里奥。和斯科特一样，阿梅里奥也来自国家半导体公司。从 1996 年 2 月走马上任，到 1997 年 7 月被乔布斯取代，阿梅里奥的苹果 CEO 生涯持续了大约 500 天，是苹果历任 CEO 中最短的一位。

图 36　"救火队员"吉尔·阿梅里奥

500 天的"救火"经历就像一出戏，其间的波折起伏扣人心弦，但只一晃就匆匆结束。在后来的不少评论者眼中，阿梅里奥就像一个本领低微且不识时务的跳梁小丑，在 500 天的 CEO 经历里扮演的完全是为乔布斯回归跑龙套的角色。

实事求是地说，阿梅里奥在这短短的500天里，还是兢兢业业地做了一个“救火队员”该做的事情。他重新制订了苹果的战略计划，千方百计地节省开支，大规模裁撤缺少战略价值的产品，努力和微软等业界巨头搞好关系……如果看一看乔布斯成为临时CEO后所做的一切，人们也许会问，阿梅里奥在乔布斯回归前不也做了同样的事情吗？为什么乔布斯成功了，而阿梅里奥失败了？

有时现实就是这样残酷。即便做同样的事情，如果方式和风格不对，结果可能截然相反。阿梅里奥绝不是懒惰、愚蠢的CEO，只不过，他的行事风格与苹果的DNA格格不入，这直接注定了他500天后的悲剧结局。

上任当天，新CEO阿梅里奥就找到了当时负责公司最前沿的互动多媒体部门的李开复。听说当天互动多媒体部门要召开员工大会，阿梅里奥坚持要求参加，并让李开复把会议的最后15分钟留给自己。

面对李开复的团队，阿梅里奥满怀信心地说：“不必担心，这家公司的境况比我以前从鬼门关里救回的那些公司好多了。给我100天，我会告诉你们公司的出路在哪里。”

李开复团队里一位名叫霍华德·格林（Howard Green）的经理举手问阿梅里奥：“那么，在最初的100天里，我们必须做些什么呢？”

阿梅里奥的回答是：“保持现金流健康运转。”

没错，保持现金流健康运转，这不但是所有濒临绝境的公司都必须解决的第一要务，也是对一个新任CEO的起码要求。但苹果当时的病根是创新精神的缺失，对于这个根源问题，阿梅里奥可没有什么好办法。

陪同阿梅里奥走出会议室的时候，李开复问阿梅里奥感觉怎么样。阿梅里奥傲慢地说：“苹果真是没有纪律，一点儿也没有。”

这番话让李开复莫名惊讶。阿梅里奥的自负、傲慢和隐隐露出的等级观念，都和苹果传统的技术文化背道而驰。阿梅里奥甚至要求李开复称呼他为“阿梅里奥博士”，这和大多数科技公司的员工彼此直呼其名的做法大相径庭。对这位苹果请来的大救星，李开复多了一分担忧。

接掌苹果大权的阿梅里奥一开始就抱怨苹果缺乏战略方向，他说：

“苹果从来都没有过关于企业战略的正式描述。”

于是乎，阿梅里奥和自己带来的“智囊团”开始设计所谓的“战略计划”，却很少倾听苹果员工的想法，整个计划完全是纸上谈兵。100 天后，当他把一整套战略计划抛出来时，没有人理解，也没有人支持。就算有人曾经对这位“救火队员”心存幻想，这个时候也早就掉头而去了。

在苹果现金流紧张，全公司节约开支的情况下，阿梅里奥竟然为自己装修了一个套间作为 CEO 办公室，里面还有私人的洗手间。这样，他就不用出来抛头露面，可以整日一个人待在办公室里当他的“孤家寡人”了。

除了无视苹果员工的建议，无法融入苹果的 DNA，阿梅里奥对苹果的品牌价值也没有清醒的认识。当时，Mac 电脑质量问题多多，连苹果传统的优势领域——学校都开始考虑转换到 Windows 平台。一些使用苹果电脑办公的大客户更是纷纷投向 PC 阵营。

有一次，苹果当时的董事会成员，华人企业家张镇中（Gareth Chang）急匆匆地打电话给阿梅里奥：“耐克公司正打算放弃 Mac，换用 Windows 电脑。你得赶快给他们送一台最新的 PowerBook 3400 去，让他们看看，新的 Mac 电脑有多强大。”

张镇中同时希望，阿梅里奥能像以前的乔布斯那样，亲临耐克这样的大客户现场，用鼓舞人心的演讲重新拾回人们对苹果品牌的信心。

但在阿梅里奥心里，一家公司将几台办公用的计算机换成 Windows 电脑，并不是什么了不起的大事，不至于烦劳他 CEO 大人亲自跑一趟。他拒绝了张镇中的要求，也同时失去了重塑苹果品牌的机会。

公司业绩继续下滑，阿梅里奥老兄不从自己身上找原因，反倒是将矛头指向了员工。除了继续大规模裁员以外，他还在一次全体员工大会上指着所有员工说：“该死的！拜托，你们别再让我为难了，好吗？”

1996 年 6 月，实在无法忍受阿梅里奥糟糕管理的李开复辞掉了苹果副总裁的职位，就这样与当年年底回归的乔布斯擦肩而过。阿梅里奥来的时候，公司有 40 多位副总裁。500 天后，其中只有不到 20 位还留在苹果。

被苹果解雇的阿梅里奥在 1998 年出版了一本回忆录，书名叫《火线 500 天》（*On The Firing Line：My 500 Days at Apple*）。在这本书里，阿梅里奥将自己被迫离开苹果的主要原因归结为乔布斯回归后为夺回 CEO 大权，联合甲骨文的拉里·埃里森等人所实施的一系列“阴谋”。阿梅里奥在书中说：“史蒂夫·乔布斯对待我的方式让我懊恼，虽然我已经走出了这个阴影，但我永远忘不了所受的伤痛。对乔布斯来说，也许回到苹果并夺回权力可以让他心里因为 1985 年被驱逐而留下的坚冰最终融化吧。”

阿梅里奥的这一论调遭到了绝大多数当事人的质疑，他在书中所列举的许多事例都有刻意夸大、扭曲或编造的成分。一位亲历过阿梅里奥离职事件的苹果前董事对笔者说：“阿梅里奥那本书里，都是谎言。”

当然，阿梅里奥的 500 天也并非一无是处。至少，他做了三件足以决定苹果历史的事情。

第一件，阿梅里奥入主苹果后，通过裁撤项目和削减开支，多少改善了苹果糟糕的财务状况，还请来了一位能干的 CFO 弗雷德·安德森。这些举措，至少将苹果从悬崖边缘拖了回来，避免苹果迅速走向崩溃。

第二件，阿梅里奥在与 Sun 公司继续收购谈判时，果断拒绝了 Sun 公司落井下石式的低报价，并基本打消了卖掉苹果的念头，把全部精力放到拯救苹果上来。试想，如果当年的阿梅里奥说服董事会低价抛售苹果，那今天的一切不都成了幻影？

第三件，阿梅里奥在苹果发生软件危机，决定外购操作系统的时候，并没有因为乔布斯与苹果高层间曾经的裂痕，而将 NeXT 公司排除在外。如果 NeXT 没有被苹果收购，乔帮主的回归也许就要再拖上一两个年头，而没有了乔帮主，苹果是不是能挨过这一两个年头，恐怕谁也说不清楚。

一位苹果前副总裁是这样评价乔布斯回归前这三位 CEO 的：“斯卡利其实做得非常好。在斯卡利的领导下，苹果的年收入从十几亿美元增长到近百亿美元。不少苹果员工都很喜欢他。但是，斯卡利的短处在于他不善于预测产业趋势，不懂得用人，也不善于当机立断。斯平德勒是个非常糟糕的 CEO，他懂些销售，但在管理、技术和产品上糟糕透顶。阿梅里奥是一个传统、老式的 CEO，他终止了一些项目，改善了财务状况，还收购了 NeXT 公司，一定程度上阻止了大船迅速沉没。但他无力拯救苹果。他的风格决定了他无法调动起苹果的全部潜能。”

无论如何，1997 年乔布斯决定出任苹果临时 CEO 时，这三位前任留下的就是这么一个烂摊子：股价滑落低谷，市场份额持续下降，内部产品线混乱芜杂，战略方向模糊不清，主打产品故障频出，员工人心惶惶，外部强敌环伺……

1997 年 10 月，临时 CEO 乔布斯宣布苹果第四财季亏损达 1.61 亿美元，整个财年的收入只有 71 亿美元，下滑了 28%。

帮主已经回归，大船仍在漏水。

让我们来看一看，乔帮主究竟做了些什么，才最终实现了苹果的惊天大逆转。

四格战略

出任苹果临时 CEO 的第一个月里，乔布斯处于一种极度忙碌和闭关“冥想”相互交织的状态。白天逐一跟每个产品小组谈话，彻底调查每个项目，晚上就把自己关在办公室苦苦思索，一个月里连家都没怎么回。

禅宗高僧常常用闭关静思的方法寻求顿悟。乔布斯这一个月的苦修所寻求的，其实只是一个突破口，一个为伤痕累累的苹果重新注入生机的突破口。

从华山思过崖走出来的令狐冲得到了风清扬的指点，出手就是一套无敌于天下的独孤九剑。从办公室“冥想”里走出来的乔布斯，似乎并没有得到过哪位前辈高人的指点，却拿出了一套立竿见影的战略决策法——四格战略。

乔帮主首先告诉董事会和苹果管理层：“问题就出在产品上！公司的产品，实在是太糟糕了！”

那么，苹果需要什么样的产品，不需要什么样的产品呢？

乔帮主大笔一挥，在白板上画出四个大格子，构成一个简单的二维坐标系。坐标系一个维度上写着“台式机”（Desktop）和“便携电脑”（Portable），另一个维度上写着“大众消费者”（Consumer）和“专业人士”（Pro-

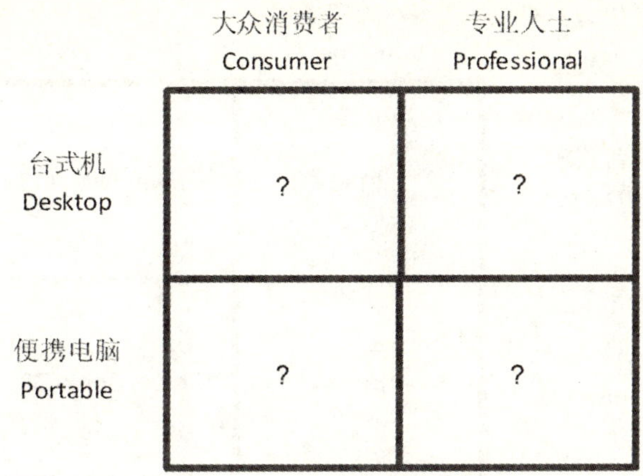

图 37　乔布斯用四格法分析苹果产品战略

fessional)。

两个维度交叉成的四个格里，是留给管理层思考的问号。1997 年，电脑不外是台式机和便携电脑两类，而苹果的目标用户，一类是价格敏感，但也追求时尚的大众消费者，一类是商务、教育、出版、设计等行业里的专业人士。那么，大众消费者需要什么样的台式机和便携电脑，专业人士又需要什么样的台式机和便携电脑呢？

如果在这四个格子里，分别填上一种苹果必须重点关照的主打产品，那么，苹果在未来几年的产品战略就跃然纸上了。

梳理过混乱不堪的苹果产品线后，乔帮主毫不费力地在四个格子里填上了四种产品：

- 专业人士 + 台式机：一种更加强劲的 Mac 电脑，后来发布时，因为使用了 PowerPC G3 处理器，这台电脑被命名为 Power Macintosh G3。
- 专业人士 + 便携电脑：对已有的成功产品 PowerBook 笔记本电脑进行升级，即后来的 PowerBook G3。
- 大众消费者 + 台式机：对于大众消费者，乔帮主希望有一台价格便宜，设计时尚的电脑。不久，这个想法催生出一台色彩缤纷、体积小巧的一体机——iMac。
- 大众消费者 + 便携电脑：这应该是 PowerBook 的低端时尚版，后

	大众消费者 Consumer	专业人士 Professional
台式机 Desktop	iMac	Power Mac G3
便携电脑 Portable	iBook	PowerBook G3

图 38　填好四大主打产品的四格战略

来，正式发布的产品被命名为 iBook。

有了这个再清晰不过的四格战略，乔帮主信心十足地对董事会和管理层说："在未来几年里，苹果绝大多数资源都将投入到这四种主打产品中。凡是不符合这四格战略的软、硬件项目，将被统统砍掉。"

不是每个 CEO 在纷乱的产品线面前都能保持如此冷静、锐利的目光，不是每个管理者在公司陷入绝境时都能拥有高屋建瓴的胆识，也不是每个设计师在沉醉于产品细节时都能记得从战略高度审视产品方向是否靠谱。

当乔布斯在白板上画下这四个格子，他此前 12 年的漂泊里所经历的挫折、困苦，所学到的经验、教训，全都化成了一种舍我其谁的战略胆识。那一刻，乔布斯似乎被屋大维、亚历山大大帝、成吉思汗、拿破仑等战略大师附体。在他的眼中，不再有纷乱芜杂的产品线，不再有层出不穷的市场需求，不再有迅速替换的流行技术，他看到的，就是那清清楚楚、简简单单的四个格子。

只要专注做好这四件事，苹果的产品线自然会从混乱回归清晰，苹果用户自然会重新认识到苹果的价值所在。

1997 年 11 月，苹果正式发布面对高端用户的 Power Macintosh G3 桌面电脑以及 PowerBook G3 笔记本电脑。因为性能强劲，定位准确，两款电脑的销售势头良好。Power Macintosh G3 在第一个季度就卖掉了 13.3 万台。1998 年 8 月，苹果发布革命性的彩色电脑 iMac，凭借五彩缤纷的靓丽造型，iMac 一问世就成为卖得最快的 Mac 电脑，半年内售出 80 万台。1999 年 7 月，iMac 的炫彩外观在笔记本电脑上也被发扬光大，彩色透明的 iBook 高调亮相。

这一切，都源自乔布斯的四格战略。

断腕求生

有舍才有得。

乔布斯的四格战略告诉苹果，什么是主打产品，什么不是。言下之意，凡是不被四格战略所涵盖的产品和项目，都将遭到无情的清洗。

乔布斯和沃兹当年创立苹果时，目标是制造世界上最好的个人电脑。但一旦公司规模膨胀，又找不到新的赢利增长点时，在斯卡利、斯平德勒之类缺乏战略头脑的 CEO 带领下，苹果就开始尝试各种五花八门的产品项目。

硬件方面，苹果在电脑之外，还在勉力经营着自己并不擅长的自有品牌打印机、显示器乃至 3D 图形卡。更神奇的是，苹果居然还和日本万代（Bandai）公司合作生产一款多媒体游戏机 Pippin。软件方面，各种项目更是名目繁多、层出不穷。例如，仅负责互动多媒体部门的李开复麾下，就有语音识别、语音合成、手写体识别、QuickTime、QuickTime VR、Media Authoring Tool、QuickDraw 3D、Games API、QT Conferencing、Kaleida Media Player 等一大批项目。

在乔布斯之前，勤勉的阿梅里奥已经砍掉了两三百个可有可无的项目。乔布斯则更加大刀阔斧，在剩下的几十个项目中，又挥刀砍掉了七成。乔布斯向记者介绍说："我们审阅了所有产品计划，砍掉了其中 70% 的项目，只留下了 30% 的精华。苹果的产品团队现在非常兴奋，因为已经没有什么食之无味、弃之可惜的鸡肋项目了。我们很容易转上正轨。"

此外，除了在美国设有研究机构 ATG，苹果在新加坡也投资建立了研究中心，从事东亚语言的语音、手写体等技术研发，还针对中文用户开发了一个名为“苹果中文译写器”的中文听写机产品。1995年，苹果甚至以合资的方式，在中国珠海的南方软件园创办了一家名为“苹果南方（珠海）科技有限公司”的企业。可惜，这些研发机构或合资企业的成果大多叫好不叫座，除了花钱如流水外，很难给苹果带来更多收入。

乔布斯毫不留情地将砍刀指向了这些花费多、产出少的机构。大批合资企业停止运转。新加坡的研究中心被彻底关停，苹果在新加坡拥有的办公楼、办公家具也被出售一空。1997年10月，曾经为苹果贡献了QuickDraw、QuickTime、QuickTime VR、ColorSync、AppleScript等一大批新技术的ATG被乔布斯关闭。

今天的人们也许很难理解乔布斯放弃长期研发投入的决定。毕竟，像微软、IBM、AT&T这样的大企业都拥有专门的研究机构。

一位苹果前高管说：“乔布斯是世界上最好的产品经理和市场经理，在产品设计和市场营销领域声望卓著。但在工程和研究领域，乔布斯就不一定总能让技术人员信服。他关停研究机构的做法，也许是出于节省花费的考虑，也许是因为他觉得ATG做得不够好，但无论如何，这样做使他失去了不少杰出的人才。”

当然，微软之所以始终在研究领域投入巨大，那是因为微软没有经历过苹果这种濒临破产的处境。在一个生存还是灭亡的关键时刻，乔布斯可没时间考虑那么多，他能做的，只是根据自己的战略判断，干脆利落地砍掉所有负担。

所有被砍掉的负担里，最大的一个也许还要数斯卡利给苹果留下的遗产——牛顿PDA。

说真的，牛顿PDA的确是款革命性的产品。在那之前，从来也没有哪台电脑可以小到被装进口袋里。这样的产品不可谓不出色，在产品设计上也下了很大工夫，但就是有些生不逢时。在那个年代，限于硬件技术，PDA还很难做到真正意义上的小巧玲珑，电脑容量、计算能力、电池续航性能等方面不可能尽善尽美。

乔布斯回归后，牛顿PDA的销售有所回升。如果再坚持几年，牛顿

PDA 也许会迎来光辉的一刻，就像几年后 Palm 的 PDA 产品那样。但乔布斯没时间等待了。在四格战略中，暂时还没有 PDA 产品的位置。

1998 年 2 月，乔布斯正式结束了牛顿 PDA 产品的研发。

大批牛顿 PDA 的粉丝们举着标语，用大喇叭高喊口号，在苹果总部大楼外抗议游行。

媒体批评乔布斯，说他是因为报复斯卡利，才砍掉了斯卡利一手扶植起来的 PDA 项目。

图 39　牛顿 PDA

报复？也许吧。在乔布斯心中，斯卡利始终是那个毁掉了苹果的罪人。但与此同时，牛顿 PDA 在乔布斯的四格战略中无足轻重，这也是毫无争议的事实。

对于禅宗信徒乔布斯来说，用砍掉项目的方法报复斯卡利，未免太过执著，太参不透因果轮回了；对于战略家乔布斯来说，既然已经用四格法高屋建瓴，就绝没有拘泥于一城一池得失的道理。

只有壮士断腕，才能绝地求生。

重建水果帮

乔布斯 1997 年出任临时 CEO 后，做的最多的一件事是什么？是炒鱿鱼！

没错，乔布斯在将近一年的时间里，解雇了相当数量的员工，更多的人选择自己离开。上至高层副总裁，下至普通员工，就连董事会的成员也根据乔布斯的意愿进行了重组，只有少数董事被保留下来。

12 年前，曾经与乔布斯并肩战斗过的马库拉、斯卡利都冷面无情地背叛了乔布斯。12 年后，为了接掌苹果大权，乔布斯当然要掂量一下，自己能够信任并重用的人到底还有多少。

每一任 CEO 来到苹果，都会带来或提拔一大批亲信，斯卡利、斯平德勒、阿梅里奥莫不如此。无论是斯卡利信任的人，还是斯平德勒或阿梅里奥信任的人，他们大都不是乔布斯所欣赏的那种敢于挑战世界的侠客。因此，这些混迹在水果帮里，身上却没有多少水果帮 DNA 的人必须离开。

首先离开的是马库拉。作为苹果的元老，马库拉没有办法面对他曾经无情驱逐的乔布斯，他只能选择离开。

接下来要离开的，是所有副总裁。

没错，是“所有”副总裁。这是一个阿梅里奥曾极度信任的管理团队。但在乔布斯眼里，他们不属于苹果。

几乎所有副总裁都打包走人了。最后一个要解雇的副总裁，就是那位危急时刻起过关键作用的弗雷德·安德森，苹果公司的 CFO。听到这个消息，一位经历过危局，又有幸被留在董事会的董事跑来对乔布斯说：

“你怎么能解雇安德森呢？苹果股票跌到谷底的时候，正是他做了所有能做的努力，才让我们不至于破产的呀。你不能解雇他！”

乔布斯听了这话，既生气又焦躁，站起来快速地踱步，一句话也不说。突然，他啪的一声甩开门，大踏步走出了办公室。

10 分钟后，怒气未平的乔布斯重又回到办公室，对那位董事说：“好，他有功，我不解雇他。但我想让他降级，这样行吗？”

董事哭笑不得：“降级？他已经是副总裁，首席财务官了，你把他降到哪一级呀？你如果不喜欢他，那你过了这段时间，再找个人换掉他好了。可现在，你得留着他呀，要不然，现在现金流这么紧张，谁来打理钱财呀。”

乔布斯同意了。弗雷德·安德森成为了乔布斯重建水果帮的进程中，硕果仅存的前任高管。事实证明，留用安德森的决定并不算坏，安德森在苹果一直工作到 2004 年，见证了苹果由谷底走出的全过程。

在用人问题上，乔帮主的个人好恶起了决定性的作用。但这无可厚非。作为 CEO，要成大事，首先要有一支自己信任的团队。

创建 NeXT 时，乔布斯已经吸取了当年在苹果的教训，不但自己始终控制着 NeXT 的管理大权，而且所有高管都是他自己任命的亲信。12 年的漂泊，乔布斯再也不愿看到 12 年前苹果内部部门纷争、人浮于事、高管间兵戈相向的情形了。

要做改变世界的大事，就要有出类拔萃的牛人。在谁是牛人这件事上，乔布斯不相信他的前任，也不相信任何现成的法则，他相信的是自己的眼睛。而且，只要是乔帮主看中的人，一个也跑不了。

当年，乔布斯搭建 Macintosh 团队时，他直接跑到 Apple II 团队挖人。他找到一位编程高手，对他说："你行吗？我们 Macintosh 团队只要真正的高手。我可不确定，你到底行不行。"

"行啊，"这位工程师没有怯场，"我认为自己还不错。"

"我听说你很有创意，是吗？"

"这可不是我自己说的。不过，如果我能加入 Macintosh 团队，我会干得不错的。"

乔布斯匆匆离去，几个小时后，又来到这位工程师的办公室。当时，工程师还在一台 Apple II 上紧张地忙碌。

乔布斯说："告诉你一个好消息，你现在已经加入 Macintosh 团队了。跟我来，我带你到新的工作岗位。"

"太棒了。"这位工程师兴奋地说，"我只要一两天就能完成手头的工作，星期一就可以加入 Macintosh 团队。"

"还要一两天？你还在研究 Apple II？"乔布斯生气地说，"你做这个只是在浪费时间！有谁会关心 Apple II？你的代码还没写完，Apple II 就寿终正寝了。Macintosh 才是苹果的未来。你现在就要开始为 Macintosh 工作。"

"现在？"这位工程师不敢相信自己的耳朵。

"现在！"乔布斯走上前用力拔掉 Apple II 的电源线，然后把桌上的显示器和电脑一起搬走，一边走一边说，"跟我来！"

这个莫名其妙被乔布斯抢到 Macintosh 团队的工程师叫安迪·赫茨菲尔德（Andy Hertzfeld），后来成了 Macintosh 团队的开发干将，还写了一本名为《苹果往事》的书，记录 Macintosh 研发的传奇历程。

重返苹果后，乔布斯对牛人的渴求丝毫不减。他最需要的是自己的左膀右臂，是像当年的史蒂夫·沃兹那样可以和自己一起打天下的兄弟。

这样的兄弟，乔布斯从 NeXT 带回了两个。一位是软件研发大师阿维·特凡尼安，另一位是硬件研发大师乔恩·鲁宾斯坦。

特凡尼安回到苹果后，在乔布斯的安排下，领导公司的软件研发，并主持了将 NeXT 操作系统与苹果创造性的图形用户界面整合为新一代操作系统 Mac OS X 的工作。可以说，是特凡尼安真正解决了困扰 Mac 机多年的操作系统不稳定的难题，不但让 Mac 电脑重回技术顶峰，还为后来的 iPhone、iPad 使用的 iOS 操作系统铺好了路。

图 40　回归后的乔布斯和特凡尼安等人一起讨论 Mac OS X 的研发

鲁宾斯坦是硬件研发和电气工程的大牛，在乔布斯眼中，他差不多就是沃兹的接班人。乔布斯还没有出任临时 CEO 时就反复劝说阿梅里奥重用鲁宾斯坦。很快，鲁宾斯坦成为负责工程部门的高管。几年后，在鲁宾斯坦的主持下，苹果创造出了神奇的 iPod，同时改变了电脑世界和音乐世界。

特凡尼安和鲁宾斯坦还只是乔布斯从 NeXT 带回来的左膀右臂。接下来即将隆重出场并光芒四射，一直到今天都始终是乔布斯身边最重量级大牛的人，居然是乔布斯回到苹果后从数百设计师里慧眼发现的。大牛的名字叫乔纳森·艾维。

艾维是英国人，1992 年只身到美国闯荡，加入了他心目中产品设计师的天堂——苹果。但是，直到 1997 年，艾维不过是苹果普通设计师中的一员，在公司里从事着苹果电脑的外观设计。

重回苹果的乔布斯偶然发现，艾维所在的团队正忙着设计一种神秘的电脑。这种电脑有灵巧的一体化机身，透明的外壳和可变换的色彩。看到这款设计的时候，艾维手中还只有一个泡沫塑料的模型。几次交流下来，乔布斯断定，眼前这个艾维，必将在工业设计领域傲视群雄。

乔布斯大胆起用艾维，让他负责苹果的设计团队。不负众望的艾维在接下来的几年里，变戏法一样每隔两三年就拿出一件震惊世界的作品，从一鸣惊人的 iMac，到小巧玲珑的 iBook，再到将苹果推上巅峰的 iPod、iPhone 和 iPad。乔布斯回归后，苹果每一件杰作的工业设计几乎都出自大师艾维之手。

1998 年年初，乔布斯又从康柏公司挖来了精通电脑产品供应链和物流的蒂姆·库克（Tim Cook）。库克在随后的十几年里迅速成长为苹果内部最精通运营和管理的人，并于 2007 年晋升为苹果的首席运营官（COO）。最近几年乔布斯生病治疗期间，库克代理 CEO 职责，负责苹果日常运营。

左膀右臂都齐了，项目裁剪和人员调整也做完了，乔布斯有了自己信赖的团队，公司内的组织结构也变得清晰起来。

乔布斯对《商业周刊》记者说："这样的组织结构流畅、简单、清晰，职权明确。一切都简化了，这正是我所追求的，既专注、又简单。"

克隆战争

苹果在个人电脑市场中的份额跌到谷底时，记者曾问乔布斯："你如何看待苹果电脑不到 8% 的市场份额？"

乔布斯说："我们的市场份额比宝马或奔驰在汽车行业的份额都要高。

没有人会因为宝马和奔驰的份额低而质疑他们。事实上，宝马和奔驰都是令人向往的产品和品牌。”

没错，即便跌入谷底，苹果还是拥有其他公司所不具备的宝贵财富——象征着未来科技和时尚理念的高端品牌，以及喜爱这个品牌的无数忠实粉丝。

金字招牌最值钱，其他一切都是浮云。

但此前的几年里，苹果品牌正在褪色。因为产品质量问题，苹果品牌在用户心中的价值已经大打折扣。

此外，还有一件对苹果品牌影响最大的事情需要解决。在乔布斯回归前，苹果从 1995 年开始，官方授权部分厂商生产 Macintosh 克隆机。这一举措在事实上已经伤害到了苹果的品牌形象。

当初，IBM 推出 PC 机时，因为在技术上远远落后于苹果，就利用克隆机或称兼容机开展狼群战术。因为 IBM 公开了标准，微软又用相对廉价的操作系统推波助澜，生产电脑的门槛大幅降低。无数厂商借机参与进来，大量 PC 兼容机涌入市场，PC 上的应用软件也层出不穷，最终，价格低和应用软件丰富这两柄撒手锏把苹果逼到了死角。

那么，苹果阵营呢？苹果为什么不走兼容机这条路呢？

其实，从苹果诞生之日起，针对苹果电脑的非法克隆就一天也没有停止过。Apple II 在全世界的克隆产品无数，其中就包括中国人熟悉的 CEC -I 中华学习机。Macintosh 甫一问世，就被克隆电脑商盯上。从 1986 年起，欧美就陆续出现了各类非法克隆机。

最初的克隆难度很高，克隆厂商实际上是先买一台原装的 Macintosh，改换外壳并增加配件后，再高价售出——这实际上不是克隆，而是“改装”。不久，一家名叫 Unitron 的巴西公司成功地破解了 Macintosh 的硬件设计和主板控制程序，第一次非法克隆出完全兼容的 Macintosh 电脑。苹果公司不得不求助美国政府，通过商业制裁来禁止该公司销售这种克隆机。

前有 PC 阵营的狼群威胁，后有非法克隆机厂商的游击战术袭扰，苹果高层不得不坐下来，认真研究合法授权克隆机生产的问题。1985 年，斯卡利组织公司高层讨论这件事，但会议上，几乎一个人一个意见。一轮轮的争吵过后，没有任何决定出台。

就连苹果的竞争对手也意识到了苹果克隆机的商机。比尔·盖茨就敏锐地察觉，因为 Macintosh 领先 PC 机好几“光年”，微软如果只把赌注压在 IBM 一家身上，未必是件好事。

1985 年 6 月 25 日，比尔·盖茨给斯卡利和卡西发了一份秘密的备忘录，这份当时被认为是最高机密的备忘录后来成了个人电脑发展史上最有价值的档案之一。

在那份只有 3 页，题为“关于苹果授权 Mac 技术”的文件里，盖茨谈到 Mac 已经创建了革命性的技术平台，现在需要将这个平台转化为可由其他厂商复制的技术标准。盖茨特别强调，没有谁可以在不依赖合作厂商的情况下独占市场。IBM PC 已经建立了 PC 标准并培养了规模巨大的 PC 兼容机市场。盖茨希望，苹果也能步 IBM 的后尘。备忘录还谈到，只要苹果开放 Macintosh 技术架构，包括微软在内的一大批公司都愿意参与其中。备忘录的最后说：

“具有反讽意味的是，目前是 IBM 而非苹果被公认为技术创新者。授权其他公司研发与 Mac 标准兼容的电脑有助于增强苹果作为创新者的形象。这是因为，兼容机生产商并不会主导技术创新，他们害怕在创新的方向上走太远以至于偏离标准技术。”

盖茨的建议在苹果内部引起了轩然大波。斯卡利持欢迎态度，但卡西领导的 Macintosh 开发团队坚决抵制，他们认为 Macintosh 是领先的技术，开放给别人就意味着丧失领先优势。

苹果人生活在自己的梦想里，他们为了创新，宁愿放弃合作与市场。当这群人拥有一个神一样的领导者时，他们会无比幸福，否则，这群人也许就只能活在空想的乌托邦里，眼看着市场份额被 PC 瓜分殆尽。

失去了与微软合作的机会，随后的几年里，苹果内部不停争论、不停反复、不停开会，但就是无法作出是否授权克隆机生产的决定。包括斯卡利在内的高管都拿不定主意，不愿站出来力排众议。10 年时间就这样一晃而过。

一位当年的副总裁后来扼腕叹息：“我永远搞不懂，为什么就是没有一个人站出来说：‘我是领导，事情应该这么办。谢谢你们参加讨论，但如果谁不想这么做，那就请他离开。’”

直到 1995 年，苹果的市场份额下降到最低谷时，病急乱投医的斯平德勒才作出了决定，开始授权部分厂商生产 Mac 克隆机，并收取授权费。

可是，一切都晚了。

其实，只要早决定，克隆机这条路本无所谓好坏。走或者不走，都只是一种不同的战略风格。

如果苹果从 1985 年起就主打低端克隆机，那今天占据桌上电脑主流地位的也许就是 Mac 而非 PC。但那也必然意味着，苹果将放弃自己优雅设计、高端品牌、忠实粉丝等非比寻常之处，在形象上沦为一家虽然成功但一点儿也不酷的科技公司。

反之，如果苹果坚定地保持自己未来技术领导者的形象，不在克隆机的问题上有任何妥协，那么，苹果电脑在高端人群中至少会拥有一大批忠实“果粉”，会成为电脑界的宝马和奔驰。

但苹果却在 10 年的吵吵闹闹中错过了最好的时机。1995 年，Windows 95 已经宣告了 PC 阵营的胜出。这个时候，苹果再靠克隆机去打天下，真成了痴人说梦。

本来斯平德勒希望通过克隆机授权，在市场上引入一大批廉价的 Macintosh 兼容电脑，进而像当年的 IBM PC 一样，借助更大的市场规模吸引更多软件开发者，形成良性循环。事与愿违，克隆机厂商的算盘打得明白得很，既然 PC 阵营兵强马壮，那生产廉价电脑去抢夺 PC 领地根本就是件不可能完成的任务。与其如此，还不如生产些高端的 Macintosh，反过来蚕食苹果自己那点儿可怜的市场。

于是乎，克隆机的授权非但没有扩大 Macintosh 的市场份额，反而让苹果自己的收入锐减。最最要命的是，克隆机的质量、设计参差不齐，事实上损害了苹果的品牌形象，连那些忠实“果粉”的心也一并给伤了。

为了止血，为了重建品牌形象，回归后的乔帮主果断决定，终止克隆 Mac 机的授权。

乔布斯从来也没有喜欢过克隆计划，他觉得，克隆者都是“寄生虫”。乔布斯后来评价说：“兼容机的目标本身也许没有太大问题，但时机和计划都大错特错了。”

终止克隆计划，并不像听上去那么简单。苹果已经与合法的克隆机生产商签订了协议，终止计划就意味着在生意场上背信弃义。

乔帮主就是乔帮主，他一下子找到了解决方法。他发现，苹果与克隆机厂商签订的协议有一个对苹果有利的条款，就是操作系统的授权写明了是 Mac OS 第 7 版。基于这个条款，苹果通知克隆机厂商，正在进行的克隆机授权计划不变，但苹果今后的操作系统，将不再授权给克隆机厂商使用。

于是，1997 年夏天苹果发布 Mac OS 8 时，克隆机厂商因为只能生产基于上一版操作系统的克隆机，不得不自行结束了这个游戏。

终于，消除了克隆计划的干扰，苹果又重回高端品牌、封闭生态链、未来科技、完美设计、卓越品质的正轨——这是一条自 1976 年创立苹果开始，乔布斯最喜欢也最擅长的道路。

一笑泯恩仇

1997 年 8 月 6 日，苹果 Macworld 展会在波士顿召开的时候，乔布斯还没有被任命为苹果的临时 CEO。就在这次展会上，观众和媒体记者首先知道了苹果董事会成员变更，乔布斯进入董事会的消息。那一刻，大家都明白，乔布斯成了苹果事实上的领导者。

紧接着，乔布斯站在讲台上宣布了另一个爆炸力不亚于核弹的消息：苹果公司和微软公司就交叉授权使用专利与技术达成协议，微软同意以投资苹果并支付专利使用费的方式结束两家公司间旷日持久的专利权官司。

这个消息在外人看来，就像两个正在街头恶斗、血光四溅的仇人，突然间停下拳脚，紧紧拥抱，相互致以最亲切的慰问并开始称兄道弟。

更让人瞠目结舌的是，乔布斯话音未落，比尔·盖茨的影像就出现在了现场的大屏幕上。盖茨向在场的所有“果粉”问好。会场一片哗然。人们不禁质疑，苹果是不是向微软投降了？

图41　盖茨的影像出现在1997年的Macworld大会上

乔布斯对充满狐疑的听众说：“苹果必须跳出固有的思维，必须把苹果必胜、微软必败的想法抛在脑后。”

这简直太不可思议了。

事实上，这个决定是在展会召开前几个小时才达成的。这件事的来龙去脉，还要从苹果和微软之间的官司说起。

苹果本就是个爱打官司的公司。微软、惠普、HTC、披头士的苹果唱片等一大批公司都当过苹果的被告。2008年，苹果甚至还把纽约市推上了被告席，状告纽约市设计的徽标侵犯了苹果的商标权。但说起旷日持久和诡谲离奇，非苹果和微软之间的官司莫属。

从根子上说，苹果和微软是一对儿爱恨交织的冤家。

“恨”的根源来自市场竞争，既然微软站在了PC阵营一面，两家公司当然是对手。很早以前，两家公司就因为Apple II和Macintosh上使用的BASIC语言解释器打过官司。1988年，苹果又拿图形用户界面开刀，起诉微软窃取了苹果的图形用户界面技术。

懂行的人都明白，这种起诉无异于贼喊捉贼。本来嘛，苹果的图形界面技术是从施乐“借鉴”过来的，而且，苹果此前也曾正式授权微软将相关的专利技术用于Windows 1.0的研发。只不过，当微软开始研发Windows 2.0时，苹果感受到了来自软件巨人的直接威胁，就到法院递上了诉状。等微软着手开发Windows 3.0时，苹果又追加了数项起诉要求。

有一个流传很广的段子，说是在起诉过程中，斯卡利曾和盖茨私下里探讨和解方案。盖茨对斯卡利说：“Windows可没有抄袭Mac。你知道，我们两家其实都是从施乐学到的图形用户界面技术。既然你闯进施乐的宅子偷走了电视机，那为什么不允许我闯进去偷走音响呢?”

的确，如果原告和被告都有偷东西的嫌疑，法庭可不会轻易支持原告。在苹果列出的189项有关图形用户界面的专利技术中，法庭认为，其中179项苹果已经授权给Windows 1.0使用了，而剩下的10项也不在可保护的专利技术之列。

官司在地区法院、上诉法院和巡回法院之间转来转去，多次上诉、判决，还是没有个明确的结果。苹果和微软折腾了四五年，各自花掉了上千万美元的诉讼费用。

与此同时，两家公司间“爱”的成分倒时不时显现出来。当然，即便“相爱”，那也是种磕磕绊绊的爱情。

1984年苹果发布的Macintosh震惊了微软。当时微软正着手开发电子表格软件Excel。看到Macintosh如此领先，盖茨心里开始打鼓，如果把宝都压在IBM PC上，会不会将来追悔莫及呢？于是，微软以Excel为契机，正式开始为Macintosh开发软件。盖茨甚至向苹果承诺，可以把微软三分之一的开发资源投入到Mac版Excel上。但那时的乔布斯却对盖茨献殷勤心存戒备。

苹果当时的市场总监，后来加盟微软的迈克·莫瑞（Mike Murray）回忆说：“乔布斯相信，盖茨会从Mac上偷走好的创意，用于微软正在研发的Windows。项目合作过程中，乔布斯时常会打电话把盖茨叫来，然后盖茨就在白板上画出微软正在做的所有事情，说：‘我本不该告诉你这些，但我还是要告诉你我们所做的一切。’盖茨画出Windows的路线图后就搭飞机回西雅图。”

因为莫瑞是微软另一位巨头史蒂夫·鲍尔默（Steve Ballmer）的朋友，盖茨那时会打电话给莫瑞说：“迈克，我们到底该怎么做？乔布斯一直在冲我们大喊大叫。我不知道我们是不是该继续开发Mac软件。”

莫瑞则会安慰盖茨说：“比尔，请只管开足马力，我们需要你。”

1985年年初，Mac销售呈现颓势。微软这边又开始了动摇。

盖茨担忧地说：“苹果可能做不好这件事。”

鲍尔默则说："嗯，我们可以帮他们。但是，我们必须假定，他们自己清楚地了解所有情况，并也在为同样的问题而焦虑。"

就这样，既有旷日持久、死缠烂打的官司，又有断断续续、步履蹒跚的软件合作。一方面，两家公司在市场上争得你死我活；另一方面，微软需要苹果的专利技术，苹果则需要微软的 IE 浏览器和 Office 办公套件。

乔布斯回归前，没人能解开这个结。

乔布斯回归后，帮主敏锐地看到，解开这个结，也许就是拯救苹果的胜负手。

这里面最重要的一点就是微软为苹果开发的办公软件和 IE 浏览器。办公软件从 Apple II 时代起，就是人们使用个人电脑的最大理由。在微软 Office 已经垄断办公软件市场的时候，苹果一旦和微软决裂，人们就更没有理由选购苹果电脑了。而浏览器则代表着网络应用的未来，缺了好的浏览器，苹果电脑就无法真正融入互联网。所以，从软件合作上讲，微软做苹果的朋友，要比做苹果的敌人更有利。

此外，苹果授权微软使用专利也好，起诉微软侵权也好，在纠结的官司里，双方谁也得不到好处。反之，如果两家公司摒弃前嫌，特别是如果能吸引微软注资苹果，那对现金流紧张的苹果来说，不啻雪中送炭。

另一方面，这种合作对微软也有好处，不但可以让微软每年从 Mac 软件市场获得大约 3 亿美元的利润，还可以淡化微软越来越负面的市场垄断形象，对当时司法部正在进行的反垄断调查起到正面作用。

想明白了利害关系，乔布斯才不会管这种合作是不是一次投降。他凭着摇滚明星一样的个人魅力，只花了几周时间就搞定了老对手盖茨，与微软签订了一份互利的合作协议。

微软同意在随后的 5 年里继续开发 Mac 版的 Office 办公套件和 IE 浏览器。苹果则承诺使用 IE 作为缺省浏览器。微软付给苹果一笔未公开的专利技术使用费，同时认购 1.5 亿美元无表决权的苹果股份，以此换取双方专利官司的和解。

消息一经宣布，苹果股价当日就上升了 33%，这次合作对苹果起死回生的作用可见一斑。

应当说，苹果和微软合作是一件让“果粉”甚至苹果员工在感情上难以接受的事情。但微软的资金投入又的确成为苹果脱离困境的重要因素。从某种意义上说，苹果在极度困难的情况下，向微软妥协和求助很有一种卧薪尝胆的意味。暂时委曲求全，甚至被粉丝骂成“投降派”，这些都是为了后来的东山再起。几年后，当苹果自己羽翼渐丰的时候，就开始自主研发 Safari 浏览器，以替换微软的 IE 浏览器。反观微软，他们认购的 1.5 亿美元苹果股份后来被过早地出售，只换回了大约一倍的回报，却错过了此后数十倍的增长空间。

喜欢从战略高度思考问题的乔布斯不会囿于眼前的“投降”与否，他所看到的，是未来的苹果电脑不能没有浏览器和办公软件的支持。苹果要卷土重来，就要有一笑泯恩仇的大侠气概。

2010 年 5 月 27 日，当东山再起的苹果在市值上超过微软，成为这个地球上规模最大的科技公司时，乔布斯感叹道：“这感觉不像是真的。”

也许，那一刻的乔布斯，脑子里一定在回忆过去 30 年里，苹果与微软之间的恩恩怨怨。

只有乔帮主能救苹果

1997 年，濒临绝境的苹果成了乔帮主展示盖世神功的舞台。

乔帮主的几组大招打完，已然拨云见日，形势明朗。

11 月 4 日，苹果宣布与美国大型电脑零售商 CompUSA 合作。11 月 10 日，苹果发布高端 Power Mac G3 电脑，Apple Store 网上商店随即开始运营。基于 PowerPC G3 的 Mac 电脑销售情况非常好，一个季度卖掉了 13.3 万台。

1998 年 1 月 6 日，Macworld 展会上，乔布斯在发布了一系列新产品后，宣布了一个令人激动的消息：1998 年第一财季，苹果扭亏为盈！

乔布斯对听众说：“拯救计划行之有效，这让我们无比振奋。虽然还有很多工作要做，但苹果已经清楚地表明，我们回来了，作为重要角色回来了。”

是的，苹果回来了，几乎凭借乔帮主的一己之力，重新回到了舞台中央。

1998 年 7 月 15 日，苹果宣布连续三个财季保持赢利。

2000 年 1 月 15 日，乔布斯宣布去掉自己头衔中的“临时”字样，成为苹果公司的正式 CEO。

复苏后的苹果又花了十年左右的时间，终于凭借 iPod、iPhone、iPad 等革命性的产品，真正让乔布斯用技术改变世界的梦想变成了现实。

回想 1997 年时的绝境求生，不得不佩服一下神一样的乔帮主。不得不说，这个星球上，只有乔帮主才能救苹果。

乔布斯对苹果的爱，是苹果复苏的源动力。

乔布斯曾说：“苹果就像人生中的初恋，无论初恋的结果如何，她在你的生命中都始终拥有独特的地位。”

作为初恋情人，苹果的 DNA 本来就是乔布斯所塑造的。

斯卡利评论说：“苹果总是有乔布斯的 DNA，即便是在他离开后。苹果里有种类似异教崇拜的文化。这不像一家真正的公司，更像是一个教会。”

一位苹果前高管说：“关于乔布斯的回归：大家当时都觉得是一次非常让人兴奋的，但却冒了很大风险的大胆决定。苹果有非常强的企业文化。乔布斯能回归并取得成功的一个重要原因是，当时苹果的 DNA 仍然是乔布斯此前所赋予的 DNA。正因为如此，乔布斯回归后，他直接拥有了一个几千人规模的，可以最好地理解并支持他的创新理念的平台。”

事实上，因为 DNA 的缘故，苹果公司所擅长的一切，比如品牌、营销、产品设计、未来科技等，都与乔布斯自己的个性、特长完全契合。如果乔布斯不能救苹果，谁又能救得了呢？

很多人觉得，乔布斯神一样的能力是与生俱来的。这些人明显忘记了乔布斯回归苹果前的颠沛流离。乔帮主是神，但这个神也是在过去的 12 年里，逐渐成长并成熟起来的。

1985 年离开苹果出外漂泊的乔布斯就像一个和初恋刚刚分手的人，带着不服输的意志，在遥远的世界里奋斗打拼。1997 年的回归更像一次恋人之间的破镜重圆。

12 年的漂泊，虽然没有恋人相伴，却恰恰是乔布斯摆脱稚嫩的关键时段。12 年里，乔布斯从一个放荡不羁、目空一切的少年，成长为一个拥有真正意义上的独立思维和独特个性的领导者。以前那个粗暴、专横、冲动、傲慢的乔布斯虽然个性依旧，但却多了 12 年的历练和磨难。

在 NeXT，乔布斯虽然在成长，但并没有真正找到适合自己的舞台。NeXT 的定位过于独特，偏离了乔布斯自己最擅长的领域。而一旦返回苹果，乔布斯就像重新找回了适合自己生长的土壤一样。在面向消费者的个人电脑和电子产品领域，乔布斯有着异乎寻常的创造力。只有在苹果，这种创造力才能得到充分发挥。

12 年前的乔布斯可以一眼看到世界的未来是什么样，却没有办法驾驭大的团队，没有耐心和牛人合作，无法将自己看到的未来变成现实。

12 年后的乔布斯依然可以一眼看到 3 年或 5 年后的未来，但这一次，乔布斯既可以忍辱负重与微软合作，也懂得聚集和使用超一流人才的重要——回归后的乔布斯终于有了开创未来的全部资本。

1997 年，这一年是乔布斯也是苹果的转折点。

1997 年之前，乔布斯颠沛流离，苹果风雨飘摇。

1997 年之后，乔布斯成了真正的乔帮主，苹果则成了真正的科技帝国。

07

不酷就去死

——乔帮主的非凡设计

大师艾维

越过了 1997 年这道坎儿，苹果一下子成了一台“未来制造机”，每隔两三年，就抛出一件领先竞争对手一大截的超酷产品，活脱脱把一部 IT 发展史变成了科幻系列剧。

这部科幻大片的总导演，当然是回归苹果后的乔帮主。

但千万不要忘了，这部大片里还有另一个灵魂人物，他的名字叫乔纳森·艾维。

一位曾经在苹果总部工作多年的资深员工回忆说：“乔布斯也会在公司的餐厅吃饭。他通常一个人用餐，很少有员工敢凑过去跟他搭话。如果乔布斯吃饭时有人作陪，那么，那个人十有八九是乔纳森·艾维。”

图 42　乔纳森·艾维和史蒂夫·乔布斯

绝大多数苹果用户可能不知道这个艾维是何许人也。但如果告诉你，苹果那些最酷的产品，比如 iPod、iPhone、iPad 都是艾维的设计，你会不会觉得这个艾维是个与乔布斯一样神奇的人？你用 iPod 听音乐时也许会说，瞧，这是乔布斯的产品！没错，这的确是乔布斯的产品，但同时也是艾维的设计。你用 iPhone 打电话，用 iPad 玩游戏的时候，可能会想，乔布斯真酷！没错，乔布斯很酷，但如果单讲工业设计、交互设计、视觉设计这些具体的行当，这位艾维大师比乔布斯还要酷 10 倍！

即便对业内人士而言，这个艾维也相当神秘。他很少像乔布斯那样在展会上抛头露面，也很少接受采访。大家通常只知道，艾维作为设计师曾赢得过一大批荣誉：

- 2002 年和 2003 年，连续获得伦敦设计博物馆的年度设计师称号。
- 2003 年，获得英国皇家人文学会（RSA）授予的皇家工业设计师大奖。
- 2004 年，BBC 将艾维称为“全英最具影响力的文化人物”。此外，因为艾维将电子产品设计成艺术品的神奇本领，英国广播公司（BBC）将艾维誉为“苹果公司的阿玛尼”——阿玛尼是以经典、优雅、完美著称的高档时装品牌，也是品牌创始人的名字。
- 2006 年，荣获英国女王颁发的大英帝国勋章（CBE）。据说，英国女王伊丽莎白二世在 2005 年 6 月就开始使用 iPod，也是艾维的粉丝。
- 2007 年，因为 iPhone 的卓越设计而获得美国国家设计奖。
- 2008 年，同样因为 iPhone，获得 MDA 个人成就奖。
- 2010 年，因为苹果产品的杰出设计，《财富》杂志将艾维称为“世界上最聪明的设计师”。

在某些圈子里，艾维的设计天才被推崇到了神一样的高度。比如，音乐圈儿里的人都不承认乔布斯或负责 iPod 硬件研发的鲁宾斯坦是 iPod 的发明人，他们认为，负责 iPod 外观和交互设计的艾维才是真正的 iPod 之父。U2 乐队的主唱博诺·沃克斯（Bono Vox）干脆把乔纳森·艾维叫做乔纳森·iPod。

其实，艾维的经历并不复杂。他是英国人，出生于伦敦近郊的清福德，也是个年少早熟的孩子。小时候，艾维喜欢研究各种东西的构造。他经常在家里把收音机和录音机拆得七零八落之后再拼起来，每次都惹得父母大发雷霆。到了十三四岁时，艾维就知道，自己喜欢的是设计漂亮、好用的东西，他同时对最炫的汽车、日用品、家具、珠宝甚至舰船感兴趣。

中学毕业，艾维最想设计的东西是汽车。他想去伦敦的中央圣马丁艺术与设计学院（Central Saint Martins College of Art & Design）学设计，但去学校转了转，年轻的艾维发现，那里的学生都一副古怪、另类的模样，总是故意在画画时“呜噜噜”地怪叫。艾维受不了这个，就又跑到纽卡斯尔理工学院（Newcastle Polytechnic），也就是后来的诺森比亚大学（Northumbria University）读工业设计。

在纽卡斯尔理工学院，艾维遇到了另一个设计奇才——克里夫·格瑞亚（Clive Grinyer）。格瑞亚后来回忆说：“我从来没有遇到过艾维这样对自己正在做的事情如此专注的人。做毕业设计时，大多数学生做五六个模型就可以出成品，可艾维却一口气做了100多个。”

1989年，格瑞亚创建了一家名为橘子（Tangerine）的设计工作室，然后把刚毕业的艾维招至麾下。橘子工作室属于小本经营，设计师必须从顾问的角色开始，不仅要用出色的设计打动客户，还要用伶牙俐齿说服客户，同时也得精通商务流程。艾维是个死脑筋，他只想钻研设计，无暇旁顾。

艾维说：“我真的只喜欢设计。我既不喜欢，也不擅长商务方面的事。”

这样一个只喜欢闷头设计的人是没办法在橘子这样的创业公司立足的。从1989年到1992年，艾维度过了郁郁不得志的3年，他的设计无人喝彩，他的工作风格也与同事格格不入。

1992年，橘子工作室接到的一个项目改变了艾维的一生。当时还处于风雨飘摇中的苹果公司找到了橘子工作室，想让橘子为即将发布的便携电脑做几款设计。艾维当时正在郁郁寡欢地帮客户设计浴室用具，见到苹果的项目，一下子就来了精神，像饿了好几年的美食家突然发现了饕餮大餐。

一个阴郁的午后，艾维驱车来到赫尔（Hull），为客户展示他最新设计的马桶。那一天正好是英国慈善组织“欢喜救济会”（Comic Relief）搞的

“红鼻子日”，客户公司的市场经理戴着一个大红鼻子，歪着头观看艾维的产品展示。艾维站在投影前，一边费力说明自己的设计是如何如何新颖、独到，一边偷眼看市场经理的脸。那张脸藏在红鼻子后面，既阴险又古怪。艾维有了一丝不祥的预感。果然，那款马桶被客户批评得一文不值，艾维又一次被客户拒绝。

没过几天，郁闷的艾维搭飞机赶赴美国加州的库比蒂诺，来为苹果公司演示他设计的便携电脑。艾维从来没在这么一家世界知名的大公司里展示过自己的产品。在苹果会议室里，看着一屋子的市场经理和产品经理，艾维的心惴惴不安。没想到，刚结束展示，会议室里的人们就对艾维的方案赞不绝口。一个副总裁甚至走到艾维身边说：“你的设计很棒！怎么样，有没有可能加入苹果，来我们这里工作？”

加入苹果？艾维从来没奢望过，自己竟然有机会到设计师的圣地——苹果工作。他喜欢电脑，更喜欢电脑的外观设计，也会像普通粉丝那样，对苹果 Apple II、Macintosh 的经典设计着迷。现在，上天居然给了自己一个机会，可以加入苹果，参与到设计这些伟大产品的过程里。单纯的艾维可没想到，苹果那时没有了乔布斯，已经处于摇摇欲坠的境地，连当时的 CEO 斯卡利也自身难保。

从美国回到伦敦的艾维向格瑞亚递交了辞呈。格瑞亚后来对失去艾维追悔莫及，他说：“我们失去了伟大的天才。如果问我为什么失去了他，我想，一切都该归咎于他去赫尔展示马桶设计的那一天。那个戴着红鼻子的人拒绝了艾维。从那一刻起，英国失去了艾维，失去了一位伟大的设计师。”

英国失去了艾维，但美国要得到艾维也没那么容易，因为，乔布斯还没有回到苹果。

在没有乔布斯的苹果工作，艾维发现，苹果并不像自己先前想象的那样美好。最初几年，艾维都是在设计牛顿 PDA 的外壳和苹果打印机的托盘。艾维经常搞出一些古怪的创意，他的办公室里放了几百个模型，但没有一款创意被高层赏识。苹果内部产品线混乱、人浮于事的情况让艾维心灰意冷，他一度想过辞职。

这一切，都是因为，乔布斯还没有回到苹果。

像艾维一样，从小就找到一件自己一生最喜欢的事情，很难。

像艾维一样，在郁郁不得志的时候找到并加入一家自己最喜欢的公司，更难。

但即便如此，也并不意味着成功。

因为，要在自己喜欢的公司里遇到一位赏识并支持自己的人，真的是难上加难。

无论如何，艾维是这个星球上，最幸运的人之一。

1997 年，回归苹果后的乔布斯像发现一处宝藏那样发现了艾维。

随后的故事大家都知道了，乔布斯在发现艾维的同时，也发现了艾维正在鼓捣的一款透明、彩色的神秘电脑，这款电脑后来成了乔布斯挽救苹果的第一款重量级产品：iMac。

对一个设计师来说，这一生中能做出一件 iMac 这样足以载入史册的产品，已经可以心满意足了。但艾维的强悍之处在于，他每隔两三年都会抛出这么一件惊世骇俗的玩意儿。从 iPod 经典的转轮控制，到 MacBook Pro 的铝合金一体式外壳，从 iPhone 和 iPad 的一键操控，到 MacBook Air 薄如蝉翼的造型，艾维的脑子就像机器猫的口袋，想要什么，就有什么。

对于自己的设计理念，艾维是这样总结的：

“我们试图解决那些非常复杂的问题，而我们所用的方法，则会尽量避免最终用户知晓其中的复杂性。

“除了保留那些最最基本的元素，我们希望去掉所有其他东西，但你不会知道我们做了这件事。我们一次次回到起点并诘问自己：我们真的需要这个部件？我们能用一个部件取代另外四个吗？

“我发现了一个最基本的原理：外形和颜色这两件事，决定了你对一个东西的基本感知，无论是不是有意为之。

“从一个设计师的角度看，我们正在做的并不是一个变换外观的游戏。这完全是一件实用主义的事情。设计就是用一种极度简约的方式来使用你的素材。”

从某种意义上说，艾维讲的这些设计理念也是乔布斯对设计的看法。因为，在设计这件事上，乔布斯和艾维本就密不可分。

如果没有乔布斯的回归，艾维也许早就从苹果离职；如果没有乔布斯的慧眼，艾维的卓越设计也许今天都还是办公室里胡乱堆放的模型；如果没有乔布斯对未来的准确预测，对市场的敏锐直觉，艾维也许连下一个设计目标是什么都拿捏不定。

反过来，如果没有艾维的天才手笔，乔布斯也许还在重复自己在NeXT屡败屡战的悲剧人生；如果没有艾维的创意思维，今天的苹果产品就不可能像精美绝伦的艺术品那样，受到全世界无数“果粉”的膜拜。

在设计上，乔布斯和艾维是天生的绝配。

曾经在艾维设计团队工作的设计师托马斯·迈耶霍夫（Thomas Meyerhoffer）这样评价乔布斯与艾维的关系：“那是一种不可思议的协作关系。那是一种公司领导人重视设计，设计领导人重视公司的完美组合。”

每个成功企业都有看家的本领。苹果看家的本领是设计，是区别于所有其他公司的独特的、难以超越的美学特征。这个门槛儿正是乔布斯和艾维联手创建的。

在苹果，艾维所负责的工业设计部门是全公司重兵布防、严加戒备的地方。苹果自己的员工凭着工牌门卡，可以进出苹果的其他所有部门，但艾维所负责的工业设计部门例外。除了有限数量的高管和艾维本部门的员工，任何人都严禁进入。

如果哪个员工从工业设计部门离职，那对不起，你的离职手续比其他部门员工要麻烦得多。比如，要和律师面谈几个小时，签下各种保密协议，承诺离职后不对外泄露任何机密。

如果工业设计部门的员工到外地出差，那么，一个基本的准则是，自己出差的目的地不能透露给任何人，包括自己的家人。这看似苛刻的条件，背后的意思是说，假如竞争对手知道你去哪个城市，那没准儿会猜出你要去跟哪家设计公司或哪家制造商合作，从而得到套取秘密的渠道。

今天，苹果之所以能在电脑和消费电子领域呼风唤雨，艾维和他的设计团队所建立的这道别人无法逾越的门槛居功至伟。假设允许商业暗杀，苹果的竞争对手最想暗杀的两个人，一定是乔布斯和艾维。

只要艾维在苹果，苹果产品的美学特征和用户体验风格就会保持一贯性，在可预见的将来仍将领先对手三到五年。由此带来的一个严肃问题是：假如艾维辞职，苹果会怎么样？没有人知道这个问题的答案。我们也没必要杞人忧天。有那个时间，还不如来看看乔布斯和艾维联手创造的那一系列炫目的产品，看一看那些产品背后有趣的故事。

颜色革命

1996 年 2 月，《财富》杂志采访当时还在 NeXT 苦苦挣扎的乔布斯时，乔布斯说："如果我来管理苹果，我会压榨出 Macintosh 剩下的所有价值，然后转向下一个伟大的产品。PC 战争已经结束了。都结束了。微软早就赢了。"

的确，微软、IBM 和英特尔早就赢得了 PC 战争。但这并不意味着苹果在个人电脑领域就没有任何机会。1996 年的乔布斯肯定没有想到，当他一年后成为苹果临时 CEO 后，苹果还有足够的机会在个人电脑领域异军突起。虽然不能在正面战场逐鹿中原，但乔布斯和艾维这对黄金组合硬是在背水一战的情况下，为苹果电脑重新塑造了潮流、时尚的品牌形象，在年青一代的消费者圈子里，生生赢回了一部分市场。

乔布斯回归后，围绕着个人电脑所进行的这场绝地大反击，第一场战斗是从彩色透明的 iMac 开始的。

iMac 之前，个人电脑的发展基本上是性能角逐。CPU 不断升级换代，硬盘和内存越来越大，显示和网络性能越来越强，电脑之间攀比的是数字，是性能指标。除了"傻冒"的苹果，没人在乎电脑的机箱是不是漂亮，键盘的颜色是不是美观。

第一代 Macintosh 当年也曾在外观设计上动过脑筋。乔布斯坚持使用的一体化机身和正面向前突出的"额头"设计，都是 Macintosh 独到的地方。但在那个时代，用户更看重的是计算机能不能处理复杂的公文、报表，玩高分辨率的游戏，而不是电脑的外观。

一直以来，所有人都认为，电脑不过是个高性能的计算工具——直到乔布斯从艾维那数以百计的设计模型里，发现彩色、透明、水果糖一样的 iMac。

图 43　彩色、透明，水果糖一样的 iMac

1998 年 5 月 6 日，乔布斯在 14 年前发布 Macintosh 的同一个会场，揭开了 iMac 的神秘面纱。会场上亲眼目睹 iMac 真身的人不敢相信自己的眼睛。天天被单调的黑白两色机箱消磨掉了所有审美情趣的人们突然发现，电脑原来还可以被设计得这么养眼。这样有趣的水果糖设计真的出自地球人之手？

除了创意的外观，iMac 与当时日趋流行的互联网之间，也实现了紧密集成。用户打开电脑，就可以连入互联网冲浪。iMac 这个名字里，开头的字母“i”所代表的就是互联网（internet）。

从 5 月 6 日发布 iMac 到 8 月 15 日在全美正式发售，苹果在 3 个月里得到了 15 万台订单。在发售后的头 6 个星期里，北美、日本和欧洲市场一共销售了 27.8 万台 iMac。到 1998 年年底，短短半年，iMac 一共发售了 80 万台！

要知道，当年斯卡利和乔布斯对第一代 Macintosh 所做的过于乐观，以至于导致库存灾难的市场预测，才不过是每月销售 8 万台！

一位媒体记者回忆说：“iMac 的发售日，是我们见过的某型号计算机卖得最好的一天。”

乔布斯说：“我们设计 iMac 的目的是为客户提供他们最关心的东西——让人兴奋的因特网功能和简单易用的特性。iMac 是领先一年、售价 1299 美元的电脑，而不是落后一年、售价 999 美元的东西。”

有趣的是，iMac 发布后，苹果亦敌亦友的老朋友比尔·盖茨不无嘲讽地对媒体说：“现在，苹果领先的只是颜色，我们要不了多长时间就能赶上。”盖茨的言外之意是，你 iMac 不是独特吗？可你只有色彩独特呀。这有什么了不起的呀。用户选电脑，又不是选油画颜料，色彩有那么重要吗？而且，即便色彩重要，别人不会很快模仿吗？这么简单的东西。哼！

吃不到葡萄才说葡萄酸。无论盖茨是否看得到 iMac 彩色设计的卓越之处，那卓越之处就在那里，不增也不减。

千万别小看 iMac 所领导的颜色革命。

苹果前主任工程师，目前任盛大多媒体创新院院长的陆坚对笔者说了一个形象的比喻：“中世纪的西方人和建国后很长一段时间里的中国人，在衣服颜色上都单调得要命。但今天，无论是西方人还是中国人，他们的衣着缤纷多彩。如果有人说，不就是颜色的改变么，有那么困难吗？这些人其实并不知道，衣着颜色的变化背后，反映的是社会风俗、生活观念、人文理念的变革。今天我们习以为常的五彩缤纷的衣着，在中世纪的西方和以前的中国都不为主流社会所接受。西方经历了文艺复兴，中国经历了改革开放，才让社会变得五彩缤纷。电脑领域也是一样，那些跟在创新者后面说创新如何如何简单的人其实并不懂得，真正的创新在于，它改变了我们习以为常的现状。”

外形和颜色是艾维一直强调的两种核心设计元素。iMac 开创了苹果对完美色彩不懈追求的道路。

后来发布的 iBook 也沿袭了 iMac 的彩色透明设计，再后来的 iPod mini 系列，更是用金色、银色、粉红、绿色、蓝色等炫目的色彩诠释着不同风格的音乐潮流。即便是 iPhone 和 iPad 的黑白两色，也在不断向我们证明，大师艾维对颜色这种感性设计元素的把握能力，早已达到了炉火纯青的地步。

更为有趣的是，1998 年，随着 iMac 的发布，当苹果的产品开始变得五颜六色的时候，苹果自己的商标却悄悄地从彩色苹果变成了单色苹果。今天，在每件苹果产品的包装盒内，我们都能找到两张白色的苹果商标贴纸。

白色是最空灵清净、包容万象、清澈明亮的颜色。当苹果自身的产品越来越炫目迷人的时候，苹果自身的商标却因为白色而变得愈加内敛和端庄——这，也许正与乔布斯心里追寻多年的“凡所有相，皆是虚妄”的禅机不谋而合吧。

当电脑成为时尚

Macintosh 团队的开发高手安迪·赫茨菲尔德在自己写的《苹果往事》中，提到过这么一个故事：赫茨菲尔德刚刚加入 Macintosh 团队不久，一天吃完晚饭，他像平常一样走回办公室，打算再工作几个小时。刚进办公室，就听见一群人在办公室里热烈讨论。其中，乔布斯的声音最为洪亮。

“必须与众不同，”乔布斯大声说道，“必须有别于其他所有电脑。”

赫茨菲尔德发现，乔布斯正与设计师讨论 Macintosh 电脑的外观设计。乔布斯站在门边，身旁放着一台 Macintosh 的设计原型。此前，杰夫·拉斯金想把 Macintosh 设计成传统的卧式造型，但乔布斯从来也没喜欢过拉斯金的主意，他坚持要自己主导 Macintosh 的外观设计。

“我们需要一款经典的设计，”乔布斯对设计部门的负责人说，“从不过时的那种设计，也许，就像大众的甲壳虫汽车。”

“不，这想法不好。”设计师反驳说，“这款电脑应该是动感、迷人、激情四射的，就像一部法拉利。”

“不，不，不是法拉利。这个想法也不对。”乔布斯越说越兴奋，显然迷上了用汽车来打比方的讨论方式，“这台电脑应该更像一部保时捷。”

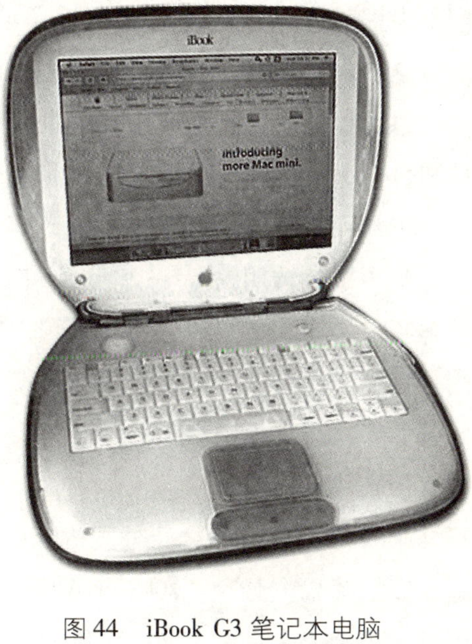

图 44　iBook G3 笔记本电脑

图 45　拥有一体化铝合金外壳的 MacBook Pro

当时，乔布斯真的有一部保时捷 928。乔帮主对汽车的喜爱众所周知。近几年，经常在硅谷开车的人多半有机会见到乔帮主开着他那辆著名的无牌大奔在高速公路上飞驰。用汽车来比拟电脑设计，这还真是件挺靠谱的事。只要细数一下历代苹果电脑的外观演化，就不难发现，保时捷的影响愈来愈清晰。

最早的 Apple II 有一个别出心裁的塑料外壳。如果拿汽车打比方，Apple II 倒很符合大众当年设计甲壳虫的思路——平民化、灵巧、皮实、有亲和力。但自从 PC 战争败给了微软和 IBM，仅突出平民化和亲和力已不足以让苹果电脑重新崛起。苹果必须另谋出路。

虽然乔布斯在设计 Macinstosh 时想到了保时捷，但 Macintosh 的外观还配不上保时捷这个比方。如果乔布斯心中有一台类似保时捷的电脑，那么，这台电脑就既不能像大众甲壳虫那样通俗、浅易，也不能像法拉利那样性感、拉风。乔布斯心中“保时捷”级别的电脑，应该既凸显性能、品位和价值，也展现内敛、含蓄、完美和雅致。用这个标准来衡量，第一代 Macintosh 更像一个保时捷的模型玩具，离成品相距甚远。

到了彩色透明的 iMac 和 iBook 时代，苹果电脑为赢回市场份额又重新拾起了 Apple II 的亲和路线。当然，这一次要比当年的大众甲壳虫风格高端一点点，iMac 和 iBook 至少达到了 Mini Cooper 汽车的设计水准。

乔布斯想要引领潮流，就绝不会满足于一部 Mini Cooper，他需要的是货真价实的保时捷。

2001 年 1 月，钛合金外观的 PowerBook G4 第一次把保时捷的影子清晰地印在了苹果电脑上。2003 年 6 月，Power Mac G5 更是用全铝合金的银灰色机身为苹果台式机未来 10 年的外观设计定下了科幻色彩浓厚的基调。2006 年 1 月，MacBook Pro 边角流畅的银白色全铝外壳将笔记本电脑的外观设计带到了一个新的高度。2008 年 10 月，苹果在本来已臻完美的全铝外壳设计上再添一笔重彩，新一代 MacBook Pro 拥有了全封闭的一体化铝合金外壳，主机外壳用整块的铝合金铸造，外侧边角没有任何接缝！

一直觉得，苹果电脑到了 MacBook Pro，才真正实现了乔布斯当年打造电脑中的保时捷的梦想。整台笔记本电脑拿在手里，人们体会到的是抚摸一辆真正保时捷时的心动。既不张扬、放纵，也不平淡、媚俗。对这款电脑，“大气”是最合适的形容词。

原以为 MacBook Pro 的铝合金外观已经是近年来登峰造极的成就，没想到，帮主乔布斯和大师艾维又一次让我们跌碎了眼镜。2008 年 1 月 15 日，乔布斯站在 Macworld 大会的讲台上，在数千名粉丝的注视中，从一个牛皮纸信封里抽出一台世界上最轻薄，但同样拥有无懈可击的铝合金外壳的电脑——MacBook Air。

图 46　乔布斯从信封里抽出 MacBook Air

好吧，从 MacBook Air 发布的那时起，我觉得，无论今后乔布斯在讲台上再变出什么超现实的电脑来，我都不会再惊奇了。

有乔布斯关于保时捷风格的战略定位，有艾维巧夺天工的创意设计，只要有这对儿黄金组合在，夸张点儿说，苹果的工业设计水平永远领先所有竞争对手——不，应该是领先这个地球——好几光年！

针对苹果为什么能做出 MacBook Air 这样出色的电脑，乔布斯给出了他自己的解释："没有任何一家其他公司可以做出 MacBook Air，因为没有哪家公司像苹果一样既控制了硬件的设计、制造，也控制了操作系统的研发。操作系统和硬件之间的紧密关联，决定了只有我们才能做出这样完美的产品。"

有人说，苹果电脑这种近乎完美的设计代表着苹果的高端定位。"高端"这个说法也许在中国大陆还勉强成立，但在欧美，苹果早已是大批年轻人手中的玩物，即便没多少钱的穷学生也喜欢用苹果。但另一方面，苹果电脑又的确有别于种类繁多、充斥市场的那些低端、廉价、媚俗的电脑品牌。

也许，用"时尚"这个词儿更贴切些。从某种意义上讲，乔布斯和艾维的最大功绩在于，他们用完美设计把苹果电脑打造成了消费电子领域最耀眼的时尚品牌，让人们第一次知道，原来电脑也可以成为潮人们追逐的对象。他们所塑造的苹果品牌，既不像路易威登那样高端，又不像班尼路那样天天用折扣吸引草根人群。乔布斯和艾维煞费苦心地在完美、前卫、流行、普及等要素之间，维持着一个最好的平衡点。

乔布斯说："苹果的 DNA 是为了那些只用简单的喜欢或讨厌来投票的消费者提供消费类产品。我们只想做这个。我们知道，我们的工作要对完整的用户体验负责。如果在这方面没有做到足够好，那一定是我们的失误，道理就是这么简单明了。"

电脑也可以成为时尚。也只有电脑成为了时尚，苹果才真正拥有了改变世界的力量。

音乐传奇

此前说过，乔布斯想把公司命名为"苹果"时，沃兹警告他，这名字和披头士乐队的唱片公司重名了。其实说起来，乔布斯还真是披头士的铁杆粉丝，约翰·列侬是乔布斯的偶像。不过，苹果和披头士的渊源远不止于此。将公司命名为“苹果”时，乔布斯绝不会料到，苹果和披头士之间长达 30 年的命名纠纷竟见证了一代神器——iPod 的诞生和辉煌。

从披头士到 iPod，这是一段由乔布斯、鲁宾斯坦、艾维等苹果大侠们共同缔造的音乐传奇。

1978 年，Apple II 电脑刚刚火起来，披头士的唱片公司就将苹果告上了法庭。1981 年，苹果赔给披头士 8 万美元，同时承诺，苹果公司未来不会进入音乐领域。1986 年，官司又起波澜。因为苹果在电脑中增加了音乐合成和录音功能，披头士的苹果再次起诉乔布斯的苹果，声称后者违反了 1981 年达成的协定。这段官司直接导致苹果正在研发的多个音乐和多媒体项目终止或推迟。

1991 年，苹果花了 2650 万美元，大致摆平了披头士。法庭界定，乔布斯的苹果今后只能提供产品和服务，但不能销售包含音乐内容的物理介质，如 CD 光盘，而披头士的苹果则可以提供原创音乐内容及其物理介质。

原以为双方会就此偃旗息鼓。没想到，苹果 iPod 音乐播放器的问世再次把官司推向了高潮。

iPod 诞生的故事大致是这样的。在 iPod 出现之前，索尼公司的 CD 随身听（Walkman）是年轻人的标准音乐播放装备。但一张 CD 也就是 10 首歌上下的样子，音乐迷出门时，除了背着 Walkman，还得随身带好几张 CD 唱片。头几年，国内校园里卖打口碟的生意火暴，就是索尼 Walkman 给闹的。

后来，电脑有了多媒体功能，一种叫 MP3 的音乐格式像病毒一样蔓延开来。再加上互联网助力，大量歌曲在电脑上下载、分享成为了可能。1999 年，有一种叫 Napster 的小软件悄悄流行。Napster 的重点不在于播放，而在于让用户自由地通过网络传播、分享 MP3。那个年头，装上 Napster 下音乐，就像今天装上迅雷或者 VeryCD 下电影一样时髦。

不过，时髦归时髦，Napster 能随便下载免费的音乐，唱片公司的大佬们不干了。1999 年 12 月 7 日，美国唱片业协会（RIAA）把 Napster 告上了法庭。2001 年 7 月，输掉官司的 Napster 不得不关闭了音乐共享服务，互联网上第一波 MP3 浪潮戛然而止。

在欧美，版权问题始终是互联网音乐分享绕不过的一个结，这和国内 MP3 搜索大行其道的现象截然不同。如果不找到合法、有效的音乐分享模式，虚拟的 MP3 文件永远不会替代实物方式的 CD 唱片。

乔布斯本来也没注意到音乐播放和共享这块儿市场。苹果开发了 Mac 电脑上的音乐播放软件 iTunes 后才想到，用户保存在 iTunes 里的歌曲，是不是能直接导入一个小巧的播放设备，供用户随身携带呢?

硬件和工程大牛鲁宾斯坦跑来对乔布斯说：“我们得做自己的播放器。我想做一个只有一副扑克牌大小，但却能装下整个 iTunes 曲库的播放器。”

“唔，值得一试。”乔布斯只是淡淡地说。

鲁宾斯坦的胸有成竹是有原因的。当时，东芝新出品的一款 1.8 寸微硬盘足以容纳 1000 首 MP3 歌曲，而且非常轻巧。鲁宾斯坦找来一位名叫托尼·法德尔（Tony Fadell）的工程师负责产品研发。起初，法德尔并不是苹果员工，只是以外包方式参与项目。2001 年 4 月，他正式加盟苹果，负责音乐播放器研发。后来，2006 年鲁宾斯坦离开苹果时，法德尔成了他的继任者。

硬件方案很快成形。为了给乔布斯展示 iPod 的原型，狡猾的法德尔特意准备了 3 个不同的硬件方案，有一个是他和鲁宾斯坦看好的方案，另外两个是故意选出来的陪衬。乔布斯看了第一个方案，哼着鼻子说：“这个太复杂了。”看了第二个方案，嘴巴一撇说：“这东西卖不出去。”最后，当第三个方案隆重登场时，明显被前两个陪衬降低了研判标准的乔布斯嘟哝着说：“嗯，这个有点儿意思了。”

乔布斯认可了 iPod 的硬件设计，艾维的设计团队就活跃起来，开始设计 iPod 的外观。

图 47　iPod 家族：从左至右分别是 iPod shuffle，iPod nano，iPod 和 iPod touch

iPod 基本型号使用浅灰色和白色作为主色调。艾维为 iPod 设计的最有趣的特征是中央那个白色的，既可以点击，又可以搓动的控制转轮。除此之外，整个 iPod 简洁、干净，没有任何多余的零碎。

艾维说："我始终认为，音乐比设计重要得多。从某种意义上说，我的主要任务就是把设计排除在外。我们想要推出的不是又一个微不足道的音乐播放器，而是一个超凡的产品。"

图 48　五彩缤纷的 iPod nano

关于 iPod 的主色调，艾维说："白色，是一种中性的色彩。但它属于一种大胆的中性色。苹果公司从一开始就与这种色彩密不可分。"

当然，iPod 也不仅仅停留在白色的设计。在后来推出的 iPod mini 和 iPod nano 上，iMac 的彩色设计被艾维进一步发展成靓丽的彩虹色系，就像一组跃动的音符那样冲击着人们的视觉体验。

乔布斯个人在 iPod 设计中也居功至伟，他崇尚简约和追求完美的天性再一次表现了出来。

例如，对于 iPod 使用的屏幕字体，乔布斯就亲自参与挑选，反复比较了几十种字体，才最终确定下来。

关于中央控制转轮，乔布斯认为，转轮上的控制按键只需要有"前一首"、"后一首"、"播放/暂停"这三个键就足够了。结果，艾维和他的设计师们费了好大力气才让乔布斯相信，要是没有一个"菜单"键，用户就没办法从列表中选出自己想听的歌。乔布斯只好作罢。

设计师又对乔布斯说："这个播放器还应该有个开关键。"

乔布斯果断地说："不，我们不需要开关键，就这么简单。"

这一次，乔布斯赢了。最终发布的 iPod 的确没有开关键。事实证明，这是一个出色的设计。在用户手中，iPod 播放器就在那里，你不用时，就自动打盹儿，进入省电模式，你开始用时，就自动醒来，像一个随时待命的精灵。

2001年10月23日，iPod正式发布。

尽管用漂亮的外观和惊人的容量赢得了一片喝彩，第一款iPod的销售情况却比较一般。一个主要原因是，仅靠从正版CD翻录MP3，不花上大量时间，用户根本填不满iPod超过1000首歌的惊人容量。

乔布斯意识到，单靠硬件的革命，不足以让数字音乐产业天翻地覆。苹果必须在正版音乐分享的商务模式上来一次前无古人的革命。

天知道乔布斯为什么笃信苹果可以在音乐领域开创未来商业模式。他的设想听上去很简单——利用苹果的软硬件平台，由用户通过互联网下载正版歌曲，按照下载的单曲数量付钱给苹果。大多数歌曲的定价是0.99美元。然后，苹果再和唱片公司分账。

细想起来，这个模式有一个最大的难点：那些靠卖正版CD发家的唱片公司凭什么跟你苹果分账？唱片公司凭什么相信，你苹果就能改变网民此前下载免费MP3的习惯，从他们钱包里掏出钱来？能一张专辑一张专辑地去卖钱，唱片公司凭什么要按单曲下载来收费，每支单曲的价格还这么便宜？

乔帮主确信，凭自己的一张嘴，就足以说动最大的唱片公司和苹果合作。如果其他人这么说，那大伙儿一定说他是疯子。但乔帮主真的说了，也真的把事情给办成了。

乔布斯谈判成功的秘密在于：谈判的顺序。

乔布斯明白，要想让那么多财大气粗的唱片公司乖乖合作，必须先逐一攻破最大的两三家，之后，多米诺骨牌自然会倒塌。乔布斯决定，从最大的唱片公司华纳、环球和百代开始谈起。

那一个时期，唱片公司的高管经常飞赴库比蒂诺的苹果总部找乔布斯，仿佛乔布斯是一个炙手可热、各大公司争抢的新出道歌星。当然，乔布斯忽悠唱片公司也的确很有一套。比如，iTunes和iPod用户数量不多，乔布斯就说，这么小的用户规模利于尝试新鲜事物，而且，根本不可能搞垮传统唱片业。再比如，唱片公司对这项合作的前景犹豫不决时，乔布斯就通过各种渠道放出谣言，说苹果正在考虑收购环球。这谣言让其他唱片公司惴惴不安，猜不透未来唱片业的走势究竟如何。另一些时候，当唱片公司的老总们沉溺于 CD 唱片的辉煌时，乔布斯就会像个预言家一样告诉这些老总，技术换代迟早要来，没有准备好的公司必将被淘汰。

反正，谈判桌上，乔布斯把唱片公司的老总们忽悠得团团转，既有怀柔，又有威吓，不出几个月，一张张多米诺骨牌相继倒下，连盛气凌人的索尼唱片也被忽悠进来。苹果顺利地得到了几乎所有主要唱片公司的支持。

2003 年 4 月，苹果 iTunes 音乐商店正式上线。iTunes 用户可以直接在网上商店购买歌曲。音乐商店取得了巨大成功，不但带动了苹果自己的销售，也为唱片公司开辟了全新的销售渠道。不到 3 年，iTunes 音乐商店就有了 200 多万首正版音乐。今天，欧美几乎所有主流唱片公司都已将 iTunes 音乐商店作为新专辑发布的第一选择，CD 唱片正在淡出人们的视线。

iTunes 音乐商店是苹果从商业模式上改变世界的一次成功尝试。毫不夸张地说，没有苹果的音乐商店，音乐载体从物理唱片到网络音乐的革命就至少要推迟 10 年。在人类科技发展史上，这足以与电影由胶片向数字化的转变，或者图书由纸质向 Kindle 等电子书的转变相媲美。

iTunes 音乐商店的上线甚至震动了乔布斯的老对手和老朋友比尔·盖茨。盖茨在一封题目为“又是苹果的乔布斯”的内部邮件中，不无嫉妒地对微软高管说：“乔布斯再次让我们尴尬。”盖茨在邮件中感叹，乔布斯竟然能说服唱片公司授权苹果运营廉价的单曲下载服务，这简直就是奇迹，除了乔布斯，没有人能搞定类似的合作协议。

音乐商店带动了 iPod 的销售增长。2007 年 4 月，苹果宣布了一个近乎让果粉们痴狂的数字：上市才 5 年半的 iPod 已经在全球卖出了 1 亿台！2011 年 6 月，一个更让人瞠目结舌的数字诞生了——iTunes 音乐商店在过去的 8 年中，总共卖掉了 150 亿首歌曲！

iPod 成为了全世界的音乐潮流，无论是平民百姓，还是明星大腕，都视 iPod 为音乐生活的一部分。电影《哈利·波特》中饰演狼人教授卢平的饰演者戴维·休利斯（David Thewlis）就说：“我现在对音乐的狂热和 16

岁时相比有过之而无不及。我会花整整一下午去听 iPod 里的歌曲。听 iPod 的感觉太奇妙了。这是 21 世纪最伟大的发明。”2004 年 7 月，美国总统布什的双胞胎女儿送给父亲的礼物，也是一台 iPod。

不过，革命的商业模式让苹果与披头士间的官司风云再起。2003 年 9 月，披头士的苹果再次起诉乔布斯的苹果，认为 iTunes 音乐商店违反了 1991 年双方达成的协议。官司打打停停，三四年没个结果。到 2007 年，突然出现了转机。乔布斯在发布 iPhone 的讲台上，意外地引用了披头士的歌曲《我们两个》，这似乎暗示，苹果和披头士之间的僵局有了松动的迹象。果不其然，2007 年 2 月，两家苹果公司对外宣布，双方达成了和解协议。

乔布斯是这样评论两家公司的和解的：“我们喜欢披头士，和披头士之间有商标权的分歧真是件痛苦的事儿。现在，很高兴能用一种积极的方式来解决这个问题，而且，这一解决方式还完全避免了未来可能出现的分歧。”

图 49　明天又是新的一天，你无法忘记的一天

2010 年 11 月 15 日，苹果公司的网页上刊出了一张让人费解的广告图片。图片上的广告词说：“明天又是新的一天，你无法忘记的一天。”

苹果到底在预告什么？果粉们展开了趣味竞猜。有人猜测是 iTunes 的重要更新，有人猜测是基于浏览器的 iTunes 版本。直到 11 月 16 日凌晨，谜底才终于揭开：披头士全集共 17 张专辑，全部曲目在 iTunes 音乐商店同时上线。

从打打停停的命名官司，到 iPod 播放器的走红和音乐分享的全新模式，再到披头士全集在 iTunes 音乐商店隆重上线，苹果与披头士之间长达 30 年的恩怨，终于有了一个大团圆的结局。

可以触摸的玻璃

2004 年，一个阳光充足的午后，在办公室里闭目养神的乔帮主突然从椅子上跳起来，对一位工程师说："我想要一块玻璃，一块既可以看电影，也可以弹钢琴的玻璃。"

可怜的工程师默不做声地离开，心里盘算着，玻璃怎么能看电影呢？玻璃又怎么能弹钢琴呢？该去哪里给乔帮主找这块儿闻所未闻的玻璃？

苹果公司所有聪明人都被召集在一起。没人知道该如何打造这么一块神奇的玻璃。工程师们满头大汗地搬来各种烧玻璃的炉子、耐火石、钳子……一炉一炉的玻璃烧出来，没有一块可以看电影，也没有一块可以弹钢琴。

这时，一个衣衫褴褛的扫地老太太缓缓走过这批最聪明的人身后，用低哑的声音说了一句话："乔帮主要的玻璃，其实，是一块支持多点触摸的高分辨率显示屏。"

扫地老太太话音虽低，却一下子让所有人鸦雀无声。工程师们恍然大悟，原来，乔帮主想要一块革命性的显示屏！

6 个月后，工程师们把革命性的玻璃拿到乔帮主面前。因为猜不透帮主的用意，他们特意准备了一大一小两块玻璃。

乔帮主看到这两块玻璃，二话没说，先是抄起小的那一块，当着所有人的面，把自己的手机拆开，扔掉屏幕和键盘，用胶带把剩余的手机部件和玻璃绑在一起，然后，拨通了大师艾维的电话，对他说："我正在用一台革命性的手机给你打电话，这台手机将颠覆人们对手机的定义，我把它叫做 iPhone。"

接下来，乔帮主又抄起大的那块玻璃，用胶水把一块 CPU、一块内存和一块电池粘在玻璃背后，然后拨通比尔·盖茨的电话，对他说："你知道吗？我手上有一块玻璃，几年后，这块玻璃将成为最流行的、人手一台的电脑设备，对，只有玻璃，没有键盘，没有机箱，也没有 Windows 操作系统。这块玻璃将颠覆人们对电脑的定义，我把它叫做 iPad。"

……

好吧好吧，我承认上面这个段子是编的。乔布斯和苹果发明 iPhone、iPad 的历程其实相当漫长，其间经历了多次反复。不过，在 iPhone 和 iPad 所有出色的设计要素中，那块可多点触摸的玻璃无疑是最光彩夺目的一处。

2010 年苹果发布 iPad 平板电脑时，有记者问乔布斯，为什么苹果先做 iPhone，再做 iPad。乔布斯说："告诉你，实际上我们是从平板电脑开始的。我当时想要一块可以作为显示设备的玻璃，同时也可以支持多点触摸。我把想法告诉我们的硬件工程师。6 个月后，他们拿回来一块神奇的玻璃。于是，我把一块玻璃送给我们卓越的 UI 设计师。设计师就基于这块玻璃，创造出了惯性平滑卷动之类全新的用户体验。我当时想：'我的天，我们可以把平板电脑的想法扔到一边，先用这块玻璃做一台手机。于是，我们就开始研制手机。'"

在乔帮主嘴里，整个过程轻描淡写。但事实上，乔布斯从很早以前，就开始关注手机和平板电脑，并静静地等待机会。直到工程师们创造出了神奇的多点触摸玻璃，乔布斯才相继抛出震撼世界的 iPhone 和 iPad。

20 世纪 80 年代，苹果还在卖 Apple II 的时候，就试验过带触摸板，与简单的办公功能集成的电话机（不是手机），这可以说是最早的苹果电话。1983 年，苹果甚至还请工业设计公司 Frog Design 设计过一个名为害羞鬼（Bashful）的平板电脑原型。

后来，斯卡利曾倾注了大量心血的牛顿 PDA 项目，可以说是 iPhone 和 iPad 的先驱。只不过，斯卡利推 PDA 时，电脑和移动通信终端还没有很好地整合，生不逢时的牛顿 PDA 甚至还比不过随后出现的 Palm PDA 和黑莓手机。

回归苹果后，乔布斯虽然终止了牛顿 PDA 的研发，但一款创造性的袖珍电脑或智能手机的想法始终占据着他大脑的一个位置。

2001 年，微软开始大肆炒作平板电脑（Tablet PC）的概念。几乎所有主流 PC 厂商都参与了进来。2003 年，在一次采访中乔布斯预言："微软的平板电脑会以失败告终。"结果还真如乔帮主所料，在几年时间里，一大堆有键盘的、没键盘的平板电脑走马灯一样逐个儿登场，却没有一款真正在市场上站稳脚跟。

历史就是这么神奇。十几年前，苹果刚开始借 Macintosh 炒作图形用户界面时，没有人想到，最后在图形用户界面领域取得垄断地位的是微软而不是苹果。这一次，在平板电脑的角逐中，命运完全颠倒了过来。微软眼睁睁看着自己炒作的平板概念先是被人们渐渐淡忘，10 年后却又突然借苹果的 iPad 大放异彩。2001 年时的乔布斯当然看到了平板电脑所代表的未来，但就是按兵不动，因为乔布斯相信，有时候，时机远比眼光更重要。

2002 年，iPod 发布不久，乔布斯预感到，iPod 将在短时间内改变世界音乐产业的格局。也许，依靠一款可以打电话的 iPod，苹果也可以用类似的方法改变移动通信产业的格局。被这一想法鼓舞的乔布斯亲自动手，在纸上画了几张 iPod 版手机的草图，还给这个项目起了一个神秘的代号"紫色 1 号"（Purple 1）。不过，连乔布斯自己也觉得，这个"紫色 1 号"与其他手机相比，没有太多革命之处，那几张草图也就仅仅停留在了纸面上。

2005 年，苹果尝试着与摩托罗拉合作，在摩托罗拉手机里嵌入 iTunes 音乐功能。这一合作引得市场上谣言四起，人们猜测，已经在音乐领域取得巨大成功的苹果很快就将杀入手机市场。

事实上，和摩托罗拉的合作只是苹果在移动领域的一次试水。摩托罗拉的 iTunes 手机并不成功。但通过类似的合作，苹果开始秘密接触手机制造商和移动运营商。与此同时，乔布斯也明确了自己对未来手机和平板电脑的定义——用多点触摸的玻璃带来超一流的用户体验，同时，集成丰富的互联网功能，让手机和平板电脑成为真正的智能通信终端。

正如乔布斯所说，苹果首先把研发重点放在了手机上。之所以把平板电脑的计划置后，一个重要的原因是当时的电池技术还没有达到平板电脑的耗电要求。2005 年 2 月，苹果秘密开始了代号为“紫色 2 号”（Purple 2）的项目，独立研发苹果自己的手机。2005 年 9 月，项目已经集中了 200 多名工程师，以高度机密的方式运行。苹果和移动运营商的谈判也在同一时期展开。

2007 年 1 月，Macworld 大会上，乔布斯介绍了苹果电脑和 iPod 的几款新型号后，突然停顿了一会儿，然后，用他特有的、带磁性的声音说：

“这一天，我期待了整整两年半。每隔一段时间，就会有一件革命性的产品改变世界。1984 年，苹果发布的 Macintosh 改变了整个计算机产业。2001 年，苹果发布的 iPod 改变了整个音乐产业。今天，我们要发布 3 件同一重量级的革命性产品。”

像 Macintosh 和 iPod 一样能改变世界的重量级产品！还是 3 件！听众震惊了。乔帮主是在忽悠大家吗？现场鸦雀无声。

“第一件产品，”乔布斯继续说，“是一台宽屏幕、可触摸控制的 iPod；第二件产品，是一台革命性的手机；第三件产品，是一台前所未有的互联网通信工具。这三件产品并不是独立的设备，他们是一台设备。我们把它叫做 iPhone。今天，苹果要重新发明手机。”

图 50　乔布斯展示白色 iPhone 4
（来自 维基百科 原作者 Matt Yohe）

重新发明手机——没错，这就是乔布斯对 iPhone 的定位。如果 2007 年第一次看见 iPhone 的人还无法相信乔布斯这一论断的话，今天，只要去北京、上海的苹果专卖店去看一看人们抢购 iPhone 的长队，看看云集在专卖店门口的黄牛党，就知道乔布斯当年的论断有多么准确。

2010 年发布的 iPhone 4 将

iPhone 的销售推向了一个高潮。从9月在中国上市开始，一直到2011年春节前，iPhone 4无论在苹果中国网站，还是在北京、上海的专卖店，都一机难求。大量黄牛挤在专卖店门口，组织数百人排队，每天在第一时间抢购所有可以买到的手机，然后高价转卖。

图51　乔布斯发布 iPad

苹果此前从没遇到过如此严重的黄牛问题，总部负责零售店业务的高管专程赶到北京处理。三里屯专卖店请来大量保安维持秩序，但现场还是因为抢购发生多起斗殴事件。黄牛党的恐怖以及粉丝们对 iPhone 的热度可见一斑。

iPhone 手机火暴的同时，苹果也解决好了平板电脑需要的高性能电池等技术问题。2010年1月，与 iPhone 使用同样的多点触控玻璃屏和同样的 iOS 操作系统的 iPad 正式发布。4月上市时，再次在全球掀起抢购热潮。

2010年4月，中国钢琴家郎朗在旧金山的一次音乐演出中，出人意料地拿出了刚刚上市不久的 iPad，借助一款名为“魔法钢琴”（Magic Piano）的软件，在触摸屏上弹起了速度最快的钢琴曲之一——里姆斯基－柯萨科夫的《大黄蜂的飞行》。整个音乐会现场充满了欢笑声和惊呼声。在这一时刻，乔帮主设想的可以多点触摸的玻璃，真的变成了一块可以弹钢琴的玻璃。

如果说 iPhone 是重新发明手机的话，那 iPad 差不多就是在重新发明电脑了。不说别的，只要看看孩子们是怎样用 iPad 上网、玩游戏的，我们就不难知道，这块比 iPhone 更大些的玻璃，对人们操作电脑的方式是一种多么颠覆性的改变。

2011年4月底，国内黑色 iPhone 4 供不应求的情况好容易缓解了一些，iPad 2 和白色版 iPhone 4 的上市又一次让人们疯狂起来。5月初，三里屯苹果专卖店外再次发生流血事件。

无论是 iPhone 还是 iPad，如果到了全世界各地的人排长队追捧，甚至惹得黄牛泛滥的地步，我们已经很难再把它们叫做手机或电脑了，它们无疑已经成为了一种消费符号，成了现代人必备的时尚用品。

从 2007 年发布 iPhone，到 2011 年发布 iPad 2，短短 5 年时间，iPhone 和 iPad 快速占据了苹果营收的核心地位，苹果一大半收入，来自 5 年前还不存在的产品。2011 年第二财季，苹果创下了销售 1800 多万部 iPhone 手机的惊人纪录，每个财季 iPad 的销量则稳定在 500 万部上下。截至 2011 年 6 月，iPad 在发布后的 14 个月里，总共卖掉了 2500 万台，而使用 iOS 操作系统的三大设备，iPhone、iPad 和 iPod touch，累计销售总量更是达到了令人震惊的 2 亿台！凭借 iPhone 和 iPad 的强势，苹果在 2011 年的市值也超过了 3000 亿美元，牢牢占据着世界第一大科技公司的宝座。

模式之争

当年，苹果在 Macintosh 上倾注的精力不可谓不多，Macintosh 的革命性也不可谓不强，但最终还是输给了更加开放、廉价的 IBM PC 阵营。今天，苹果研发 iPhone 和 iPad 的做法其实和当年的 Macintosh 有异曲同工之处。比如，苹果依然追求独特的设计品位，依然坚守着封闭模式，牢牢控制着生产供应链的每一个环节，同样不允许兼容 iPhone、兼容 iPad 的出现，iPhone 和 iPad 的操作系统 iOS 也与其他操作系统不兼容。那么，为什么 Macintosh 输给了 IBM PC，iPhone 和 iPad 却赢了个盆满钵满呢？

时机是其中的一个重要原因。Macintosh 刚推出时，图形用户界面需要的高性能 CPU、大容量内存的价格都还居高不下，Macintosh 的硬件配置刚刚够把图形用户界面跑起来，和广告中宣称的性能强劲相去甚远。这类似于微软刚开始推平板电脑的时候，用户最关心的电脑重量、电池续航时间、屏幕分辨率、触摸控制等技术点都没有得到很好的解决，这个时候无论如何推动都无济于事。反之，不管是 iPhone 还是 iPad，乔布斯为他们选择的上市时机，都恰到好处。

此外，封闭模式虽然是 Macintosh 当年输给 IBM PC 的败因，但在互联网和移动通信的时代，封闭模式的缺点已经不再明显。对于手机或平板电脑这样的产品，用户并没有太多兼容性方面的要求，不会因为操作系统不是 Windows 就不选苹果的产品。在互联网时代，网络应用的普及也淡化了应用程序间相互兼容的需求。对苹果来说，封闭模式显然更容易发挥特长，有利于苹果单独定义并保持一个远高于竞争对手的产品设计和质量标准。

盛大多媒体创新院院长陆坚用另一个比喻来形容不同的产品模式：IBM PC 所代表的开放战略有些像战国时代的"连横"，在横的方向团结合作伙伴，一同开拓市场，降低产品整体成本；而 Macintosh 所代表的封闭战略就像"合纵"，从垂直方向整合生产供应链，为用户提供完整、独特的解决方案。在个人电脑时代，"合纵"的成本太高，苹果一家在价格上无法和 PC 阵营竞争。但在 iPhone 和 iPad 所代表的消费电子时代，成本因素已经没有以前那么明显。这时，封闭模式的诸多优点就更容易体现出来。比如，封闭的系统可以让苹果在 iPhone 和 iPad 上为用户提供一种无缝集成的端对端的用户体验。甚至，通过整合和控制供应链上的每个环节，苹果还可以在事实上降低生产成本。

另一方面，苹果不断将 iTunes 音乐商店的成功运营模式扩展到其他领域。随着 iPhonc 和 iPad 的相继推出，苹果 iTunes 商店开始销售电子图书。短短两三年时间，到 2011 年 6 月时，图书累计销量达到了惊人的 1.3 亿本！

为了吸引软件开发者的介入，2008 年 7 月，苹果开创性地发布了 iTunes 应用商店（App Store），改变了传统的软件销售模式。开发者为 iPhone 和 iPad 开发的软件，可以提交给 iTunes 应用商店销售。用户安装一款软件所支付的款项，由苹果和开发者分账。这种针对应用软件分发方式的革命不但大幅提高了中小开发者的积极性，也反过来促进了 iPhone 和 iPad 业务。

截至 2011 年 6 月，iTunes 应用商店已经拥有了 42.5 万个应用程序，应用程序下载量超过 140 亿次，为开发者带来的收入更是超过了 25 亿美元。在中国，越来越多的创业团队投入到 iPhone 和 iPad 的软件研发中，年收入在千万美元量级的、专注于 iPhone 开发的国内创业公司并不在少数。

2010 年，苹果把 iTunes 应用商店扩展到了台式机和笔记本领域，Mac OS X 的用户也可以通过网络方便地购买软件。2011 年，苹果又模仿谷歌“云计算”的模式，大张旗鼓地推出名为 iCloud 的“苹果牌云计算”服务，苹果用户可以利用该服务在桌面电脑、手机、平板电脑之间同步数据和应用程序——苹果 iOS 系统和谷歌 Android 系统之间的竞争日趋白热化。

凭一块可以触摸的玻璃，iPhone、iPad 以及它们所代表的商业模式已经成为了这个世界的重要流行趋势。但另一方面，势头正盛的谷歌 Android 操作系统正试图改变 iPhone 和 iPad 已经划定的格局。Android 所走的路子，正是当年 IBM PC 打败 Macintosh 时使用的开放路线。

当然，在乔帮主眼中，谷歌 Android 的竞争也许算不得什么大事。2010 年 6 月，乔布斯在出席《华尔街日报》D8 峰会时，是这样回答记者关于Android的问题的：

记者：“微软此前赢得了操作系统的平台战争。现在，移动领域的平台战争在苹果和谷歌之间展开。”

乔布斯：“我们从来都不认为我们参与了与微软之间的平台战争……也许，这就是我们当年输的原因……我们只想做出最好的产品。”

记者：“你如何看待谷歌这个竞争者？你感觉如何？发生了什么？”

乔布斯：“好吧，他们就是决定了要和我们竞争。我们可没有进入搜索市场！”

记者：“所以你有天早晨一觉醒来听到了 Android 的消息？”

乔布斯：“差不多吧。”

记者：“你有一种被背叛的感觉吗？你怎么看你和谷歌之间的关系？”

乔布斯明显对这个问题不买账，他故意打岔说：“我的性生活很和谐。你的呢？”

是啊，在帮主看来，天是塌不下来的，不就是和 Android 重玩一次当年的 PC 大战嘛，谁胜谁负还真不好说呢。这对我们这些最终用户来说是绝对的好事。行业内的明争暗斗并不重要，商业模式的轮回变迁也不打紧，有更激烈的竞争，才有更好用、更好玩的产品呀。

08

不同凡『想』

——乔帮主的创新法则

我就是未来

据美国《连线》杂志记者史蒂芬·列维（Steven Levy）的新书《走进谷歌》（*In the Plex*）透露，2001 年谷歌粗具规模的时候，投资人希望两位年轻的创始人拉里·佩奇和谢尔盖·布林外聘一位有经验的 CEO 来打理公司。没想到，当时能入两位创始人法眼的 CEO 还真不多，数来数去，全世界也就只有那么一位。佩奇和布林觉得，只有苹果的乔布斯乔帮主，才配得上谷歌的 CEO。

天知道如果乔布斯当年接掌了谷歌，世界将变成什么样。也难怪，佩奇和布林还是毛头小伙子的时候就崇拜乔布斯，把他当神一样的存在来看待。布林更是将乔布斯视为创业导师，经常跑去找乔布斯请教问题，还一起在乔布斯家附近一边逛一边聊。佩奇和布林甚至产生过和乔布斯合开一家公司的想法，只是没有付诸实施。

英雄惜英雄，在 IT 江湖，佩奇和布林出道差不多比乔布斯晚了 20 年。无论后来谷歌和苹果之间在手机领域争斗得多么惊心动魄，两位晚辈始终对乔布斯尊敬有加。如果说谷歌这两位后起的小英雄从乔帮主身上学到了什么的话，那一定是乔帮主洞悉未来的犀利目光。

在高屋建瓴的战略思考和对未来方向的把握上，不得不说，这个世界上还没有另一个人到达过乔帮主的高度，真的，即便是创造了互联网神话的佩奇和布林也不行。

这一点，还真是不服不行，乔帮主对未来技术方向的嗅觉是天生的，没有这个眼光，何谈改变世界？

人们通常把这种洞悉未来的能力称为远见（Visionary）。乔帮主的远见卓识则在于，总是能比别人提前几年看到技术发展的大势所趋，又常常能准确地抓住最好的时机一招制胜。

从结果上看，乔布斯的远见通常体现在三个方面：

- 乔布斯非常了解自己所关注的每一个技术领域的来龙去脉。
- 乔布斯总是相信未来有无限可能，且清楚地知道大致的演进方向。
- 乔布斯总是大胆地顺应潮流，推陈出新，无论这种更新是不是伤害眼前的利益。

有人说，苹果做得最漂亮的地方在于他们淘汰自己产品的速度。想想吧，当年苹果把 Apple II 卖得风生水起的时候，却自己另立门户，推出实质上和 Apple II 竞争的 Macintosh。这样的例子不胜枚举。

后来成为 Palm 公司 CEO 和 Handspring 公司创始人的唐娜·杜宾斯基（Donna Dubinsky）当年在苹果负责打印机的销售渠道。她回忆说："当苹果准备把打印机的分辨率从 300dpi 升级到 1200dpi 时，我曾建议乔布斯：'我们应该先把旧的打印机降价，出清库存后，再开始销售新的打印机。'乔布斯回答道：'不，我们马上就停止卖 300dpi 的打印机，因为用户需要新的技术。'"

苹果不断用新产品、新技术淘汰和否定旧的东西，因为乔布斯从骨子里相信，苹果要为了未来而不是为了现在而活着。

乔布斯回归苹果后，当 Macintosh 还是苹果的主营业务时，他就利用苹果周年纪念的机会给全体员工发邮件说："已有的 Mac 电脑算不了什么，苹果今后推出的产品才能代表未来。"

果不其然，当苹果用 iPod、iPhone 和 iPad 等一系列重磅炸弹打乱旧世界的格局时，苹果自身的产品结构也发生了根本性的改变。到 2011 年，占据苹果 60% 以上销售额的产品，竟然都是 5 年前根本不存在的产品！乔布斯对未来的这种追逐，也许，只能用"执著"来形容了。

在历史上，苹果每推出一款产品，就开始想，下一款产品应该是什么。当沃兹完成 Apple I 的研发后，就立即投入到了 Apple II 的工作中去；

当 Apple II 刚刚改变了人们对计算机的认识，乔布斯立即判断出，图形用户界面才是未来的潮流；当 iPod 刚刚上市，乔布斯就几乎立即开始思考 iPhone 和 iPad 的雏形……

这种提前两三年就找出科技产业下一件大事的能力是让人叹为观止的。如果没有这种能力，今天的苹果即使不走向崩溃，也必然和微软、IBM 等庞大的 IT 巨人一样，虽然运转如常却毫无激情、活力可言。

当然，这种执著的“未来控”也会在实践中付出代价。

首先是时机的把握。苹果当年推出 Macintosh 的时机就没有完全掌握好，后来斯卡利主推的牛顿 PDA 又一次给他人做了嫁衣。这些教训不可谓不深重。

其次是更新换代时的平滑程度。有时候，苹果为了尽快启用新的技术，常常不顾一切地放弃对现有技术和既有用户的支持。

当年推出 Macintosh 时，苹果就大胆放弃了还是时代主流的 5 寸软驱，而选用了代表未来的 3 寸软驱。等到推出 iMac 时，苹果再次大胆决定，连软驱也不要了，只为 iMac 配备光盘驱动器和网络接口——要知道，那时不少电脑还没有连入网络，软盘还是很多用户最常用的“通信”媒介。2005 年，乔布斯毅然决定，新款 iPod 全面放弃苹果自己的数据传输接口“火线”，转而支持代表未来的 USB 2.0 数据接口。最狠的是，2008 年，无线网刚刚火起来，苹果推出的 MacBook Air 笔记本电脑就直接放弃了有线网络接口，只内置无线网络——这简直就是赶着用户“投奔”未来呀！

这种激情洋溢的技术更新必然带来许多与现有产品不兼容的问题。早年间，苹果的 Macintosh 就和 Apple II 不兼容，同样追求图形用户界面的 Lisa 和 Macintosh 相互也不完全兼容。后来，Mac OS 各版本之间的兼容性问题时常出现，乔布斯回归前，甚至出现过苹果自己的操作系统不能运行自己的应用程序的问题。自己的系统还问题多多，更别提与 IBM PC 的兼容了。当年，苹果输掉个人电脑大战，兼容性是其中一个重要原因。

不过，对于战略家乔布斯来说，大胆追寻未来所必须付出的代价，也许都算不了什么。当年，苹果的确在时机把握、技术过渡、兼容性等问题上栽过跟头，但今天的世界完全不同了。技术演变越来越快，一项技术刚一成熟，就恨不得被新兴的技术立即取代。互联网的发展也让操作系统之间、操作系统与应用程序之间的兼容性问题，不再像当年那样敏感。在互联网时代，看得远、看得准、选好出手时机，远比稳妥、周全、细致更重要。

有人问，这种领先 3 到 5 年的战略眼光到底有什么用？只要看一看过去几年里，苹果、微软、谷歌和 IBM 股价走势的对比图就会知道，这样的战略眼光就意味着赢利和增值！过去几年，微软、IBM 都发布过什么样的产品？这些产品中有哪些是代表未来技术的？微软和 IBM 这样的 IT 巨人也许可以平稳经营，但只要没有乔布斯的战略眼光，股价就只能是静若止水。即便是不断推出新一代搜索技术、Android 手机操作系统和 Chrome 浏览器的谷歌，同期的股价增幅也远低于苹果。

永远领先同行 3 到 5 年，意味着苹果可以始终站在产业生态环境的最顶端，坐享丰厚的利润。永不停息的自我超越，意味着苹果可以定义并“强迫”人们奔赴未来。至少目前，还没有任何一家其他公司可以做到这一点。

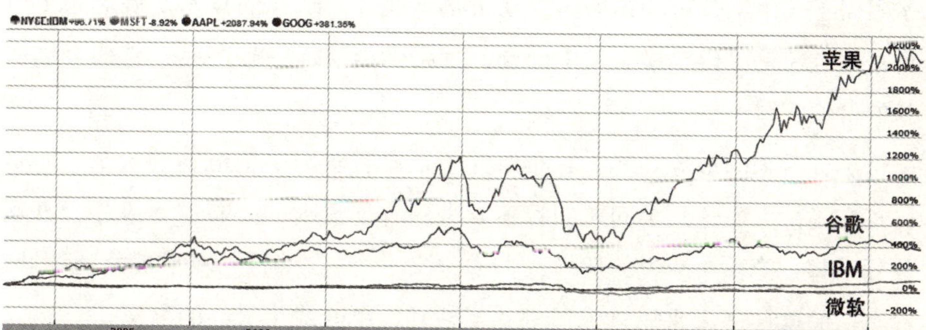

图 52　苹果、谷歌、微软、IBM 的股价走势对比。苹果从 2005 到 2011 年间股价增长了 20 多倍，远远超出谷歌的股价增幅。同一个时期，微软、IBM 的股价则基本保持稳定。

当然，乔布斯在准确洞察未来的同时，也会用他缜密的思考判断一项未来技术是否适合变成产品。根据曾任苹果销售总监戴维·索伯塔（David

Sobotta）的回忆，2002年微软的平板电脑概念正被炒得火热时，曾有人劝说乔布斯研发针对专业人士的平板电脑。乔布斯拒绝了对方的提议，他所列举的原因是：

“首先，这不是一个很大的市场。尽管包括惠普、宏碁在内的PC巨头试图打开这一市场，连盖茨也大胆预言，平板电脑将在五年内成为美国最畅销的电脑，但相对于每年销量两亿台的个人电脑市场，平板电脑以万台计的年销量微不足道。其次，如果平板电脑主要是针对专业人士的，如美术、医疗等领域的用户，它可能遇到几种技术瓶颈：其一，没有任何无线网络能够足够快地在平板电脑上传输专业图像；其二，平板电脑的显示达不到专业标准。”

乔布斯总结说：“苹果公司更乐于去定义一个新市场，而不是参与到众多公司为一款前景难料的产品制造生存空间的战争中去。”

根据创新工场投资经理张亮的分析，乔布斯这番话清晰地表明了他考虑未来产品是否可行时的思路：他首先会思考，新产品所在的是一个大众市场还是细分市场？这个市场可能会有多大？然后他会问，是否有一些技术阻碍了一个细分市场拓展为大众市场？此外，未来的技术发展对这个市场是促进还是滞碍？最后一个问题，如果做出这样一款产品，它能否创造新的价值？

结合后来的形势发展，乔布斯并不是没有看到平板电脑的未来，而是一直在等待上面这几个问题的答案。直到有了清晰的解答，苹果才会真正放开手脚，像乔布斯说的那样，去“定义一个新市场”。在平板电脑领域，乔布斯的这种“未来思辨术”获得了成功，iPad成了最终的赢家。

早年的乔布斯，经常犯那种看到了未来却与机会失之交臂的错误，Macintosh输给IBM PC就是乔帮主心中永远的痛。在苹果、NeXT、皮克斯摸爬滚打了十几年后，逐渐成熟的乔帮主“进化”成了一个既能看到未来，又能用清晰的思路和完善的方法论把握未来的人。

正如斯卡利在接受采访时所说：“乔布斯是一个有着超凡眼光的人。但他同时也是一个笃信每一步细节必须精确无误的人。”

用户友好

1979年在施乐，乔布斯看到了鼠标、视窗等神奇的图形用户界面技术。从历史角度看，那一次参观无疑左右了IT技术在未来十几年的走向。这不仅仅是因为乔布斯从施乐“偷”走了图形用户界面技术，更是因为，乔布斯那一天不仅仅看到了一种新的技术，也看到了这种技术背后所代表的“用户友好”的设计思想。

从那以后，乔布斯在产品设计上的主导思想从来没有偏离过“用户友好”这个主题。设计师将创意提交给乔布斯审阅时，乔布斯扮演的角色更像是一个被赋予了决策权的最终用户。凡是用户不会喜欢或者用起来别扭的设计，无论技术有多先进，都会被乔帮主一板子拍死。

乔布斯对用户友好的重视是从包装开始的。从Apple II时代起，乔布斯就非常重视苹果电脑的包装。他觉得，用户打开包装箱时，最先看到的是产品包装，这个第一印象，以及用户拆开包装的过程，是教用户学习产品使用的一个非常好的机会。

乔布斯曾对Macintosh开发团队说：“好吧，假如我就是那件产品。当购买者试图把我从包装箱里拿出来并开始使用的时候，会发生什么？想一想吧，第一次使用Macintosh的用户从来没有见过鼠标。那么，当购买者打开电脑的包装，我们包装鼠标的方式能不能直观地告诉用户，鼠标应该这样拿、这样用？类似地，当用户第一次打开Macintosh电脑的时候，电脑上需要显示些什么，来引导用户使用？如果完全没有使用手册，我们的产品设计能不能做到，用户打开包装，就可以使用？”

苹果前副总裁杰伊·艾略特回忆说，研发Macintosh的图形用户界面时，有一天，乔布斯到旧金山一家名叫Ciao的餐厅吃饭。侍者刚拿上来菜单，乔布斯就被菜单上毕加索风格的图示吸引了。就是这个风格！乔布斯兴奋得像吃了迷幻剂。周一一大早，乔布斯就赶到公司，给设计师们看Ciao风格的菜单，和设计师们一起确定图形用户界面里每一个图标、每一种字体、每一个形状以及每一种颜色的设计。第一代Macintosh图形用户界面的视觉风格就这样被确定了下来。在乔布斯心里，电脑的界面就要像一份吸引人的菜单那样，既好看，又好用。

终其一生，能让乔布斯真正佩服的人十分有限。发明宝丽来相机的埃德温·兰德和福特汽车的创始人亨利·福特（Henry Ford）都有幸成为了这一小批牛人中的一员。宝丽来相机是当年操作最容易，使用最方便的相机；而福特汽车则是用技术实现汽车平民化的经典。虽然乔布斯追求产品的品位和形象上的完美，但在用户交互上，乔布斯始终强调，电脑产品都要像宝丽来相机和福特汽车那样简单、易用。

乔布斯曾在接受记者采访时谈到自己对产品设计的基本想法："设计是个有趣的领域。有些人认为，设计就是产品的外观看上去什么样。但其实，如果细想一下，你会发现设计其实是有关产品如何工作的学问。Mac电脑的设计不仅仅包含电脑看上去什么样，更主要的还是设计电脑如何工作。"

乔布斯认为，人的手是上帝最完美的创造。在苹果工作过的一位设计师回忆说，乔布斯经常盯着自己的一双手发呆。乔布斯说："手是你身上最常使用的部位，而且，手能够直接听命于大脑。"只要解决好手和电脑相互交互的问题，产品就自然具备了"用户友好"的特点。很多苹果的产品，比如从只有一个按键的鼠标到 iPhone 和 iPad 支持多点触摸的玻璃显示屏，再到最新的 Mac 电脑使用的多点触摸板等，都是对手和电脑关系认真思考的产物。

乔布斯说："创造力（Creattivity）只不过是连接某些东西的能力。如果你问一个有创造力的人，他们如何'创造'某个东西，他们会觉得有点儿委屈，因为他们真的不是在'创造'东西，他们只是看到了某种东西。因为，他们能够把曾经见过的不同体验连接在一起，然后综合成某种新东西。"

那么，用户在考虑一件产品是否满足需求，是否"用户友好"的时候，通常又是从哪些角度来思考的呢？乔布斯对记者举了他自己的家庭选购洗衣机的例子。乔布斯说：

"设计不仅仅是设计好玩的小玩意儿。我的家庭刚刚经历了一次买洗衣烘干机的大讨论。我们发现，美国制造的洗衣烘干机都有问题，欧洲制造要好一些。欧洲洗衣机洗完的衣服留存的洗涤剂更少。最重要的是，欧洲的洗衣机不伤衣服，洗得更干净，使用更少的洗涤剂和更少的水，耗水量只有美国洗衣机的四分之一。但是，为此付出的代价是，欧洲洗衣机洗同样数量的衣服要花更长的时间。我的家庭为此争论了两周，这是一个两难的取舍。是花一个小时就洗完衣服，还是花一个半小时洗得更干净且不伤衣服还更省水呢？最终，我们选择了来自德国的美诺（Miele）洗衣机。这种洗衣机在美国非常贵，因为这里很少有人买。我们在买洗衣机时考虑的问题，其实就是设计师要考虑的问题。"

苹果电脑的用户——注意，我说的明显不是那些在中关村买了苹果电脑却直接装上 Windows 操作系统的"伪用户"——都知道，Mac OS 操作系统每个窗口的左上角都有红色、黄色、绿色三个按钮，分别对应于"关闭窗口"、"收缩至托盘"、"放大窗口"三个不同的功能。每个看到这三个彩色按钮的人都会联想到十字路口的交通信号灯。

可是，在 Macintosh 设计初期，这三个按钮的颜色都是灰色的。有一次开会的时候，乔布斯仔细地观察这三个小按钮的设计，一边看一边摇头。

乔布斯说："不行，不行，这三个按钮一点儿也不友好。一眼看过去，不知道每个按钮是做什么用的。"

负责用户界面的设计师柯戴尔·瑞茨拉夫（Cordell Ratzlaff）想了想说："把他们设计成灰色的，是为了不分散用户的注意力。如果要更明确地区分它们的功能，能不能这样设计，当鼠标移动到某个按钮上时，就显示一个小动画，来提示用户这个按钮是做什么的？"

乔布斯使劲地摇头："不好，不好，这太复杂了，一点儿都不友好。"

突然，乔布斯灵机一动，对大家说："你们知道交通信号灯吗？红色、黄色、绿色，三种在人们的直觉里最有表意功能的颜色。我们为什么不能把这三个按钮分别涂上红色、黄色和绿色呢？"

瑞茨拉夫事后感慨道："刚听到这个疯狂的建议，我们都觉得，将交通信号灯和电脑的图形用户界面联系在一起，实在太怪异了。但没过多久，我们就发现，乔布斯是对的。不同颜色的按钮直观地暗示了三种不同的功能，又不像大图标或动画那样打扰用户。特别是，我们用暗示‘危险’的红色按钮来指代‘关闭窗口’，这样，用户就不容易误点这个按钮了。”

斯卡利说：“乔布斯总是从用户体验到底会怎么样这个角度去看待每一件产品。”

用户体验优先，今天几乎每个设计师都信奉这一标准。但在实际产品设计中，能做到用户体验优先的寥寥无几。笔者曾经和几位专业设计师探讨过一个简单的问题，2007 年苹果发布的 iPhone 在用户体验方面卓尔不群，这并不奇怪，奇怪的是，为什么直到 5 年以后，即便是第一版 iPhone 的用户体验还是明显领先于市场上绝大多数智能手机？既然所有设计师都知道，用户体验优先是乔布斯和苹果做得最好的地方，那么，为什么大多数人连跟在后面学也学不像呢？

是啊，大多数人即便懂得这个浅显的道理，也只能跟在苹果卓越设计的背后望尘莫及。“用户友好”这四个字可不是一种随便就能学到的方法，那是一种根植于乔布斯大脑深处的创新理念。

完美主义

曾在苹果公司任资深经理的迈克尔·罗普（Michael Lopp）在回答苹果为什么能设计出那么多酷毙了的产品时，为我们介绍了苹果产品设计流程中的两个关键点：

- 完美原型：苹果要求，即便是产品的设计原型，也要实现得完美无缺。拿软件的用户界面设计来说，原型界面的每个像素都必须经过周密的考虑，达到完美的外观效果。显然，这需要在设计阶段花更多的时间和精力，但这也很好地避免了决策时的歧义和不确定性，减少了后续的反复。
- 10→3→1：在开始阶段，苹果的设计师通常会着手设计 10 个左右的不同方案，然后从其中找出 3 个明显较好的方案。虽然目标是找到 3 个候选方案，但从 10 个方案开始的做法，可以赋予设计师更大的灵活性，不至于在开始阶段束缚设计师的手脚。随后，设计师通常会花上更长的时间，围绕那3个候选方案展开讨论并最终选出最好的一个。

正如罗普所说，苹果是在设计的最初环节，就要求设计师做到极致。“追求完美”是苹果的设计师们一进入公司，就挂在嘴边的信条。

当然，这句话的分量对不同人也不完全一样。对普通设计师而言，完美主义也许只是个理想化的目标，可以追求但不必强求。但对帮主乔布斯来说，完美主义其实就是他的生命，如果某件事做不到完美，那简直比杀了他还痛苦。

早年开发 Macintosh 时，乔布斯就不断地否定既有的设计方案，不断改进产品，以至于整个项目的进度被屡屡拖延。在改进 Macintosh 的过程中，乔布斯用近乎偏执狂的架势，要求工程师们把用户根本看不见的主板电路做得漂亮、养眼，要求设计师仔细调整键盘上每个标点符号的外观，反复比较主机机箱的不同候选颜色……

在研发 iPhone 的时候，设计团队尝试过数百种不同的手机外壳，有的方案之间只有很小的差异，有的方案之间明显不同，还有一些方案选择的是完全不同的材质。最终，由乔布斯拍板，选定了其中一款设计。但就在离手机正式发布还有几个月的时候，一天，乔布斯突然被自己的潜意识惊醒，他发现，自己对此前选定的外壳方案又不满意了。他驱车赶到 iPhone 设计团队。那些已经连轴工作了很长时间的设计师们对乔布斯的出尔反尔敢怒而不敢言。

“乔布斯就是创造产品的米开朗琪罗。”杰伊·艾略特评价说，“他会不停地在画布上涂涂改改，直到他肯定自己已经得到了满意的方案为止。”

在苹果，人们把乔布斯这种临发布前的出尔反尔称做“重启”。一旦乔布斯对此前选定的设计方案不满意，他就会像重启一台电脑那样，“重启”整个设计流程，废掉此前辛辛苦苦得到的一切，从一个他认为合适的环节重新开始。这对设计师而言，是一个巨大的压力，但对产品而言，这是通向完美的必经之路。

乔布斯经常告诫员工，一定不要因为想当然的困难而放弃对完美的追求。乔布斯总是给员工讲这样一种糟糕的过程：“当设计师把一个出色的创意拿给工程师看的时候，工程师总是说：‘这不可能，我们做不出来这个，根本没有可能。’于是，设计师只好屈服于工程师，让工程师在‘可能’的情况下完成产品设计。最终，当他们把设计图纸拿给制造部门的时候，制造部门的人就会说：‘我们造不出来这个。’就这样，每个环节的人们都占足了口舌上的便宜，却丢弃了完美的产品。”

1997 年刚回归苹果的乔布斯和艾维一起完成 iMac 的彩色透明设计后，他们在工程部门就碰到了这样的麻烦。当乔布斯和艾维把设计原型拿给工程师看的时候，工程师们竟然找出了 38 个理由来说明这个创意为什么无法实现。

乔布斯说：“不，不。我们就要做这个。”

工程师们说：“好吧。但，为什么呢?”

乔布斯对他们说：“因为我是 CEO，而且我认为，这东西能够实现。”

工程师们很不情愿地服从了乔布斯的命令。但最终，iMac 的市场表现证明，乔帮主的坚持是对的。

其实，乔布斯在完美上的追求也并不只限于苹果的产品。有一位曾在加州帕萨迪纳（Pasadena）苹果专卖店工作的销售，名叫伊恩·麦多克斯（Ian Maddox）。他刚刚到苹果专卖店工作不久，那家专卖店就开始重新装修地板。每天晚上等最后一名顾客离店之后，施工队就开始把一块块地砖掀起来，换上新的地砖。新的地砖是从意大利进口的深灰色花岗岩，是乔布斯亲自挑选的样式。“那地砖铺在专卖店里非常漂亮。”麦多克斯回忆说。

新地砖铺好后不久，一天清早，专卖店还没开门，麦多克斯发现所有经理都神情紧张地在店里集合，甚至还包括极少露面的区域经理。原来，乔布斯这天早上带了四五个人，亲自来到这家专卖店，检查新地砖的效果。

麦多克斯发现，乔布斯对新的地砖并不满意。新地砖刚铺上时非常漂亮，但因为使用的接缝剂不够好，顾客一踩就会留下难看的污迹。地砖才铺好几天，整个大厅的地板就显得污秽、脏乱。

看到乔布斯很不满意，麦多克斯和专卖店经理们都很紧张。他们战战兢兢地看着乔布斯。这一次，乔布斯不仅仅是不满意，而是大发雷霆、火冒三丈。乔布斯命令专卖店经理，地砖必须被全部换掉。结果，施工队又被叫了回来，认真清洗了每一块地砖，使用新的接缝剂重新铺设了整个地板。

乔布斯曾不无自嘲地对记者说，自己追求完美可能也是一个弱点，“有时，‘做到最好’是‘做得很好’的敌人。”

的确，乔布斯对完美的追求已经深入到了苹果的每一项工作中。这种追求如果把握不好，片面追求形式上的所谓“完美”，有时也会事与愿违。例如，苹果公司在乔布斯回归前，销售不断下滑，占有率急剧下降，但即便是在这样的悲观氛围里，苹果的领导者和工程师们仍坚持认为，苹果电脑是世界上最完美的产品，市场上的颓势只不过是机遇不好罢了。

亲身经历了那一段艰辛历程的李开复评论说：“现在看来，正是这种片面追求完美的思维方式害了苹果。道理其实很简单，从苹果公司的创始人史蒂夫·乔布斯到苹果公司的设计师们，只知道一心沉醉在对完美产品的追求中，却因此丧失了市场的先机。他们有足够的自信，却欠缺从竞争对手那里虚心学习的自省。他们对用户有高度的同理心，但却不知道用积极的态度降低用户的使用成本。的确，苹果电脑看上去很酷，跑起来很快，用起来也十分得心应手，但它在硬件和软件上都无法与其他公司的产品兼容，价格又居高不下。最终，苹果公司只能像他的创始人那样，品尝到了失败的滋味。”

李开复为我们廓清了一个明确的界限——要玩完美主义，就要像回归后的乔帮主那样，在洞悉未来、知己知彼的情况下追求完美，如果像当年研发 Macintosh 时那样，置用户对价格、兼容性等问题的关注于不顾，片面追求所谓的“完美”，就必然败得很惨。从这个意义上讲，乔布斯的完美主义，在帮主回归前和回归后，也有着不一样的内涵。

减法艺术

乔布斯骨子里是一个简约主义者。这个天性在很早就暴露无遗了。斯卡利就曾说过："乔布斯的方法论区别于其他所有人的地方在于，他总是相信你所作的最重要的决定不是你去做什么，而是你不去做什么。他是一个简约主义者。"

微软创始人保罗·艾伦（Paul Allen）在2011年出版的披露微软早年历史的《谋士》（*Idea Man*）一书中，提到了这样一个故事。微软帮苹果开发Macintosh版本的Excel软件时，艾伦到硅谷拜访乔布斯，了解Macintosh电脑和图形用户界面技术。乔布斯当场为艾伦展示了Macintosh原型机和由鼠标控制的图形用户界面。

当艾伦看到乔布斯演示用的鼠标只有一个按键时，他好奇地问乔布斯："鼠标上如果有两个按键，是不是会更好些?"

乔布斯回答说："你知道的，保罗，这完全是简约和复杂之间的取舍关系。没有人会在使用鼠标时需要两个或更多的按键。"

"不过，史蒂夫，"艾伦说，"人们既然有多于一根的手指，他们也许还想要一个单击右边按键的功能呢。"

乔布斯摇着脑袋，对艾伦的建议不以为然。为鼠标配备多个按键的建议虽然合情合理，但这与乔布斯心中对简约的狂热追求是矛盾的。

在微软，设计师们试图平衡的是简约和功能之间的关系：当新增的特性破坏了原本的简约设计，但由此给程序或设备带来更多功能时，微软的设计师总是倾向于保留这样的特性。

但在苹果，设计师们思考问题的方法截然相反，他们平衡的是用户体验和复杂性之间的关系：当新增的特性引入了复杂性并伤害了原本简约、流畅的用户体验时，苹果的设计师宁可放弃附加功能，也要保持用户体验的完美。

于是，多年来，苹果电脑配置的鼠标一直都特立独行，只有一个按键，与IBM PC阵营的两键、三键鼠标截然不同。初学者总是抱怨IBM PC

的两键、三键鼠标难以掌控，不清楚每个按键的目的何在；而电脑高手却恰恰相反，总是抱怨苹果的单键鼠标很难快速实现特定功能，要模拟右键单击等操作还需要键盘上的控制键配合。

两种设计体系，两种风格的鼠标一直并存，在这个领域，没有谁真的胜出，他们分别代表的是两个完全不同的思维模式。直到近年来，苹果在电脑上开始大量使用多点触摸板代替传统的鼠标，推动着图形用户界面领域的又一次重要变革。反观 PC 阵营，鼠标的设计还停留在两键、三键时代，任由苹果在前面绝尘而去。

对简约的追求在很大程度上来自于乔布斯年少时修习禅宗的经历。乔布斯常说："人生中最重要的决定不是你做什么，而是你不做什么"。这种"任凭弱水三千，我只取一瓢饮"的禅机在苹果的每一件产品中都有或多或少的体现。

在设计 iPod 时，艾维就说："从某种意义上看，我们真正在做的，是在设计中不断做减法。"

减法设计的思想贯穿了 iPod 产品设计的始终。除了不提供开关键以外，iPod 还把全部 4 个功能键都集中在中央转轮上，整个播放器没有任何多余的操控界面。

到了研发 iPhone 时，因为多点触控显示屏的引入，乔布斯和艾维有可能把用户可操作的元素减少到最少。那时，乔布斯反复对设计团队说，已有的所有手机都太复杂，太难操作了，苹果需要一款简约到极致的手机。

于是，乔布斯在设计 iPhone 的最初阶段，就给设计团队下达了一个死命令：iPhone 手机面板上只需要一个控制键。

设计师和工程师绞尽脑汁，也想不出如何用一个控制键完成所有操作功能。他们一次次跑到乔布斯面前，陈述手机面板上必须有多个按键的理由。每周的设计评审会议上，都会有人对乔布斯说："这不可能。"

乔布斯就像聋子一样，对这些哭诉充耳不闻。他只是淡淡地说："iPhone 面板上将只有一个按键。去搞定它。"

没有人知道乔布斯为什么这么笃定一定有一种好的单键解决方案。也许，乔布斯当时只是扮演了一个顾客的角色，他只是用他特有的方式，向设计师和工程师索要一种最酷、最简约，真的能改变世界的产品。

于是，今天我们手里拿的 iPhone，还包括后来的 iPad，在前面板上就只有一个又大又容易按的圆形按键。甚至，到了 2011 年年初，当苹果在新版 iOS 操作系统中测试新的多点触摸交互方式时，不少人预测，未来的 iPhone 手机和 iPad 平板电脑，将真正实现前面板的“零按键”。

陆坚告诉笔者，苹果研发 iMovie 视频编辑软件的时候，因为 iMovie 定位在消费者用户，用户界面的设计本来就非常简单，但乔布斯还是认为界面太复杂了。乔布斯说：“95% 以上的用户在上传视频前，根本不做什么剪辑、特效操作。对于这些用户来说，iMovie 还是太复杂了。”乔布斯一次次地要求 iMovie 的设计团队简化设计，直到整个用户界面和操作流程足够简单，每个用户不需要用户手册就能直接使用为止。

陆坚评价说：“苹果的员工很多都被注入了这种追求完美和简约的基因。每次设计产品都会不断地推敲，追求最简单、最优雅的表现方式，而不只是止步于做出的第一个产品设计。”

很显然，苹果内部根深蒂固的追求简约的基因来自乔布斯，是乔帮主让做减法变成了产品设计中的一种经典方法。

2004 年接受《商业周刊》采访时，乔布斯说：“创新来自于对 1000 件事情说‘不’，惟其如此，才能确保我们不误入歧途或白白辛苦。我们总是在想，可以进入哪些新的市场。但只有学会说‘不’，你才能集中精力于那些真正重要的事情。”

细节，还是细节

2002 年，乔布斯与各大唱片公司就在线音乐的版权展开谈判时，苹果已经开始设计即将发布的 iTunes 音乐商店的应用界面了。有一次，美国唱片业协会 CEO 希拉里 · 罗森（Hilary Rosen）亲眼目睹了乔布斯与工程师讨论用户界面设计的情形。当时，乔布斯和工程师坐在电脑前，为了一个设计上的问题争执不下。罗森发现，乔布斯与工程师所关注的，不过是在屏幕上一块大约只有一张便条大小的区域里，如何排放 3 个单词的问题。罗森不禁感慨道：“乔布斯竟如此关注细节。”

也许，关注细节、重视细节、苛求细节只是乔布斯借以实现其完美主义的一种方式。离开了对细节的关注，乔布斯对完美艺术品的追求就只能停留在口头上。

负责 Macintosh 用户界面设计的柯戴尔·瑞茨拉夫回忆说：“乔布斯会一个像素一个像素地检查屏幕上的每个细节，确保相关的图像准确对齐。他非常重视细节，细致程度居然达到了像素的层面。如果发现问题，乔布斯就会立即冲着某个工程师大吼起来。”

瑞茨拉夫为 Macintosh 设计的滚动条在整个图形用户界面中并不是特别抢眼的部分，但乔布斯就是对滚动条的设计不满意。他希望，即便是滚动条这样的小元素，也应该有比较艺术化的视觉效果。为此，瑞茨拉夫的团队反复修改设计方案，但乔布斯就是不认可，不是觉得箭头的尺寸有问题，就是觉得颜色不好看。最终，瑞茨拉夫整整花了 6 个月，才弄出了让乔帮主心满意足的滚动条设计——这么折腾细节，也难怪当年 Macintosh 的发布要屡次延期。

Macintosh 电脑的开关设在电脑机箱的背后，这样，用户就不容易因为不小心而碰到电源开关。但乔布斯很快注意到了由此带来的另一个麻烦，用户伸手到机箱后面找电源开关可不是一件容易的事。为此，乔布斯和设计师一道，在机箱背面靠近开关的地方，特别设计了一小块使用不同材质的区域。这样，用户只要伸手到机箱背后一摸，根据手感不同，很容易就能找到开关的位置。

大师艾维也同样重视细节。他说：“我们的主要任务，就是关注最零星、微小的细节。细节最重要，值得花相当大的精力。当然，关注细节的时候，你的脑子里一定有另一个声音与你作思想斗争：‘会有人注意到这个细节吗？’是的，我知道大部分使用者不会注意到我们精心设计的细节，即使注意到了，他们通常也不会觉得那有什么意义。但我始终坚信，这些细节会产生强大的聚合力，当许多精心设计的细节汇聚在一起，用户终将爱上我们的产品。”

在对细节的苛求上，苹果2010年发布的iPhone 4差不多到了登峰造极的地步。

从用料到手感，iPhone 4的每一个细节都是经过精心设计的。玻璃的光滑质感，和金属边框的磨砂质感在同一部手机上配合得天衣无缝，每一条曲线，每一个凹槽，每一个边角，都有着设计团队对美感的不懈追求。

在制造工艺上，苹果规定iPhone 4主要零件的合缝间距不能大于0.1毫米，这个尺寸主要是为了避免打电话时夹到人的头发。据说，苹果测试iPhone 4时，测试员会拿着手机反复在脸颊上滑动，以确认没有一根头发会被手机夹到——可怜的测试员。

iPhone 4侧边的音量调节按钮上，加减号是两个凹下去的符号。苹果要求，即便是凹下去的部分，也必须平整、光亮。耳机插孔也是一样，金属触片的光洁程度，插口内沿的坡度等，都有细致的规定。

iPhone 4的包装盒把这种对细节的追求推上了顶峰。刚买iPhone 4的读者可以做个简单的实验，用单手从桌子上轻轻提起iPhone 4包装盒，不要托盒底，也不要用力握盒盖，就让装有手机的盒子在盒盖里靠重力缓缓下滑。你会发现，盒身的滑落速度不快不慢，差不多8秒钟的时间，盒身就从盒盖里完全滑出——这不是巧合，而是精心的设计。

具有讽刺意味的是，几乎考虑了所有细节的苹果设计团队最终被工程团队拖了后腿。2010年iPhone 4一上市就惨遭"信号门"，用户手握金属边框时，手机天线居然会受到干扰。苹果为了消除iPhone 4信号问题带来的负面影响，一度显得狼狈不堪，连乔布斯乔帮主在这场不大不小的尴尬中也有些左支右绌。

iPhone 4的"信号门"告诉我们，即便苛求细节如乔布斯和苹果，也还有百密一疏的时候。在追求完美的道路上，真的是永无止境呀。

不同凡"想"的创意营销

除了预知未来和创造完美产品，乔帮主的另一项独门绝技——市场营销，也是苹果征服世界的一个重要原因。

事实上，苹果公司诞生之初，乔布斯和马库拉就找到市场公关公司麦金纳，一起制定苹果的市场营销策略。著名的彩虹苹果商标就出自麦金纳公司的设计师罗勃·简诺夫（Rob Janoff）之手。

说乔布斯擅长市场营销，大概包括两个方面：首先，乔布斯很会借助媒体广告为苹果产品造势，历年来出自苹果的广告精品不断，许多广告都已经成了市场营销领域的经典案例。其次，乔布斯特别会利用个人魅力，借助展会等公开场合宣传公司形象和产品。在公众眼中，乔帮主不像一个CEO，倒更像鲍勃·迪伦式的大明星。

超级给力的广告，加上大明星一样万众追捧的CEO，除了苹果，还有哪个公司能兼具这两方面的特长呢？

先来说说广告。苹果的广告历来走的都是“酷毙”路线，属于不震撼到心灵深处绝不罢休的类型。

1981 年，IBM PC 刚刚问世，就被苹果来了一个下马威。苹果在《华尔街日报》等媒体上刊出大幅广告，广告的大标题只有三个单词：

“欢迎，IBM，我们是认真的（Welcome，IBM. Seriously）。”

这个大标题自信、傲慢、咄咄逼人，活脱脱就是乔帮主的口吻。这种指名道姓向对手下挑战书，视对方千军万马如草芥的广告，也只有乔布斯的苹果才做得出来！

此前提到过，1984 年 1 月 22 日，美国职业橄榄球联赛的总决赛超级碗现场见证了苹果历史上第一个震撼世界的广告作品。乔治·奥威尔在小说《1984》中所描绘的集权势力被代表新生力量的年轻女孩用铁锤砸烂，画面中浮现的是关于 Macintosh 的伟大预言：

“1 月 24 日，苹果公司将发布 Macintosh 电脑。由此，大家将会看到，为什么小说中的 1984 年不会在现实中重现。”

广告“1984”的创意来自苹果当时的市场合作伙伴——广告公司 Chiat \ Day。主创人是 Chiat \ Day 公司的创意总监李·克劳（Lee Clow）。克劳说：“这则广告阐释了苹果公司的理念和目标——所有人，而不仅仅是政府和大公司，都应该享用最新的技术。如果电脑不是为了掌控我们的生活，那么，它们就必须是易于获取和使用的。”

图 53　苹果欢迎 IBM 进入个人电脑市场的广告

尽管苹果和 Chiat \ Day 都一再否认，但所有人还是相信，广告“1984”中的集权势力，其实暗指的就是蓝色巨人 IBM。苹果再次用锋芒毕露、乔布斯色彩浓厚的广告，向竞争对手下了战书。

广告“1984”后来被誉为最成功的超级碗广告之一。2004 年，苹果为了纪念这则广告上映 20 周年，又再次翻拍和发布了新版电视广告，这一次，广告中的女孩身上，多了一台白色的 iPod。

1997 年，乔布斯回归后，在苹果濒临破产的绝境下，尽快恢复公司形象和产品声誉就成了当时市场营销的重点。

乔布斯发现，自己离开苹果后，苹果已经不再与 Chiat \ Day 公司合作，而是将生意交给了斯卡利在百事时的老合作伙伴 BBDO 广告公司。那一段时间，苹果的广告大多都乏善可陈，曾经桀骜不驯的乔帮主风格再也不见了踪影。

要在广告营销中一鸣惊人，就必须找回曾经的大师级人物。乔布斯决定，重新邀请 Chiat \ Day 公司参与苹果广告方案的制定，而且，还指名道姓要李·克劳来担任主创。

为此，乔布斯亲自给克劳打电话说：“我们又一次需要你出马了。这一次，不但时间紧，而且关系重大。你能在一星期内，做出一个比‘1984’更为震撼的广告方案吗？而且，这个广告方案里，最好能有一句人人都能记住的口号。”

临危受命的克劳真的只花了一个星期就完成了方案设计。他赶到苹果，径直向乔布斯和苹果市场部门的高管抛出了一个宣传口号。这是一句只有两个单词，却又铿锵有力的话，是另一位创意总监克雷格·塔尼穆图（Craig Tanimoto）最先想出来的。这句话翻译成中文也只有四个字：

“不同凡‘想’（Think Different）！”

不同凡“想”？听到克劳的介绍，包括乔布斯在内的苹果高管都陷入了短暂的沉默，但也就是短短的十几秒钟，人们突然相视而笑，大家不约而同地觉得，克劳想出的这句口号，虽然连英文语法都不大正确，但已经达到了比“1984”更高的境界。

Chiat \ Day 公司的肯·西格尔（Ken Segall）带队实施了整个广告计划。不多久，“不同凡‘想’”系列广告就在报纸、杂志、电视上频繁亮相。在时长仅 60 秒的主题电视广告里，包括爱因斯坦、鲍勃·迪伦、马丁·路德·金、约翰·列侬、爱迪生、拳王阿里、圣雄甘地、毕加索等在

图 54　广告“1984”中年轻女孩挥舞铁锤冲向旧势力的画面（这个画面截取自 2004 年重拍的 20 周年纪念版，和 1984 年原版相比，女孩身上多了一台白色的 iPod）

图55　不同凡“想”系列广告的爱因斯坦版

内的17位20世纪风云人物以黑白形象依次出现在画面中。而报纸、杂志上的静态广告则以每个人物一则的系列形式出现。

电视广告所配的画外音是这样一段耐人寻味的话：“献给那些疯狂的人——不合时宜的人、叛逆的人、搞破坏的人，他们就像塞在方孔里的圆楔子。那些人总是用与众不同的方式看世界，他们不喜欢规矩，他们不承认现状。你可以引述他们，可以反对他们，也可以吹捧或污蔑他们。但你惟一不能做的一件事就是忽视他们。因为他们正在改变一切，是他们推动着人类的进步。某些人把他们视为疯子，而我们视他们为天才。因为惟有那些疯狂到极点并自认为能改变世界的人，才真的改变了世界。”

据说，乔布斯第一次看到拍成的广告片，听到这段旁白的时候，激动得哭了。画外音所说的那些疯狂的人，那些不合时宜的、叛逆的、搞破坏的人，那些因为疯狂才真的改变了世界的人，不就是乔布斯乔帮主自己吗？

在电视上播放的“不同凡‘想’”广告产生了前所未有的轰动效应，仅仅花了大约60秒的时间，乔布斯和苹果就都找回了曾经一度模糊甚至濒临消亡的叛逆者形象，乔布斯的苹果又一次站在了改变世界的大潮前头。

“不同凡‘想’”的口号一直被苹果用到了2002年。此后，已经恢复了生机的苹果已经不再需要“不同凡‘想’”这样大气磅礴的作品来扭转局面了，苹果的广告营销转而走上了一条生活和时尚气息十足的道路。但即便如此，我们仍不难发现隐藏在苹果广告中的咄咄逼人的“乔式锋芒”。

2002年6月开始的“转换者”广告系列从世界各地找到了几十位真的从Windows电脑转换到苹果电脑的用户，让这些普通人现身说法，谈他们为什么不喜欢 Windows，为什么喜欢苹果电脑。整个广告系列生活气息浓厚，但锋芒仍直指苹果的死对头，微软和 PC 阵营。

从 2006 年到 2009 年，苹果展开了大规模的“来一台 Mac”系列广告攻势。在风格统一、诙谐轻松的数十条电视短片中，总会有一个俊朗、阳光的小伙子在开场对大家说：“大家好，我是 Mac。”接下来则是一位中年大叔自报家门：“大家好，我是 PC。”然后，Mac 和 PC 针锋相对地讨论两种电脑的不同。Mac 每一次都是酷与时尚的同义词，而 PC 则总是代表了老套和庸俗。这种赤裸裸打击竞争对手的做法引起了微软针锋相对的反击。2008 年开始，微软的“我是 PC”系列广告陆续上线。两家公司之间的广告大战煞是精彩。

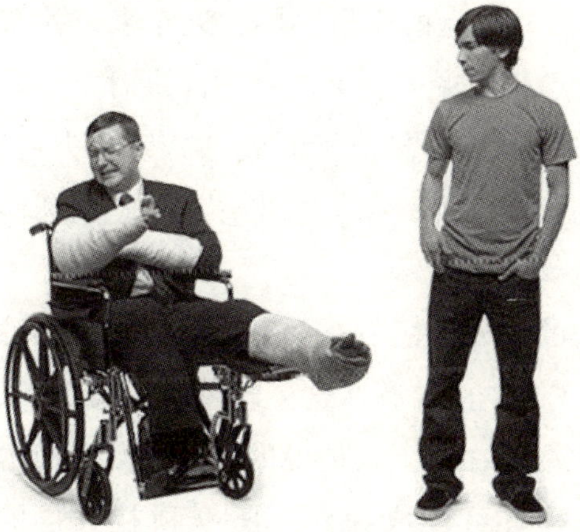

图 56 “来一台 Mac”广告画面

除了诙谐，时尚也是近年来苹果广告的另一个关键词。在大家熟悉的 iPod 系列广告里，苹果用剪影手法，让黑色人影在彩色背景上伴着音乐跳跃、舞动，剪影身上佩带的白色 iPod、白色耳机和白色导线异常醒目。纯净的彩色背景和黑白两色的画面主体让整个广告画面充满了青春和动感。为了推广 iPod，苹果甚至请来了大名鼎鼎的 U2 乐队参与广告拍摄并专门为 iPod 谱写歌曲。

除了广告之外，乔布斯特别擅长在各种展会、发布会上，利用明星一样的个人魅力，宣传苹果的公司形象与产品。

1984 年发布 Macintosh 时，乔布斯穿着深色套装，打着领结，站在讲台上，目光锐利地扫视着台下的听众。突然，他走向一个纸盒子，打开 Macintosh 电脑的包装。电脑的屏幕在众人注视下闪亮起来，与此同时，电脑居然自己发出了声音，它对大家说：“嗨，大家好，我是 Macintosh。能从包装箱里钻出来，真是不错呀。”

图 57 iPod 基于剪影的创意广告

在场的 2500 人欣喜若狂。一种“拜苹果教”，或者更确切地说，“拜乔布斯教”正式诞生。当时，苹果的市场总监，后来加盟微软的迈克·莫瑞就坐在第一排，他激动地向乔布斯伸出了大拇指，说：“瞧瞧现场吧，这简直就是宗教。”

和早年穿西服套装登台的风格不同，近年来，乔布斯在 Macworld 展会或苹果 WWDC 世界开发者大会上作主题演讲时，总是穿着他那身标志性的“帮主服”—— 一件挽起袖子的黑色高领套头衫，就是俗称“龟脖衫”（Turtleneck）的那种，配一条蓝色牛仔裤，一副圆形细边眼镜，还有一双运动休闲鞋。

看一看近年每一次有乔帮主参与的苹果产品发布会吧。只要那身熟悉的“帮主服”一登台亮相，听众就必然热血沸腾。这个时候，任何展示、演讲技巧都成了多余的陪衬，只要乔帮主在台上，他说的每一句话，展示的每一幅图片，做的每一个手势，都有可能成为台下听众顶礼膜拜的对象。

实话实说，乔布斯在生活里其实是个寡言少语的人，如果不是对脾气的话题，或者谈得来的朋友，他宁可一言不发。但帮主就是帮主，他的语言天分和气质魅力天生就是为大场面准备的。一旦上了讲台，乔帮主就自然拥有了睥睨群雄、舍我其谁的架势。很多人想模仿乔布斯的演讲，我觉得，这就好比一个普通士兵要模仿拿破仑在千军阵前的讲话，即便你的嗓音、神态可以模仿得惟妙惟肖，你也永远不会拥有拿破仑的气势。有些东西，学，是学不来的。

当然，一定要总结规律的话，卡迈恩·加洛（Carmine Gallo）在《乔布斯的魔力演讲》一书中总结出的 3 个临场提升语言效果的技巧最值得我们学习：

- 注重目光交流：乔布斯在演讲前会作精心的准备，往往提前几个星期就开始排练。到真正登台时，他并不会逐字逐句地阅读讲稿，而是特别注重在演讲时与台下听众做目光上的交流。有时候，他会偶尔扫视一眼幻灯片，然后迅速又将注意力转移到听众身上。

- 开放式的姿势：乔布斯站在讲台上，很少双臂抱在胸前，或是把手背在背后。他总是用一种“开放式”的姿势和观众交流。乔布斯并不喜欢讲台，他觉得，演讲者和听众之间不应该有多余的障碍。进行示范演示时，每演示完一个功能，乔布斯都会立即转向听众，而不是总用背部示人。

- 手势：几乎每一句重要的话，乔布斯都会用手势加以强调。包括手势在内的肢体语言对乔布斯的演讲来说绝不是可有可无的。乔布斯最常用的姿势就是两手向外打开，同时肘部收拢在身侧，这样的姿势利于双手做出清晰、明确的动作。

除此之外，从语调、语速、幻灯片的设计、演讲内容的安排，到演讲时间的控制，乔布斯的演讲中有许多可以借鉴的东西。例如，通常每次苹果的产品发布都有多个产品需要介绍，而其中总有一件是最重要的。乔布斯会把最重要的产品放在最后，然后，在介绍完所有其他产品后，像是意犹未尽一样，突然对观众说一句，“我差点儿忘了”，或是“还有一件事”，以此来引出整个发布会的压轴大戏。

图 58　演讲中的乔布斯，注意他“开放式的姿势”

百闻不如一见，这里介绍得再多，也不如现场听一次乔帮主的演讲来得有效，或者，即便不能现场膜拜乔帮主，喜欢乔布斯演讲的人也至少应该到网上找他的演讲视频，反复观看，多加揣摩。

关于苹果的展会营销，还有一件有趣的事情。不知道大家注意到了没有，苹果的 iPhone 和 iPad 广告图片上，屏幕上显示的时间总是 9：41。其实，2007 年刚发布 iPhone 时，这个时间是 9：42。可是，为什么会选用 9：42 或 9：41 作为广告图片上的时间呢？这是苹果或乔布斯的幸运数字吗？

据苹果负责 iOS 操作系统研发的副总裁斯科特·福斯托尔（Scott Forstall）透露，这两个数字其实与苹果的展会营销密切相关。

福斯托尔说："我们通常把产品发布会设计成最重要的产品发布总是在全部发布会进行到 40 分钟左右的时候登场。当产品的巨大图片出现在现场屏幕上时，我们希望屏幕上显示的时间和听众手表上的真实时间相差无几。当然，我们知道这不可能完全精确。"

好吧，为了配合产品发布会，苹果连广告图片上的时间细节都考虑得这么清楚。之所以这么重视广告和展会方式的营销，原因并不复杂：苹果是打造时尚消费类产品的大品牌，广告和展会是塑造时尚类品牌形象，向消费者推介产品的最佳途径。当然，和所有其他公司的最大区别是，苹果拥有一位神一样的市场营销奇才——乔布斯乔帮主。

品牌无价

甲骨文公司 CEO 拉里·埃里森说："苹果是计算机产业里惟一的生活时尚品牌。"

的确，品牌是苹果公司最有特点、也最宝贵的财富。1997 年苹果风雨飘摇的时候，乔布斯就很清醒地看到，如果说当时的苹果还剩下什么有价值的东西，那个东西就是苹果的品牌。

不过，说起品牌，貌似是一件虚无缥缈的事情，不是每个人都能说清楚，到底怎么估量，或怎么增加品牌的价值。好事的媒体总是会用多少多少亿美元来评估一家公司的品牌值多少钱。比如，2011 年之前，大多数媒体都认为谷歌是世界上最值钱的品牌，估值在 1120 亿美元上下，连续 4 年占据全球品牌价值排行榜的首位。但苹果的品牌价值却在 2010 到 2011 年间，奇迹般地增长了 84%，达到了 1530 亿美元，一举超越谷歌成为全球最值钱的品牌。

其实，苹果这个牌子是不是真的值那么多钱并不重要，重要的是，乔布斯从创立苹果的那一天起，就似乎有一种奇特的魔力，能把苹果这个牌子变成一种宗教，能让世界上千千万万的人一看到苹果的商标就热血沸腾。在全球品牌价值排行榜上，IBM 的品牌价值靠的是百年老店的质量和信誉，普通人才不会在意 IBM 的 CEO 是谁；麦当劳的品牌价值靠的是遍布世界各地的拱形“M”标记，喜欢麦当劳的孩子可从来不会去打听麦当劳现在的掌门人是谁；可是，对于疯狂热爱苹果的“果粉”来说，苹果这两个字几乎是和乔布斯乔帮主分不开的，想到苹果就想到乔布斯，想到乔布斯就想到苹果，苹果品牌的价值，从某种意义上说，差不多就是乔布斯个人品牌的价值。

被咬掉一口的苹果商标是苹果这个 1530 亿美元品牌的最大载体。乔布斯创立苹果之初，就在商标设计上下了很大工夫。此前讲过，苹果最早的商标是罗纳德·韦恩设计的，图案虽然典雅，但从现代商标设计上看，十分繁琐和业余。即将发布 Apple II 时，乔布斯觉得，苹果需要一个更专业的商标图案。

当时苹果的市场和公关合作伙伴麦金纳公司派设计师罗勃·简诺夫来为苹果设计商标。乔布斯并没有给简诺夫提太多的要求，只是说，别把商标做得太卡通了。简诺夫做的第一件事就是跑到超市去买了一袋子真的苹果，回到家对着苹果，画了整整一个星期，思考如何把苹果的外形简化成最好看的商标图案。

简诺夫画出了一个圆圆的，带有一片叶子的苹果。为了让这个苹果看上去比例更均衡，也为了避免这个图案引起农产品公司的联想，简诺夫在苹果右边画了一个苹果被咬了一口的形状。简诺夫很高兴地发现，“咬”这个词的英文“Bite”恰好与代表电脑的“字节”（Byte）一词谐音。这真是个完美的创意。

乔布斯几乎在第一眼就喜欢上了这个图案。他给简诺夫提出的惟一修改意见，是为这个苹果加上彩色条纹。简诺夫在单色设计稿的基础上，为苹果增加了横条纹的彩虹图案，但条纹的排列顺序和真正的彩虹不同。简诺夫后来回忆说："我当时并不知道苹果公司的卖点所在，其实，苹果电脑当时最吸引人的一个地方是它的彩色功能。对我来说，苹果商标中的彩色条纹就像是彩色监视器中显示的彩条一样。不过很遗憾，之所以把彩条排成那样的顺序，还真没有什么特别的理由，那就是因为我自己喜欢这样的排列方式。当然，绿色的条纹肯定要放在最上面，那是苹果叶子的位置。"

咬了一口的彩虹苹果商标在 Apple II 上第一次亮相，然后一直被沿用到了乔帮主回归后的 1998 年。很多老一代的"果粉"至今还怀念带有彩虹条纹的苹果，他们觉得，彩色商标记录的是苹果真正成为 IT 巨人前的青葱岁月。

1998 年，为了配合彩色 iMac 发布，乔布斯在保持苹果商标图案不变的情况下，将商标颜色从彩色变成了单色。从那以后，银灰色或白色的苹果就成了"拜苹果教"的新图腾。

彩色变单色，看上去少了些激情和活力，但多了现代感，多了内涵和底蕴。简诺夫评价说："这个变化代表着成长。随着年龄的增长，一切都在变化。尽管商标随着年月流逝而变化，但它仍然保持了与我 30 年前设计它时完全相同的形状和概念。我是如此幸运，可以和史蒂夫·乔布斯合作。看着苹果商标的变化，就像看着自己孩子长大一样。我为我的孩子而骄傲，也为这个商标而自豪。"

与商标类似的各种概念化的符号也很容易成为品牌价值的承载者。例如，苹果从 iMac 开始，就以小写字母"i"开头来命名最新、最酷的产品。这种命名方法最早是由 Chiat \ Day 公司的肯·西格尔提出的。

当时，肯·西格尔所在的广告创意团队正为"不同凡'想'"系列广告而忙碌。乔布斯突然把他们叫到苹果总部。在一间会议室里，乔布斯当着西格尔的面掀开了桌上蒙电脑的布。西格尔眼前出现了一台透明晶体一样的，亮蓝色的小电脑，整个创意团队都被震撼到了，会议室一下子安静了下来。

“我们都被震蒙了，但又不能直说，”西格尔回忆道，“我们当时小心翼翼，故作礼貌，但实际上都在想，老天，他们知道他们在做什么吗？这也太疯狂了吧！”

乔布斯告诉西格尔的团队，苹果公司在这台电脑上下了大赌注。苹果需要给这台电脑取一个惊世骇俗的名字。乔布斯还告诉大家，新电脑是一台 Mac，以便借力 Macintosh 的品牌形象。同时，新电脑是特别为互联网设计的。

西格尔想出了 5 个名字。其中 4 个是作为陪衬提交给乔布斯定夺的，主要是为了烘托他自己最喜欢的一个名字——iMac。

“这个名字代表 Mac，”西格尔说，“其中的 i 代表互联网（internet），但同时也代表个性（individual）、想象力（imaginative）或者其他合适的东西。这种用 i 开头的命名方法也可以用于苹果其他互联网产品的命名。”

很不幸，乔布斯对西格尔提出的 5 个名字一个都不喜欢。西格尔只得回去想了另外 3 个名字。但西格尔还是坚持跟乔布斯说，他自己最喜欢的名字仍是“iMac”。

乔布斯说：“我倒是不讨厌它了，但我仍然不喜欢它。”

就这样，并没有讨得乔帮主 100% 喜欢的名字 iMac 最终被用在了新电脑上。但新电脑上市后的销售佳绩显然改变了乔布斯对这个名字的看法，他开始越来越喜欢用“i”开头的命名方式了。

2000 年，乔布斯在 Macworld 大会上正式宣布，自己不再继续使用“临时 CEO”头衔，而成为苹果正式 CEO 时，对台下的观众打趣说，也许自己应该用“iCEO”这个头衔。

iMac 以后，苹果最酷的产品都使用了“i”开头的命名方式，iPod、iPhone、iPad 等名字一次次成为世界焦点。苹果为 Mac OS X 操作系统开发的应用软件也纷纷效仿这样的命名方法，iTunes、iWork、iLife、iPhoto、iMovie、iDVD 等名字成了苹果用户桌面上的常客。

一时间，使用“i”开头的名字成了一种时尚。史蒂夫 · 沃兹把自己

图59　纽约第五大道的苹果专卖店，全透明的玻璃房子中央悬挂着银白色的苹果商标

撰写的自传命名为 *iWoz*（i 沃兹）；传记作家威廉·西蒙（William Simon）把一本未经乔布斯授权的传记命名为 *iCon*（i 偶像），还因为这本书惹恼了乔布斯，惨招 iTunes 网上书店的封杀。

苹果遍布世界各地的专卖店其实也是苹果品牌战略的重要组成部分。2001 年 5 月 19 日，最早的两家苹果专卖店在弗吉尼亚州的泰森斯角（Tysons Corner）和加州的格伦代尔（Glendale）开张。

不久，苹果专卖店就成了“果粉”们朝圣的地方。每次苹果的新产品发布，几乎都会引起世界各地专卖店的排队抢购热潮。到 2011 年 6 月，苹果全球专卖店的数目已经达到 324 家，年内还有 40 余家即将开张。

而且，世界各大城市的每一处苹果专卖店都既有统一的风格，也有各自独特的建筑特点，无一例外都是所在城市的地标性景观。

乔布斯的个人魅力，苹果的时尚产品，永恒的苹果商标图案，以及遍布全球的苹果专卖店，共同构成了一个巨大的磁场，吸引着全世界数以亿计的粉丝。

在欧美，在全世界，不仅仅普通人“粉”苹果，连各界名流里也不乏苹果的忠实拥趸。在推销苹果电脑的早期，乔布斯就特别注意利用自己的个人魅力，尽量和名人交朋友，让这些名人成为苹果的形象代言人。乔布斯甚至亲自把 Macintosh 送到这些名人家里，让他们免费试用。摇滚歌手米克·贾格尔（Mick Jagger）、披头士乐队主唱约翰·列侬的遗孀大野洋子、波普艺术家安迪·沃霍尔（Andy Warhol）等一大批知名人士就这样成了苹果和乔布斯的粉丝。

在中国，大批一线明星手中把玩的也是 iPhone 手机。天后王菲就经常在新浪微博上发 iPhone 拍摄的照片。2011 年 5 月，王菲在微博上埋怨老公因为不用 iPhone，看不到她发的图案。王菲质问李亚鹏：“买不起吗?”李亚鹏解释是因为太浪费时间才不买。王菲不屑地说：“可你浪费了我的表情，哼!”李亚鹏最后终于屈服，对王菲说：“买。”

在电影电视里，苹果成了一种符号。有“果粉”总结说，欧美影视里，使用苹果电脑的，通常都是好人，使用 Windows 电脑的，通常都是坏人。在电影《碟中谍》里，汤姆·克鲁斯和同事们使用的就是苹果电脑。《真实的谎言》里一开头，施瓦辛格打开坏人的电脑盗取情报时，那台电脑的操作系统是 Windows。更有趣的是，美国弗吉尼亚州的一位“果粉”认真观看并记录了美国著名电视连续剧《24》中的每一台电脑，他发现，电视连续剧里，特工、侦探用的都是苹果电脑，而杀手、坏蛋用的都是普通 PC 机。有一集里，一个 CIA 特工换掉了苹果电脑，开始使用一台戴尔 PC。这位“果粉”以为自己终于找到了一个例外，但不久他就发现，随着剧情发展，这个 CIA 特工的真实身份终于暴露了出来——原来，他是一个内奸。

世界各地的“果粉”们还建立和维护了大量高质量的有关苹果和乔帮主的网站。介绍几个有特色的网站：

- 中文网站，最靠谱的，提供深度分析和独家新闻的网站：http：//

apple4. us/

• 中文网站，有关苹果和乔布斯的资讯、博客：http：//www. iappler. com

• 英文网站，有关苹果和乔布斯的谣言大全：http：//www. macrumors. com

• 英文网站，苹果信息外加谣言大全：http：//www. appleinsider. com

• 英文网站，按时间顺序发布大量乔布斯的照片：http：//www. allaboutstevejobs. com

• 英文网站，苹果历史故事，主要和 Macintosh 研发相关：http：//www. folklore. org

• 英文网站，苹果历史故事：http：//www. storiesofapple. net

毫无疑问，21 世纪是一个明星的时代，同时也是一个粉丝的时代。懂得经营品牌的明星企业、明星个人善于利用各种媒介和互动渠道，吸引全世界越来越多的粉丝追捧，其品牌价值也不断增长。放眼全球，能把品牌战略运用得炉火纯青、得心应手，最善于利用品牌创造价值的，非苹果与乔布斯莫属。

09 黑与白

——乔帮主的另类管理

“所有故事都是真的”

为了写这本书，我们采访了许多苹果公司的前董事、前高管以及曾在苹果工作多年的员工。采访的人越多，有一个规律就越明显：大多数接受我们采访的人都不愿意公开自己的姓名。很多时候，这些人在采访中谈起乔布斯，总是有说不完的话，可一说到是否具名，就突然讳莫如深，除了说“No”或者摆手摇头之外，再不愿多说一个字。

即便是离开了苹果，许多人似乎对乔布斯也有十二分的忌惮。也难怪，对媒体的采访报道，还有外界的评说，乔布斯经常会有激烈的、出人意料的，甚至有些“神经质”的反应。

1982 年 2 月，乔布斯登上了《时代》周刊封面，封面文章由《时代》周刊驻旧金山记者迈克尔·莫瑞茨（Michael Moritz）执笔。乔布斯显然很喜欢莫瑞茨的文笔，为了宣传苹果，他破例允许莫瑞茨到公司长期采访，公司内部包括 Macintosh 设计讨论之类的绝密会议都向莫瑞茨敞开了大门。

没想到，这次看似有着“官方授权”性质的合作仅仅维持了几个月就不欢而散。1983 年 1 月，《时代》周刊评选“电脑”为年度风云人物，为了这期年度人物特刊，莫瑞茨专门将过去几个月的采访积累写成了一篇介绍乔布斯的文章。文章寄到编辑部时，好事的编辑在莫瑞茨的文章里又添油加醋地补充了不少当时已经传得沸沸扬扬的八卦，主要是关于乔布斯拒绝承认私生女之类的事情。

文章刚一刊出，乔布斯就勃然大怒。他几乎立刻就把苹果的全体员工召集在一起，在会上破口大骂那些把自己的私生活抖露给媒体的不义之徒。然后，愤怒的乔布斯亲自拨打莫瑞茨家里的电话。幸好那几天莫瑞茨不在家，可怜他家的电话机，录音留言里记录下了好几条乔布斯操着美国国骂教训甚至威胁莫瑞茨的话。从那时起，乔布斯禁止莫瑞茨踏进苹果大门一步，还禁止苹果员工和莫瑞茨说话。

不久，莫瑞茨根据采访记录撰写的《小王国》一书正式出版，更多乔布斯不愿让外人知道的私生活，包括年轻时吸食迷幻剂，和嬉皮士鬼混，跟女朋友租房同居之类的故事都被公之于众。这一下，莫瑞茨真的成了乔布斯“媒体死对头通缉令”上的头号人物。顺便说一句，就是这个迈克尔·莫瑞茨，因为采访乔布斯和苹果，自己反倒被硅谷的创业英雄们感动，后来竟投笔从戎，加入红杉资本，在硅谷干起了风险投资的行当，并最终成为了硅谷风投界响当当的大佬级人物。

显然，乔布斯希望由自己来控制外界对他的看法，无论他乔布斯曾经是一个怎样的人，他都想让媒体把自己塑造成一个自己喜欢的形象。很多年来，乔布斯很少接受采访，公众大多数时候只能在产品发布大会上见到那个指点未来、睥睨群雄的乔帮主。但越是控制，关于乔布斯的八卦、奇闻就越是满天飞，胡编乱造的小报记者和煞费苦心探寻事实真相的专业撰稿人几乎统统被乔布斯视做了敌人。

当年，乔布斯在 NeXT 二次创业时，《福布斯》杂志记者里奇·卡尔加德（Rich Karlgaard）撰文批评 NeXT 电脑的不足，结果又捅了马蜂窝。乔布斯在杂志社发稿前就知道了文章的内容，他打电话到杂志社，恶语相向，威胁杂志社撤掉稿件。《福布斯》杂志可不理乔布斯那一套，他们坚持发稿。于是，可怜的卡尔加德就成了乔布斯的出气筒。乔布斯打电话告诉卡尔加德：“夜里别自己骑自行车出门，小心被撞死。”卡尔加德后来谈起这件事的时候，无奈地说：“美国人都热爱乔布斯，我也是，虽然我根本就不该喜欢他。”

2005 年，作家威廉·西蒙出版了一本乔布斯的传记，差不多是当时收集资料最齐全，写作最认真，评价也相对客观、公允的一本。不过，因为没有经过乔布斯的“官方授权”，这本传记还是再次惹恼了乔布斯。这一次，连打电话威胁都不需要了，因为当时苹果的 iTunes 商店已经开始销售语音读物等形式的图书，乔布斯直接通知 iTunes 商店，无条件封杀帮助威廉·西蒙出书的约翰·威立父子出版公司（John Wiley & Sons），该公司所有图书在 iTunes 商店立即下架。这件公案一直到 2010 年才有个了结，iTunes 商店在封杀约翰·威立父子出版公司整整 5 年后，才恢复了该公司图书的销售。

知道了这些背景，就不难理解为什么那么多人都会对具名接受采访心存忌惮了。乔布斯既然不能接受专业媒体在未经授权的情况下对自己说三道四，就更无法容忍曾经的同事或朋友背着自己接受采访。但很难说这种近乎霸道、蛮横的舆论控制风格对乔布斯本人是不是一件真正的好事，难道公众看到那些经乔布斯本人“授权”、“认可”的信息，就会全盘接受？难道曾经真实的乔帮主真的可以被乔布斯自己包装成所谓的“完美”形象？从 2008 年开始，身患绝症的乔布斯“官方授权”前《时代》周刊主编、传记作家沃尔特·艾萨克森（Walter Isaacson）走进自己的生活，采集素材，撰写自己认可的“官方传记”，预计 2012 年出版——也许，这是乔布斯对自己一生的最后一次“包装”吧。

乔布斯把自己包装成世界上最好的 CEO，但更多的人说，乔布斯在管理上是个不折不扣的暴君。

乔布斯把自己包装成知人善任的明主，但更多的人说，乔布斯动不动就把人当傻瓜、笨蛋，就算是曾经并肩战斗的朋友，也屡屡心灰意冷、离他而去。

乔布斯把自己包装成精通技术的创新者，但更多的人说，乔布斯基本不懂什么技术。

乔布斯把自己包装成引领产品设计潮流的大师，但更多的人说，离开了真正的大师乔纳森·艾维的帮忙，乔布斯就什么也不是。

乔布斯把自己包装成能言善辩、呼风唤雨的大明星，但更多的人说，乔布斯在生活中闷得要死，性格乖张，连普通人的兴趣爱好都很少。

……

类似的句式还可以一直罗列下去。乔布斯身上，似乎有说不完、道不尽的矛盾。我们很容易找出一个真实的事例，来证实乔布斯在某个方面有多么多么不靠谱，但反过来，我们也几乎可以在第一时间，找到一个同样真实的事例来反驳它。

乔布斯就像是聚光灯下的一泓波动的清水，每个观察者都用一种自己喜欢的颜色照射到乔布斯身上，再将自己看到的光影打上“真实乔布斯”的标签公之于众。但公众很快就发现，每个观察者看到的影像竟如此的不同，许多时候甚至有天壤之别。

不过还好，真实的乔帮主其实只有一个。这个真实的乔帮主，既不是乔布斯本人希望舆论将自己塑造成的那个乔帮主，也不是那些不八卦就去死的小报编派出来的乔帮主，更不是那些看了几篇乔布斯成功记之类的文章就顶礼膜拜的狂热粉丝心里的乔帮主。

我们有幸采访了一位在乔布斯回归前后任苹果公司副总裁的高管。他对乔布斯的评价是我们听到过的最中肯也最令人信服的。他说：“乔布斯本来就是一个既黑且白的人，他的性格是我见过的所有人中，最为二元化的。在乔布斯的头脑里，每个人或每个项目，要么是世界级的，要么是狗屎，二者之间没有过渡。”

没错，如果把每个观察者眼中看到的、千差万别的乔布斯的形象叠加起来，那乔布斯就是一个既黑且白的人，在每一个角度，两种极端性格都在他身上熠熠生辉。他既会在某些时候像伟人那样完美，也会在某些时候像流氓一样无赖，二者之间没有过渡。他看待其他人和事则往往用一种非黑即白的思路，对方要么是一级棒，要么是分文不值，之间也没有过渡。

那位前高管还告诉我们说：“我曾听过的关于乔布斯的最好描述是，‘所有故事都是真的’。你肯定听过关于乔布斯的各种故事，故事里还充满了矛盾。你听说过乔布斯的疯狂，也听说过乔布斯的智慧，你听说过乔布斯的杰作，也听说过失败的产品……但一句话，所有故事都是真的。因为乔布斯本就是一个矛盾的人。”

所有故事都是真的，因为乔布斯本就是一个矛盾的人。

乔布斯身上，最最矛盾的地方，就是他不同寻常的管理方式。许多人称他为“暴君”，但也有许多人称他为“明主”。既然所有故事都是真的，接下来，我们不妨来听一听，关于乔布斯在管理中，既是暴君，又是明主的那些传奇故事。

暴君还是明主

一位前苹果员工给我们讲了他刚入职时，见到乔布斯第一面时的情形。在苹果总部，新入职的员工通常会有为期一周的入职培训，他入职时也不例外。一周里安排的都是让新员工尽快熟悉公司运作、掌握必备技能的讲座、课程。培训即将结束时，他发现，乔布斯特意安排了一个与新员工见面，接受新员工提问的环节。

作为一个新员工，能在入职第一周就有机会见到乔布斯并向他提问，每个人都非常兴奋。在会议室里，乔布斯穿着著名的牛仔裤和“龟脖衫”，高高坐在台上等着新员工提问，那架势，活像一个在驻跸的庄园接受外国使臣觐见的国王。

可新员工们热情的提问，到了乔布斯那里，换回的常常只是冷冰冰的几个字。对大家的问题，乔布斯的回答总是既简短又粗暴，觉得问题不好或不想回答时，乔布斯在台上就干脆地说：“下一个！”搞得提问的新员工站在会议室里满脸涨红，不知所措。有一位新员工问乔布斯：“您觉得最快乐的事情是什么？”乔布斯不耐烦地丢回来一句：“没有比这个问题更傻的了。”就把头扭向了一边。提问题的员工委屈得就差直接哭出来了。

参加过这样的新员工培训，也许，大多数人都会觉得，乔布斯和那些历史上大权在握、说一不二、粗暴傲慢的暴君还真有几分神似。

根据一位前苹果高管的回忆，乔布斯经常在公司内部的项目讨论会上大发雷霆，一点儿都不顾及对方的颜面。有一次，一位加入苹果才 4 个月的产品经理被调入一个新的产品团队。这个产品本身有不少设计和质量问题。之所以把他调进团队，就是为了更好地解决问题。没想到，这个倒霉的产品经理刚加入团队，就在第一次项目讨论会上遭遇了乔布斯的“雷霆风暴”。看到产品中存在的问题迟迟不能解决，乔布斯可不管你是不是初来乍到，他直接冲着倒霉的产品经理一通咆哮，怒火烧到顶点时，乔布斯激动地挥舞着手臂，用手指敲打着产品经理的脑袋。可怜的产品经理就这样无比委屈地当了一回乔布斯的“出气筒”。

乔帮主这种“咆哮式”的管理其实在苹果公司早期就尽人皆知了。要是当年有微博和“咆哮体”，那乔帮主一定是写“咆哮体”写得最好的一个。

Macintosh 设计初期，有一次乔布斯通知负责用户界面设计的柯戴尔·瑞茨拉夫，自己要亲自跑过来看一看图形用户界面的设计方案。瑞茨拉夫和设计组的成员坐在会议室里，心里多少有些忐忑不安，不知道乔布斯对当前的设计是否满意。但大家无论如何也没有想到，乔布斯竟然一走进会议室就开始大吼大叫起来。

“你们这群业余的废物！”乔布斯大声吼道，显然来之前已经看过了设计方案，“你们都是设计 Mac OS 的人，对吗？”

包括瑞茨拉夫在内的设计团队怯懦地点着头。

“呵呵，还真是你们呀！”乔布斯的音调越来越高，“你们真是一群饭桶！现在的窗口样式和操作都太复杂了，要打开一个窗口，居然有 8 种不同的方式！你们脑子进水了呀！”

乔布斯一口气讲了足足 20 分钟。瑞茨拉夫和他的设计小组成员们坐在下面腿脚打颤。除了瑞茨拉夫，所有人都在怀疑，乔布斯是不是要解雇掉整个设计团队。瑞茨拉夫本人反倒丝毫不担心，因为他知道，根据以往的经验，乔布斯越是火气大，越是把情况说得严重，其真实用意往往是要提醒、敲打整个团队，而不是把整个团队解散了事。“我想他不会开除我们，”瑞茨拉夫说，“因为如果他想那样做的话，早就做了。”

1997 年回归苹果的时候，因为大规模裁员砍项目，乔布斯的暴君风格被发挥到了极致。那个时候，说不定哪天，某个项目组就会突然被解散，平时在一起办公的同事会突然走过来向你告别。

有好几个月的时间，苹果内部风声鹤唳、草木皆兵。大家流传着一个听来让人不寒而栗的故事：不止一个倒霉蛋在公司办公楼里坐电梯时，电梯门突然打开，一道寒光闪过，乔布斯的高大身形眨眼之间就来到了倒霉蛋面前。电梯门在寒光中缓缓合拢。整个电梯里突然安静了下来，只剩下倒霉的员工心跳加速的声音。

这时，倒霉蛋听见的第一句话通常是："你叫什么名字？在哪个项目工作?"

无论倒霉蛋对这个问题的回答如何磕磕绊绊，乔布斯都会继续追问："你的工作重点是什么？对公司有什么价值？未来有什么计划?"

几乎没有人可以在让人窒息的电梯间里，在乔帮主威严气场的笼罩下，顺利回答上面这几个问题。而一旦员工的回答让乔布斯不满意，员工在电梯里听到的最后一句话就一定是："好吧，你明天不用来上班了。"

乔布斯的"电梯裁员"神话在苹果内部广为流传，以至于1997年下半年，许多员工宁愿走楼梯也不愿进到狭窄的电梯间里"自投罗网"。

现在看来，"电梯裁员"的神话多少有夸张、捏造的成分。据当时乔布斯身边的一位秘书透露，乔布斯的确有过当场诘问后立即将员工炒鱿鱼的例子，但没有一件是发生在电梯里。不过仔细想想，这样的事情即便不是发生在电梯间，也足够让人头皮发麻的了。

虽然管理方式粗暴，但一些曾和乔布斯共事的人宁愿把乔布斯的暴君行径看做一种管理手段，而不是一种性格缺陷。前苹果公司的计算机科学家拉里·特斯勒说："乔布斯是在通过恩威并施的手段管理员工。1985年，乔布斯被迫离开苹果的时候，公司每个人都有着各自不同的复杂感受。那时，几乎每个人之前都在工作中受过乔布斯的恫吓或威胁，'暴君'的离开让他们多少有了种解脱的感觉。但他们每个人同时又非常尊重乔布斯，大家都担心，如果没有了这位'暴君'，没有了他的独特魅力，公司将走向何方。"

2000年，苹果公司遭遇了1998年来的首次亏损，销售暂时陷入低谷。在苹果公司总部的会议室里，一年一度的销售会议聚集了来自苹果总部和各分公司近200名销售代表。愤怒的乔帮主站在讲台上滔滔不绝地讲了一个小时。

讲话中，乔布斯不止一次地警告大家："我们的销售业绩太糟糕了，你们这些销售都是一群笨蛋，我恨不得炒掉你们整个团队！"

乔布斯点名让一名女销售站起来，当着所有人的面对她说："你，对，说的就是你，你的业绩一点儿都不好。"

没想到，这名女销售也是个争强好胜的女孩子，她竟不顾乔布斯正怒火中烧，大胆地高声与乔布斯争辩，说自己的工作十分尽责，销售业绩不好并不能怪在自己身上。

乔布斯没等听完她的辩解，就不耐烦地挥手让她坐下，也没有因此而炒她的鱿鱼。很显然，当时的乔布斯是想通过对这名女销售的震慑，让所有销售人员对他心存畏惧，以达到自己整饬团队的目的。无论这种手段是否有效，乔布斯的暴君形象都不可避免地与他的管理风格联系在了一起。

《连线》杂志在2003年召集了一次有1300余位前苹果员工参加的聚会。尽管乔布斯没来，但他仍是聚会上的核心话题。一个参会者回忆说："几乎每个人都有他们自己的，有关乔布斯是个浑蛋（Asshole）的故事。"这个说法尽管有些夸张，但也的确说明，乔布斯暴戾的管理风格给许多苹果员工留下了太深的阴影。

当大多数公众把乔布斯与员工之间的关系打上"暴君"和"暴政"的标签时，很少有人注意到，苹果员工的离职率实际上非常低，即便是在苹果最困难的时期，单纯因为不喜欢乔布斯的管理风格而主动辞职的人也不是很多。在一个暴君的暴政之下，大多数人都努力工作且乐此不疲，乔布斯又是怎么做到的呢？

对这个问题，最准确的答案是，乔布斯既是暴君，又不是暴君。两种近乎相反的作风在他身上神奇地共存。在很多时候，他所表现出来的待人处事的方式，又完完全全是个聪明、大气、气度宽广的管理者。

苹果前主任工程师，盛大多媒体创新院院长陆坚亲自动笔，为我们写下了这样一个他亲身经历的故事：

1999 年时我在苹果交互多媒体部担任资深研究员。像硅谷的很多公司一样，苹果对于员工的职业发明给予一定的现金奖励。奖金分成两次发，在专利申请提交到专利局时发一次，待专利被批准颁发时再发一次。那时苹果内部每半年举行一次专利奖励招待会（Patent Awards Reception），半年之内有提交新的专利申请的或有新颁发的专利的员工都会被邀请参加这个招待会。1999 年下半年的专利奖励招待会在 11 月 18 日举行，我因为有一个新颁发的专利而被邀请参加。

所谓的专利奖励招待会其实挺简单，由公司的法律部主持，先是苹果的总律师总结回顾一下公司专利申请的现状，说一段感谢话，然后是念发明人的名字和发奖。招待会上有红酒、芝士和简单的茶点。那天我去晚了，在一个叫“车库”（Garage）的大会议室里面坐在最后。过了一会儿，又进来一个人坐在我身边，我一看是乔布斯。当时名义上他还是苹果的 iCEO（interim CEO，即临时 CEO），而公司也还在寻找永久的 CEO。不过大家都知道苹果不可能找到一个能取代这位 iCEO 的人。

起初我和身边的 iCEO 只是相互地“Hi”了一下，没有更多寒暄。后来我上台领了专利证书回来，我们的话匣子就打开了。苹果为每一个专利发明人订制一个特别的专利证书，它是一块精致的木匾，上面镶有一块金属薄板，镌刻着专利文档的摘要和插图。乔布斯看到我领回来了专利证书，就说要瞧一瞧。看着精美的木匾，他像是在产品发布会上那样连说了几次“真漂亮”（beautiful）。然后他问我是哪个部门的，做什么的。我告诉他我是 QuickTime 团队的，那个新专利是关于 QuickTime 视频压缩技术的。他饶有兴趣地又问了几个技术问题。后来他问那是我的第几个专利，我说是第一个。他扬起头，停顿了片刻后轻轻地说：“我现在还记得拿到第一个专利时的感觉。”

专利奖励招待会结束时我问乔布斯能不能一起照一张相，他欣然同意，于是我有了这一张珍贵难忘的照片。

很多人看到这张照片，以为是乔布斯在给我发奖，其实那天坐在我身边的他和我一样是作为一个专利发明人参加招待会的。还有人看

图 60 乔布斯与陆坚的合影

了这张照片问，是不是苹果员工都穿黑色套头衫？乔布斯爱穿黑色套头衫是大家熟知的，而我那天也穿了一件黑色套头衫则是纯属巧合。那是我们 QuickTime 团队发的队服，它不是全黑的，上面还有一个 QuickTime 徽标，但刚好被我手中拿的专利匾挡住了。

我和乔布斯这一次近距离的接触，让我感到他是平易近人的，至少在那时是这样的。

陆坚

2011 年 6 月 19 日

不仅仅是对苹果总部的工程师和研究员，即便是对苹果专卖店的底层员工，乔布斯也会表现出和善的一面。此前提到过的苹果专卖店的员工伊恩·麦多克斯有一次在接待一位顾客时，让对方非常满意。那位顾客后来居然给乔布斯发了一封电子邮件，表扬了麦多克斯的服务。乔布斯当即给麦多克斯发了一封邮件，同时抄送那位顾客。邮件的全文只有短短一句话："好样的"（great job）。整封邮件全是小写字母，没有标点符号，没有签名。麦多克斯说："这就足够了。"

而且，在不同人的记忆和评价里，乔布斯管理风格中的“暴君”成分也大不相同。

微软创始人保罗·艾伦认为，乔布斯很多时候发火，可能是在“做戏”，是为了要达到某种目的或效果。

苹果“i”系列产品命名法的发明人肯·西格尔则说：“乔布斯同时拥有品位、气质和不妥协的气质。他几乎不去吓唬员工。作为管理者，他既不刻板也不缺乏魅力。大多数时候，他是个迷人而有趣的家伙，这是人人都想追随他的理由。当然，他有时也会情绪失控。乔布斯发火时，有几次我也在场。但那不是针对我的。如果某项工作停滞不前，他会发疯。如果你在过去两周里毫无进展，千万别让他知道。”

皮克斯一位前员工说：“乔布斯绝不是一个普通的凶悍老板，与真正的暴君不同之处是，他非常信任我们。当我们让他失望时，他确实会非常愤怒。我们每个人都不希望惹恼他，这不是因为我们怕他，而是我们怕让他失望，让他觉得对我们的信任是不值得的。”

苹果中国的一位员工也对笔者表达了类似的观点：“在公司里，大家的确对乔布斯有一种敬而远之的感觉，但这并不是因为大家不喜欢他。我觉得，是因为乔布斯对工作太挑剔、太苛刻、太完美主义，大家害怕自己没有做好惹他生气。当然，这也带来了一个负面作用，就是大家对那些没有把握做好的事，宁愿选择不去做，省得被乔布斯指责。”

一位苹果前副总裁说：“乔布斯好像拥有一种能力，他可以准确地发现那些最最让他不舒服的事情，然后对其提出严厉的批评。这种能力可以让一个人在一瞬间不知所措。比如有一次在产品展示时，乔布斯直接对我说：‘嗯，这东西的技术非常好，但产品设计糟糕透了，真是一团垃圾。’这种直截了当的严厉批评总是会让你不舒服，但却可以有效地提醒和敦促被批评者改进，是乔布斯常用的一种管理方式。”

一位苹果公司的前董事则对笔者说：“也许是因为乔布斯家庭的原因，乔布斯性格孤僻，但同时又很有感染力。聊天时，乔布斯不会跟你说多余的废话，他只是在讲他觉得有价值的事情时，才会显得魅力十足、滔滔不绝。在公司管理中，乔布斯经常体现出随意、不羁的行事风格。例如，当年乔布斯和我们一起开董事会的时候，他有时候会突然跟大家说：‘走，我带你们去皮克斯看一个 10 分钟的短片！’说完，就一定要拉着大家，开车从硅谷赶到旧金山北面的皮克斯，就为了给大家展示一下皮克斯的作品。”

苹果前副总裁杰伊·艾略特讲述了另一个有趣的故事。当年，一个与磁盘驱动器有关的项目陷入了僵局，许多人觉得应该取消这个项目。乔布斯为此召集了一个会议，相关工程师和市场、销售人员都到齐了。

就在所有人就是否取消这个项目争论不休的时候，乔布斯突然转过头对艾略特说：“杰伊，我希望你能告诉我，到底该怎么做。”

艾略特说：“好，我们两个到外面走走怎样？”

会议暂停。乔布斯和艾略特走出会场，边走边聊。

艾略特说：“史蒂夫，你应该砍掉这个项目。这完全是在无谓地浪费金钱。我可以承诺，我会妥善安置项目中的所有员工。”

两人回到了会场，乔布斯坐下说：“好，杰伊打算砍掉项目。同时他也承诺会妥善安置项目中的所有员工，没有人会因此失业。”

在这次项目变动中，艾略特觉得，乔布斯对自己充满了信任。他并不像是外界传言的那个独断专行的暴君，倒是更像个从谏如流的明主。

有不少人真正理解甚至有些欣赏乔布斯这种既是暴君又是明主的二元性。乔布斯曾经的“仇人”，当年接替乔布斯管理 Macintosh 团队的法国人让-路易·卡西后来是这样评价乔布斯的管理风格的：

“民主的管理方式并不能造就伟大的产品——你需要的，是一个能干的暴君。”

乔布斯自己则解释说：“CEO 重要的职责就是去哄、去祈求、去威胁你的员工，让他们尽一切的努力达到公司的目标。我要让他们看到公司的目标比他们想象的更宏伟、更有价值，这样他们才会付出一切去达到这些目标。当他们尽了力，但是还不够好，我会告诉他们：我相信你可以做得更好，回去吧，做得更好时再回来。”

乔布斯身边的许多员工也都能原谅他的暴戾，或者，至少是忍受他的脾气。杰伊·艾略特说："其中一部分原因是，乔布斯是一个懂产品的暴君，他所做的一切，都是为了发布他心目中最好的产品。"

乔布斯自己并非不懂得这一点。有一次，他语重心长地对艾略特说："我知道大家都抱怨我。但终有一天，当他们回顾这段经历的时候，会把它视为自己一生中最美好的时光。他们只是现在不知道罢了。"

"史蒂夫，"艾略特激动地说，"别低估你的员工，他们现在就知道这一点，而且，他们喜欢这段经历！"

海盗团队

在管理中，乔布斯从来都不喜欢大而全的组织结构。斯卡利说："乔布斯根本看不上大型团队。他觉得，那些大团队既官僚又低效。他把那些大团队叫做'一群笨蛋'。"

那乔布斯究竟喜欢什么样的团队呢？

实际上，苹果早期做 Apple I 和 Apple II 时，所谓团队，更像是沃兹一个人外加几个帮工的手工作坊。乔布斯像模像样地长时间扮演研发团队负责人的角色，还是从 Macintosh 团队开始的。在 Macintosh 的那段经历，是乔布斯学习管理并最终奠定自己的团队管理风格的重要时期，尽管那段经历的结局并不美妙——乔布斯 1985 年被 Macintosh 团队和苹果抛弃，与乔布斯武断、随意、粗暴的管理方式还是有一定关系的。

图 61 乔布斯（坐在钢琴前）、斯卡利（站在乔布斯身后）及 Macintosh 团队成员在海盗旗前的合影

当年，乔布斯麾下的 Macintosh 团队是一支不折不扣的"海盗团队"。

那个年头，约翰尼·戴普

(Johnny Depp) 主演的系列电影《加勒比海盗》还没有上映，不过，作为迪士尼主题公园的著名景点，“加勒比海盗”从1967年开始就成了美国人喜欢的娱乐形象，不少嬉皮士都把海盗当成放荡不羁、敢想敢干的英雄加以膜拜，这和国内的年轻人喜欢水浒里面大块吃肉、大碗喝酒的绿林好汉是一个道理。

从一开始，乔布斯就想打造一支加勒比海盗风格的研发团队。在Macintosh团队的办公室里，他扯起了一面画有骷髅图案的黑色海盗旗。要是条件允许，乔布斯没准儿会把整个办公室装修成一艘巨大的海盗船。

每个新加入Macintosh团队的员工，都会领到一件海盗T恤衫，上面印着：“做海盗！不做海军！”

海盗和海军的譬喻，是乔布斯本人的发明。他那个时候常说的两句口头禅是：

“当海盗比当海军更快乐。”

“能当海盗，为啥还要当海军？”

为什么乔布斯说海盗不如海军？这个问题在施耐庵的《水浒传》里早就有了答案。看一看当年水泊梁山和大宋官军的每一次对决，无论是陆战、水战、阵地战、运动战、游击战、破袭战……哪一次不是官军输得屁滚尿流？毫无疑问，海盗比正规军更灵活，应变更快，更有冲劲儿，更少繁文缛节的羁绊，作战方式也更加不拘一格……这些特点，恰恰是乔布斯想带给Macintosh团队的。

从办公室的环境开始，乔布斯就不断为Macintosh团队注入动感元素。那几年，Macintosh团队曾在苹果总部的几个大楼间搬来搬去，但无论在哪里办公，办公区里总有一些大家可以在工作之余玩的游戏机和玩具。大家最喜欢玩的是一种叫诺弗球（NERF）的可以投掷或用波波枪发射的彩色小球，工程师们甚至为诺弗球设计了新的游戏规则。

乔布斯还抱怨办公室里太冷清，特别批准大家用公款买些音响放在办公区里，当然，只有在晚上或周末不干扰正常工作的时候才能把音响打开。此外，团队里擅长乐器演奏的员工还把不少乐器放在办公室里，中午吃饭时就为同事即兴演奏。

Macintosh 的办公区看上去既像一个杂乱无章的实验室，也像一个幼儿园——看一看那些后起的互联网公司吧，比如谷歌、Twitter、Facebook，他们的办公室无一例外都兼具了工作和娱乐的双重特性。其实，这种“海盗”式的办公室文化早在 Macintosh 时代就被乔布斯演绎得淋漓尽致了。

乔布斯曾对《时代》周刊说：“Macintosh 团队每周的工作时间是 90 个小时。”这说法多少有些夸大其辞。但为了铭记乔帮主的教诲，Macintosh 团队还是去订做了一件特别的圆领运动衫，衣服上写着“每周工作 90 小时且乐在其中”，团队中的每个人都为拥有这件运动衫而自豪。

Macintosh 团队的行事风格就更像是一群海盗了。有一次，大家正在办公室里讨论软件设计方案，团队里兼具艺术家气质的工程师比尔·阿特金森（Bill Atkinson）为了跑到另一幢大楼去拿一块存有演示文件的硬盘，直接抄捷径从办公楼的后门跑了出去。可比尔忘了，当时已经过了下午 5 点半，按照办公楼的规矩，警卫们已经打开了办公楼后门的自动报警器，这时是不能从后门出入的。比尔的莽撞弄响了报警器，一时间，警铃大作，整栋办公楼都被笼罩在刺耳的声音里。

尖锐的警铃声持续了三分多钟还没有停止，乔布斯不耐烦了，他大声说：“就没有人可以把那鬼东西给关掉吗？”

工程师安迪·赫茨菲尔德问乔布斯：“我们能把那东西毁掉，让它闭嘴吗？”

“没问题，”乔布斯想也不想就说，“随你怎么做，只要能让它闭嘴，怎么做我都无所谓。”

得到乔帮主口谕的赫茨菲尔德和同事一溜小跑冲进工具间，抄起榔头、螺丝刀、扳手之类他们能拿得动的所有家伙，直奔警铃而去。他们先用螺丝刀戳穿了警铃，可那该死的声音还是没有停下来。愤怒的工程师们干脆上了蛮力，三下五除二就把警铃拆了个七零八落，刺耳的声音戛然而止。

正在这时，一个灰头发的警卫出现在工程师们身后。

“很好，很好，”警卫一边看着这伙儿强盗一样的小伙子一边说，“你们倒大霉了！你们的头儿是谁？你们有没有证件？”

乔布斯交出了自己的证件，并对警卫说：“我会负责的。”

警卫拿着乔布斯的证件看了好半天，终于，他耸耸肩，收拾起一地的警铃碎片，什么也没说就走了。

还有一次，Macintosh 团队成员在电脑展上看到了世界上第一台商业销售的便携式电脑 Osborne 1。这台电脑的发明人是亚当·奥斯本（Adam Osborne）。当时，奥斯本正在展会现场。当他看到 Macintosh 团队的员工后，就直接用挑衅的语气对他们说：“回去告诉乔布斯，Osborne 1 肯定比 Apple II 和 Macintosh 卖得多。”

员工回到公司，把事情经过讲给乔布斯听。愤怒的乔布斯当即抄起电话，打给奥斯本公司：“嗨，我是史蒂夫·乔布斯。我想跟亚当·奥斯本说话。”

奥斯本的秘书告诉乔布斯，奥斯本不在公司，第二天上午才能回办公室。她问乔布斯是否需要留言。

“是的，”乔布斯回答，他停了一下又接着说，“我的留言是：告诉亚当，他是个浑蛋。”

电话那一头，奥斯本的秘书沉默了很长时间，不知道如何作答。

乔布斯继续说：“还有一件事，我听说亚当对 Macintosh 感兴趣。告诉他，Macintosh 电脑非常好，他没准儿会想给他的孩子买几台，即便 Macintosh 会让他的公司关门大吉。”

乔布斯的预言应验了，一年后，奥斯本公司真的关门大吉了。

就是这么一伙海盗一样的设计师和工程师，在乔布斯这个海盗头子的带领下，打造了惊世骇俗的 Macintosh 电脑。尽管乔布斯当时在处理团队合作、人际关系等方面并不十分高明，有时甚至还固执、倔强得要死，但在 Macintosh 团队的内部管理上，乔布斯的“海盗团队”法则还是有不少值得借鉴的地方。

其实，说穿了，乔布斯的“海盗团队”，不就是近年来，互联网创业公司所大力倡导的“轻量级团队”、“扁平组织结构”和“产品导向型团队”吗？乔布斯打造 Macintosh 的年月，互联网还没有进入寻常人的视野，但互联网时代最热门的创业理念和管理法则，却早已被乔帮主实践过了。

一方面，乔布斯坚持控制团队的规模和团队成员的素质。在他的心里，10 个最牛的人组成的小团队要远比 100 个良莠不齐的人组成的大团队有效率得多。

在打造 Macintosh 团队早期，乔布斯就说过：“Macintosh 团队永远不会超过 100 个人。超过了 100 个人，连他们的名字都认不全。”

乔布斯还说：“如果我们必须雇一个有某项专长的人，那为了保持团队规模不变，就必须有另一个人离开。”

不过很遗憾，随着 Macintosh 团队的发展和自信心的无限膨胀，乔布斯很快就把自己曾经说过的话丢到了脑后。Macintosh 团队的规模后来不仅超过了 100 人，而且还滋生出了所有那些乔布斯所深恶痛绝的“大团队病”。Macintosh 团队和公司内其他团队的关系也一团糟。

另一方面，乔布斯坚持，Macintosh 团队必须始终是产品导向的，而不能是市场导向、销售导向或其他任何类型。

乔布斯说：“如果苹果想一直拥有活力无限的创意、激动人心的产品和最吸引人的工作环境，产品导向的团队文化就是至关重要的。”

Macintosh 团队当时是一个几乎完全自给自足的项目组，团队里不仅拥有软硬件工程师，还拥有团队自己的设计师、产品经理、文档编写员和市场营销专员。这种自给自足的团队结构可以让不同职责的员工保持最近距离的合作，在也许是一天 16 个小时的紧张工作里，不用到处跑着找人，或是央求其他团队的人分些时间参加会议。至少在乔布斯的设想里，所有人都应在近距离合作的情况下，围绕 Macintosh 这个核心产品来工作，没有繁文缛节，没有踢皮球式的互相推诿，没有官僚作风。

乔布斯希望团队的管理结构尽量扁平，最好没有中间层，只有海盗头子和一班海盗。他曾说过：“苹果应该是一个这样的工作场所：每个人都可以直接跑到 CEO 的办公室里，把他的想法说给 CEO 听。”

当然，乔布斯的想法有时候过于一厢情愿。他在管理中不拘一格的做法同时也成了“海盗团队”的最大弱点。一位苹果前高管说：“这种方式的缺陷非常明显，就是无序和不受控制。”Macintosh 整个研发过程因为混乱的决策和不确定的技术问题导致屡屡延期，就是最好的证明。

1984 年，乔布斯将 Lisa 团队合并入 Macintosh 团队后，遣散了大约四分之一的 Lisa 员工，但合并后的团队规模仍有 300 人之多，这早就不是乔布斯心目中理想的“海盗团队”了。许多 Macintosh 团队的骨干相继离职。安迪·赫茨菲尔德在停薪留职 6 个月后，正式向乔布斯辞职。面对乔布斯的挽留，他伤感地说：“我想回去加入的 Macintosh 团队已经不存在了。”

无论如何，Macintosh 的“海盗团队”都是苹果历史上，也是 IT 历史上最著名的研发团队之一。当时苹果的 CEO 斯卡利这样评价乔布斯在 Macintosh 团队的管理风格：“乔布斯在苹果不大像个 IT 企业的经理人，倒更像是哪个艺术团体的艺术总监或剧院经理。乔布斯经常说，架构和流程并不是为了扼杀创造性，而是为了通过创新的思维方式培养、扶植创造性。”

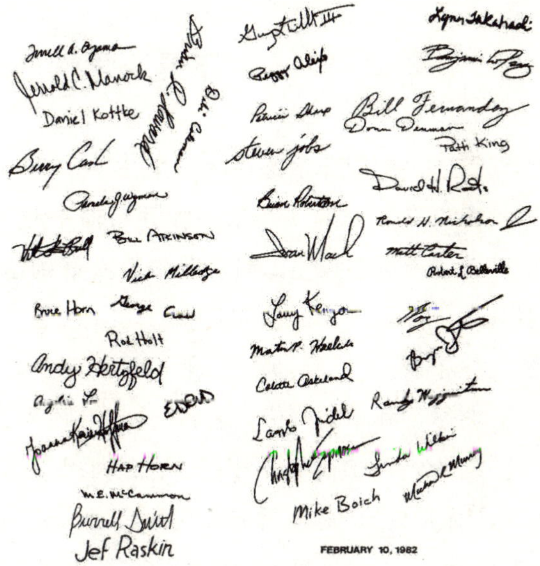

图 62　Macintosh 机箱内壁的签名——找到乔布斯的签名了吗？

1982 年 2 月 10 日，“海盗团队”特别举办了一场“签名派对”，所有成员都聚集在一起，负责工业设计的杰里·曼诺克在桌上摊开一张大纸，让每个人把名字签在纸上。杰里·曼诺克是 Apple II 著名的塑料机箱的设计师，这一次，乔布斯又请他来担纲 Macintosh 机箱的设计。为了体现 Macintosh 团队的凝聚力，乔布斯想出了一个绝妙的主意：把所有团队成员的签名刻在 Macintosh 机箱内壁上！

这真是一个天才的创意。每个成功的团队都有他们表达对自己产品自豪之情的方法。例如，在微软总部 16 号楼和 17 号楼中间的空地上，一块块地砖上刻着微软历史上每一个产品的名字和发布时间。但像乔布斯这样，把产品团队所有成员的名字镌刻在 Macintosh 机箱的内壁，让用户买回家里，等待最聪明的用户发现这个惊人的秘密，还真是别出心裁！

当然，随着时间流逝，旧的人走了，新的人来了，Macintosh 机箱内的签名也几经变迁。每次机箱设计变更时，内壁签名就变成一个新的版本。这个习惯一直保持到乔布斯被驱逐出苹果后很久，直到 1990 年前后，签名才从 Macintosh 机箱内壁彻底消失。

不是天才就是笨蛋

安迪·赫茨菲尔德在《苹果往事》里讲了一个让人哭笑不得的故事。

1982 年 1 月赫茨菲尔德和乔布斯一起面试一个资深的应聘者。不过，应聘者一走进会议室，赫茨菲尔德就猜到这家伙会遇到麻烦。那个应聘者看起来十分紧张，回答前几个问题时总是支支吾吾的。

乔布斯开始不耐烦了，他不时朝天上翻着白眼。

突然，乔布斯问应聘者："你是几岁失去童贞的？"

"什么？"应聘者不相信自己的耳朵。

"你是处男吗？"乔布斯用另一种方式重复了自己的问题。赫茨菲尔德和在场的人笑出了声。应聘者一副不知所措的模样，根本不晓得乔布斯在干什么。

看应聘者不答话，乔布斯又抛出了一个新的问题："你嗑过几次迷幻药？"

应聘者涨红了脖子，目光呆滞地看着乔布斯。为了缓解尴尬的气氛，赫茨菲尔德把话题引回了技术讨论。但应聘者还是不能很好地回答技术问题。

乔布斯再一次不耐烦了起来，他开始学起火鸡的叫声："呱、呱、呱、呱。"

赫茨菲尔德实在受不了了，开始大笑起来。乔布斯自己也笑了。

可怜的应聘者总算还有些自知之明，他站起来对乔布斯说："我想我不适合这份工作。"

"你的确不适合。"乔布斯说，"面试到此结束。"

不知道当年的赫茨菲尔德在送走应聘者之后，到底对这次奇特的面试经历作何感想。相信这世界上的大多数人都不会理解乔布斯为什么要这样当面羞辱应聘者。事实上，在大多数美国公司里，面试官是绝对不可以问应聘者任何有关个人隐私问题的，别说是不是吃过迷幻药、是不是处男了，就连宗教信仰、家庭情况也不能问，否则就有歧视和侵犯隐私的嫌疑。可所有这些条条框框，在乔帮主面前，全变成了没有任何意义的臭狗屎，只要乔帮主喜欢，想问什么就问什么。

后来很多讲乔布斯的书在提到这个故事的时候，都试图给乔布斯的出格做法找一个合适的理由。一种最流行的说法是，乔布斯之所以问对方迷幻药、处男之类的古怪问题，完全是为了考核应聘者在面对各种非常情况时的应变能力，这是乔布斯考察和鉴别人才的一种方法——拜托，就算是想为乔帮主脸上贴金，也不要做这种侮辱读者智商的事好不好！乔布斯当众羞辱应聘者，这件事要什么理由！乔布斯本来就是那么一个人嘛，只要兴之所至，哪管你什么规矩方圆，既然可以劈头盖脸臭骂做不好事情的员工，为什么就不能冷嘲热讽地赶走一个回答问题不靠谱的应聘者？

这件事背后的理由有且只有一个：在乔布斯这种二元性超强的人看来，来应聘的人不是天才就是笨蛋，没有过渡状态。对天才，乔帮主热烈欢迎；对笨蛋，乔帮主就是要亲眼看着对方狼狈地滚蛋。

其实，在苹果内部，乔布斯也是用同样的方法对待那些做不好工作的笨蛋的。苹果市场经理比尔·库里（Bill Curley）回忆说："有一次，我和乔布斯还有几个其他经理在一个会上，乔布斯穿着短裤、跑鞋，没穿袜子。他对一个人不满意，就干脆脱掉自己的鞋，然后把光脚丫子放在桌子上，用脚底板对着那个人的脸。"

还有一次，在公司食堂，乔布斯摇着一头棕色半长头发，对着 100 多位负责内部 IT 系统的员工，怒气冲冲地说："你们都是一群笨蛋！如果你们有本事，你们就应该去研发电脑。"当时那 100 多个笨蛋里的一位，前苹果员工彼得·卡瓦诺（Peter Kavanaugh）说："见到乔布斯就意味着被羞辱，你会被鄙视。乔布斯必须是正确的，即便他错了。"

这就是乔帮主的识人、用人之道。在乔帮主的眼中，世界上的人只有两种：是天才，就要千方百计地抓住；是笨蛋，就要毫不犹豫地鄙视。

拿 Macintosh 的"海盗团队"来说，乔布斯的信条是，"海盗团队"里每一个人都应该是最出色的海盗，而且，因为最好的海盗一定也有同样出色的朋友，乔布斯鼓励团队的每一个成员推荐自己的朋友加入苹果。

乔布斯说："每个最好的工程师都是一个巨大的人才倍增器。"

乔布斯为成功推荐朋友的员工开出了 500 美元的奖励，这在当时可是一个不小的数目。而且，Macintosh 团队还经常让最好的工程师定期回到自己的学校去，在他们的师弟、师妹中招聘最好的人才。

1980 年春天的一个下午，乔布斯和苹果其他员工一起到斯坦福大学作招聘演讲。当时的斯坦福大学学生，后来成为苹果市场总监的迈克·莫瑞回忆说："我们坐在一个屋子里，演讲正在进行，一个年轻人突然闯了进来，他穿着马甲和蓝色牛仔裤，就和我们这些学生没什么分别。他不顾当时还有苹果的人正在演讲，就直接跳上桌子说：'嗨，我是史蒂夫·乔布斯。你们想让我说点儿什么？'我当时听了他的演讲，特别兴奋，就直接逃课跑回宿舍，查到苹果公司的电话，打电话给他们。我说：'有一个叫史蒂夫的人，因为他的演讲，我想成为苹果的暑期实习生。'"

2007 年，有一位普通的华裔女学生从斯坦福大学毕业后，加入了谷歌公司。《纽约时报》一篇报道谷歌人才策略的文章采访了这位女学生。没想到，乔布斯看到了这篇报道。求贤若渴的乔帮主居然亲自拨通了这位女学生的电话，在电话中问她为什么不选择苹果，请她谈谈自己选择雇主的原因。

即便是在近几年，乔布斯也经常亲自面试重要岗位的人。据苹果中国的员工透露，苹果中国的核心管理者，以及重要的销售代表，进入公司时都经过了乔布斯的亲自面试。

乔布斯面试一位应聘者时，通常不会预先准备什么方案，许多问题都是一边和应聘者聊，一边想到的。他喜欢从应聘者不熟悉的角度提问题，经常会让应聘者设计一个全新的产品，还经常在面试时与应聘者展开针锋相对的辩论。他只想雇用那些对于产品有着完美的理解，可以经得起他的周密盘问，与他当面交换意见时也毫不怯场的应聘者。

乔布斯把他最想雇用的天才员工称为“A 级”，也就是比“B 级”和“C 级”都出色的那种人。他常说的一句话是：“一旦你雇用了一个 B 级的人，他们就会带进来更多的 B 级和 C 级的人。”

只要符合乔布斯关于“A 级”的定义，那无论你有没有资历、有没有文凭，他都会迫不及待地把你招进苹果。当年初创苹果公司时，乔布斯就雇用过一个名叫兰迪·威金顿的小伙子。威金顿当时还是一个高中生，加入苹果后成了苹果的第 6 号员工。后来，威金顿主持开发了著名的 MacWrite 软件，证明乔帮主看人的确很准。

当然，并不是每个天才都有机会被乔布斯的慧眼发现，有的天才进入苹果纯粹是靠自己的执著。后来成为 Palm 公司 CEO 和 Handspring 公司创始人的唐娜·杜宾斯基当年曾是苹果的员工，她加入苹果的经历就很不寻常。杜宾斯基毕业于哈佛商学院。在课堂上，她看到了运行 VisiCalc 软件的 Apple II 电脑，被 Apple II 和 VisiCalc 处理电子表格时的神奇魅力所震惊，她决定到苹果找一份工作。可经过面试，苹果拒绝了她的申请。原因是，此前苹果从来没招过哈佛商学院毕业的学生，苹果的大多数员工都是技术背景出身。不服输的杜宾斯基干脆赖在苹果公司不走，她一整天就坐在面试的房间门外。每次看到苹果负责招聘的女士走出房间，杜宾斯基就迎上去攀谈。直到当天快下班时，杜宾斯基的执著感动了苹果员工，她获准进入后续的面试并成功得到了一份工作。

不得不再次提到，乔布斯回归苹果后，从庞大的设计团队里慧眼识英雄，发现和提拔大师乔纳森·艾维的故事，实在是乔布斯识人、用人经历里最得意的一笔。回归后的乔布斯对当时苹果所有产品的设计都不满意，想把负责设计的一班人全部换掉。乔布斯专门找了猎头公司，让他们四处寻觅符合自己要求的设计师，而苹果当时的主要设计师，包括乔纳森·艾维在内，都在乔布斯的裁员名单里。幸运的是，乔布斯还没有来得及找到合适的替代人选，就惊喜地发现，原来自己苦苦寻觅的大师级人物就在公司内部。乔布斯像所有知人善任的君主那样放手使用艾维，让艾维以苹果首席设计师的身份把握所有产品的设计方向，还特别为艾维打造了全公司最神秘也最有价值的工业设计团队。乔布斯回归并发现艾维的这段佳话，绝不比历史上三顾茅庐、月夜追韩信之类识人、用人的精彩故事逊色。

关于为什么一定要寻找杰出的人才，乔布斯在一次采访中说："我想，我一直去寻找的，是那些真正聪明的人、愿意与之共事的人。我曾经做过的所有事情中，没有哪件主要的工作是可以由一两个人、甚至三四个人独立完成的。有些人，比如米开朗琪罗，可以独自完成宏伟的艺术巨制，但其他的工作，比如制造半导体电路或波音 747 飞机，都需要团队的协作。为了完成那些无法由一个人单独完成的工作，你必须去寻找非凡的人才。"

乔布斯继续说："这里面的关键在于，生活中，通常两个平均质量的东西，在价值上就能抵得上一个最高质量的东西。比如，在纽约，最好的出租车比平均质量的出租车，也就快 20% 左右。对计算机来说，最好的计算机比平均水平的计算机大概快 30% 。这里面的差别并不是很明显。但是，在我关注的研发领域，我发现，通常 50 到 100 个平均水平的人才，其贡献才抵得上一个最高水平的人才。鉴于这样的差别，你肯定会建议我们去寻找人才中精华的精华，这也就是我们正在做的。只有追寻 A + 级的人才，才能创建一个好的团队。一个由 A + 级人才组成的小团队，完全可以与 B 级和 C 级人才组成的超大型团队抗衡。"

记者问乔布斯："不过，在一个创业型公司里，经理可能没法把太多时间花在招聘上。"

乔布斯反驳说："我完全不同意。我想，招聘是最重要的工作。假定你自己要做一家创业公司，而且想找一个合作伙伴。那么，你一定会花大量时间去找最合适的合作伙伴，对吗？因为那个合作伙伴将成为你的公司的另外二分之一。既然如此，为什么你不肯花同样多的时间，去寻找公司的另外三分之一、另外四分之一或是另外五分之一呢？当你做一家创业公司的时候，最初加入的 10 个人将决定公司的成败与否。他们每个人都是公司的十分之一。为什么你不愿花同样多的时间去招聘，保证公司每个员工都是A级呢？”

从勤杂工到副总裁

近年来，在苹果公司，几乎每次有新的管理者晋升到副总裁级别时，乔布斯都会给新的高管讲一个和勤杂工有关的故事。

有一次，乔布斯看见自己办公室的垃圾桶没有清理，就找来勤杂工询问：“垃圾桶怎么没有清理？昨天是你当班吗？为什么不清理我的房间？”

勤杂工对乔布斯说：“昨天这几间办公室刚换了门锁，我还没有拿到新门锁的钥匙，你下班后，我没法进办公室清理垃圾。”

“嗯，”乔布斯点头说，“我知道了。这不是你的错。”

讲完这个故事，乔布斯总会问副总裁们：“你们觉得，勤杂工所说的理由，是对这件事情的一个合理解释吗？”

“是呀，没问题。”大家通常会说。

“那么，我问你们，如果一位副总裁负责的产品出了问题，而这位副总裁也像那位勤杂工一样，给出了一个合理的解释，比如，人手不够，或者合作伙伴不配合之类的，我会满意吗？”

这时，副总裁们多半会一脸茫然，他们猜不透乔布斯拿勤杂工和副总裁相比较是什么用意。

“当你是一个勤杂工时，为某件事情没有做好找一个理由，这是没有问题的。”乔布斯终于给出了答案，“但是，当你从勤杂工上升到CEO的过程中，一旦过了某个点，再来为某件事情没做好找理由，就不再有任何意义了。因为你就是这件事的全权责任人，无论多么合情合理的客观理由，都不能掩盖你的失职。这个职位上升过程中的转折点，就是副总裁这个级别。”

2011年，不含专卖店，苹果全球约有2.5万名员工，其中有70多位副总裁。对自己职权范围内的事负全责，是乔布斯对副总裁级以上高管的基本要求。

事实上，经过30多年的沉浮、历练，今天的乔布斯对运营苹果这个庞大的IT王国差不多已经到了得心应手的地步。

首先，乔布斯要求整个苹果内部的组织结构非常简单，决策过程非常清晰。这可以说是20多年前“海盗团队”为乔布斯积累的经验。乔布斯曾拿苹果和索尼作对比，他说：“索尼的部门太多了，他们不可能做出iPod来。苹果在整体上不是多个团队的联合体，而是一个单独的团队。”

今天的苹果内部，从上到下的决策线路非常短。实际上，没有哪个决策责任人在汇报关系上离乔布斯很远。乔布斯也非常注意上下级之间、团队和团队之间的沟通，要求他的指令可以准确无误地在最短时间内，下达到所有相关员工。一位前苹果员工回忆说：“乔布斯提出的公司战略和决策，每个苹果员工都准确地知道。你可以去问苹果的每一个人，他们都非常清楚，尽管他们中大约90%的人可能根本就没有见过乔布斯。”

为了更有效地决策和执行，乔布斯还专门在苹果组建了所谓的Top100团队。这个团队由大约100人构成，包含副总裁级别以上的高管以及乔布斯亲自遴选出的各部门里的精英。Top100会议总是定期在极其机密的地方召开，苹果公司内部禁止讨论参会者名单或会议内容，参会者不能自己驾车，必须坐统一安排的大巴参会。通常，会议在海边度假村举行，会议场所必须满足乔布斯设定的两个条件：有好的食物；没有高尔夫球场。

Top100会议是乔布斯部署公司层面战略决策的重要途径。这个会议一方面起到规划公司战略的作用，另一方面也是公司文化建设的方法之一。

通常，在Top100会议上，乔布斯会向这100人的核心团队揭秘公司正在研发的最新产品。例如，当年iPod在公司内部的第一次亮相就是在Top100会议上。但乔布斯也会在会议上评审和规划每个部门的工作，这会给高层管理者带来非常大的压力。一位苹果前副总裁回忆说：“每次开Top100会议，总有大约10个人战战兢兢，生怕自己被乔布斯点名批评，而另外90个人，则会度过生命中最美好的几天。”

关于Top100参会者的选择，乔布斯说：“我的工作是和Top100的人打交道。这并不是说，他们都必须是副总裁。他们中的一些人是关键的个人贡献者。于是，当一个新创意出现时，我的一部分工作就是在这100个人中推动这个创意。如果我必须重新创业，那这100个人就是我一定要带走的人。”

其次，乔布斯强调，苹果的管理结构中，每个人的职责一定要十分明确。苹果在组织结构和运营秩序上，尽量确保每个关键岗位的人在工作职责上没有模糊、重叠的地方。例如，苹果要求，每次开会时都必须明确列出这次会议的直接责任人（DRI，Directly Responsible Individual），这样，参会的所有人都知道会议由谁负责，最终的决策由谁作出，不容易出现相互推诿、扯皮的现象。

苹果内部不同职责部门之间的分工也非常明确。例如，负责苹果在线商店运营的副总裁，其权限仅限于在线商店的运营，就连在线商店网站上使用什么样的产品图片都无权干预，因为那是图形艺术部门负责的事。类似地，负责专卖店销售的副总裁也无权决定生产和库存计划。在苹果，关键的工作总有明确的、惟一的责任人。

当然，苹果和其他大公司一样，也会有官僚主义，有时也会伤害员工的积极性。有苹果员工评论说：“有时候，一个没有乔布斯参与的项目可能需要数月时间才有所进展，但只要乔布斯一声令下，这个项目就会以‘非人’的速度向前推动。”

一旦某项工作没有做好，乔布斯会直接质问该项工作的责任人。例如，苹果的MobileMe数据同步服务发布后，出现了很多质量问题，用户怨声载道。乔布斯生气地把MobileMe团队集中起来，叉着手高声说：“有人能告诉我MobileMe是做什么用的吗？”在得到了一个满意的答案后，乔布斯愤怒地说：“那他奶奶的为什么这个软件不能做这些事？”生气的乔布斯几乎在第一时间撤换掉了MobileMe团队的经理和相关责任人。

有趣的是，2011年6月，在WWDC开发者大会上发布iCloud云计算服务时，乔布斯又一次开起了MobileMe团队的玩笑。因为iCloud云计算服务同样是由MobileMe团队打造的，乔布斯对在座的开发者说：“你们可能会问，为什么我要相信他们，他们不就是那个做MobileMe的团队吗？的确，MobileMe 当年可不是个让我们开心的产品。但是，我们从中学到了很多。MobileMe 提供的同步功能已经完全被重新设计和重新开发，成为了全新的 iCloud。”

2005 年，苹果中国发生了著名的销售团队“大换血”事件。当时，苹果中国的销售队伍里，存在不少不按总部规范操作的现象，例如，一些销售人员在工作中为了适应所谓的本地特色，滥用折扣、特价等权力，在事实上损害了公司利益。

乔布斯无法接受这种带有本地特色的“变通”行为。苹果高层直截了当地告诉苹果中国：“你们既不要做苹果中国，也不要做中国苹果。苹果就是一家美国公司，或者更确切地说，苹果就是一家加州公司。”

对于苹果中国销售团队的不规范行为，苹果总部进行了严查，并根据乔布斯的指示，对相关责任人进行了严肃处理。结果，当时刚刚走马上任的苹果中国区总经理李滨，中国区渠道总监，华东、华南及西南三个区域的总经理，以及一大批销售负责人，在 8 月 17 日被苹果集体开除。

在乔布斯的苹果，决策、执行和奖惩就是这样雷厉风行，容不得丝毫差错。

企业文化

曾有记者问乔布斯：“你的特长在于招聘最好的人才？”

乔布斯回答说：“不完全是招聘。招聘到人才后，还必须为人才创建最好的环境，让这些人切实感觉到，他们身边到处都是与他们一样出色的人，他们的工作有巨大的影响力，且是一个强有力的、清晰的远景目标的一部分。”

也就是说，除了招聘到最好的人才，乔布斯也会努力为这些人才创建一个最好的工作环境——这个包含各种软硬件因素在内的大环境，通常也被称为企业文化。

今天的苹果公司总部位于美国加州库比蒂诺无限环岛路（Infinite Loop，Cupertino），是一组排列方式别具一格的办公楼群。这一片办公楼群由 6 幢低矮的办公楼组成，整个园区建成于 1993 年，最初只租售给研发型的公司，6 幢大楼也因此被命名为“研发 1 号”到“研发 6 号”。事实上，“无限环岛”这个名字就是从编程里“无限循环”的概念得来的。

图 63　从谷歌地图上俯瞰苹果总部——库比蒂诺无限环岛 1 号

乔布斯主管 Macintosh 团队时，苹果就开始逐幢逐幢地搬入无限环岛及其附近的办公楼。乔布斯回归后，园区内除了苹果公司占据的办公室以外，又搬入了一些非研发性质的公司，6 幢大楼随之被改名为“无限环岛 1 号”到“无限环岛 6 号”。苹果员工还亲切地把园区西南角停车场外一家孤立的连锁餐馆戏称为“无限环岛 7 号”。

驾车行驶在无限环岛 1 号及其周边，给人的感觉是一种别样的稳重与内敛。道路周边的树木郁郁葱葱，外观缺少变化的办公楼在路两旁错落有致，园区里很少能看到在谷歌总部园区经常见到的动感色彩与造型。园区正门的商店除了销售苹果产品外，还销售带有苹果商标的 T 恤、帽子、马克杯、水壶、衣服等纪念品。走到园区 6 幢办公楼中央的庭院里，访客总会感觉到，这里是一个优美、恬静的花园，而不是那些正在开创未来的、激情四溢的工程师们办公的地方。

实际上，乔布斯想在苹果内部营造的，是一种既面向未来、面向技术精英，又井然有序、制度严明的企业文化，这种文化既不像谷歌的企业文化那样完全以技术和创新为主导，又不像 IBM 的企业文化那样过分强调等级和结构。可以说，乔布斯的苹果所代表的，是一种专制氛围烘托下的创新文化。

顺便说一句，随着公司规模不断扩大，苹果正在距离无限环岛路大约 1 英里的地方兴建新的办公园区。2011 年 6 月 7 日，乔布斯在库比蒂诺市政会议上，亲自为大家展示了新园区的设计方案。新园区预计在2015年完工，将成为一个占地150英亩，可容纳12000名员工的超级办公区。那块地皮原先归惠普所有，乔布斯显然是利用早年积累的人脉，说服惠普将地皮转让给了苹果。乔布斯说："你会发现新园区看起来像一艘正在降落的飞船。大楼将是环形的，且全都是曲面玻璃。我们将之前建造苹果专卖店的经验搬到了这里。"

一方面，苹果的企业文化充满自由创新、不循规蹈矩的因素。曾在苹果工作6年之久的李开复回忆说："苹果的文化是工程师文化。当年，有一位工程师自称可以做出比英特尔更好的芯片，斯卡利就给他买了一台价值1500万美元的克雷（Cray）超级计算机。后来，在发现根本不可能跟英特尔竞争，几千万美元都是在白白浪费之后，这个项目才被取消——对苹果来说，这是一次错误，但也是苹果工程师文化的一种体现。"

苹果的工程师在工作中一派天马行空的作风。1994年，苹果的工程师们在研发Power Macintosh 7100电脑时，把项目的内部代码命名为卡尔·萨根（Carl Sagan），这是美国著名天文学家兼科幻小说作家的名字。尽管项目的内部代码并不公开，但卡尔·萨根先生本人却不知从哪个渠道得知了这件事。极其在乎名誉的萨根先生怕这个内部代码真的变成了产品名字，一怒之下起诉苹果，并发了律师函，要求苹果改名。苹果同意改名，但工程师们却报复性地把项目名字改成了"BHA"，这个缩写其实是"大头鬼天文学家"。萨根再一次被激怒，将苹果告上了联邦法院。不过，法官还是没有支持萨根先生的诉讼。为了取笑萨根，苹果工程师又改变了项目的内部代码，这一次，Power Macintosh 7100被工程师们称做"LAW"，这实际上是"律师都是胆小鬼"的缩写。

在乔布斯的感染下，苹果员工真心地认为，他们是在用自己的工作改变世界。在苹果，工作几乎被上升到为信仰献身的程度，就像宗教一样。例如，一遇到新产品发布的日子，员工们就像打了兴奋剂一样，彻夜不眠地为第二天的主题演讲做准备。乔布斯或其他高管在台上开始演讲后，苹果的员工们则会狂热地聚集在办公室、食堂或咖啡馆里观看直播，这些员工几乎和参加发布会的“果粉”一样兴奋。一位苹果员工说：“参加或观看发布会是在苹果工作时最美妙的体验。”

另一方面，苹果也差不多是现代 IT 企业里对员工要求最严格的公司之一。苹果可不是一家可以随便打哈哈的工作场所。一位苹果前设计师说：“当然，苹果是一个非常严格、无情的工作环境。”而一位苹果前产品高管则说：“虽然要求严格，但苹果的态度是，你在一家生产全世界最他妈酷的产品的公司工作，你够荣耀的了。那么，请闭上你的嘴，好好工作吧。”

与 Macintosh 的“海盗团队”时代不同的是，在今天的苹果总部，你看不到太多穿着短裤和人字拖的工作人员，也看不到装饰得很有个性的办公隔间。乔布斯当年回归苹果后，就对员工作出过严格的规定，包括园区内不准吸烟，禁止带狗进入园区等。这种情形完全和谷歌的办公环境相反。要知道，在谷歌，不但可以带狗上班，甚至还有“穿睡衣上班日”、“带小孩上班日”这样的活动，公司里随处都是好吃的和好玩的。

乔布斯还有意无意地将自己的生活方式强加给园区内的上万名员工。因为学佛的缘故，乔布斯自己是一个只吃鱼和素食的“鱼素食主义者”。有一次，在公司会议上有人问乔布斯，他对公司内部什么地方最不满意。乔布斯回答说：“员工餐厅。”很快，乔布斯更换了餐厅的全部厨师和食品采购员，并专程从他喜欢的一家餐厅聘请了新的厨师。大家不久就发现，乔布斯自己最爱吃的豆腐成了员工餐厅菜单里的主角。

保密是苹果企业文化中最重要的组成部分，每个加入苹果的员工都被近乎苛刻地要求遵守各种保密制度，例如，员工不得在博客或任何其他公开渠道谈论任何与工作有关的内容，也绝对禁止和配偶讨论有关公司的事情，在公司工作时，很多涉及保密或法律相关的事情都不能在电子邮件中讨论。对于外界关于苹果的负面报道，苹果的公关部门大多数情况下都会保持沉默，普通员工更是禁止对外发表任何看法。保密项目或艾维所负责的工业设计团队的员工，每天上班都要穿过严防死守的安全门，每道门都要刷卡、输入密码才能通行。办公室的保密区域都装有摄像头，最保密的东西甚至用黑布包裹，一旦取下黑布，就有红灯亮起，以提醒员工加倍小心。

实际上，各代 iPhone 和 iPad 发布前的几次外观泄露事件，大多是通过苹果的合作伙伴特别是代工厂泄露出去的。2010 年，苹果的工程师在一家酒吧喝酒时，不慎丢掉了他当时正在测试的 iPhone 4 原型机，好事者将手机卖给科技网站 Gizmodo，造成了苹果历史上最著名的员工泄密案，这也许是苹果自身近年来出现的最大保密漏洞了。

严格的管理也体现在员工日常工作的方方面面。一位苹果中国的员工给我们讲述了这样一个故事：有一次他到上海出差，住在公司规定的五星级酒店里。在苹果，员工出差住酒店必须住公司建议的酒店，对于不在公司清单里的酒店，即使价格便宜，也不能住。这位员工在酒店里为即将召开的会议准备材料。大会要求同声传译，必须为每个同声传译员预先准备好所有幻灯片的打印稿。这位员工算了算，所有打印稿共有 1 千多页，如果在酒店的商务中心打印，每页价格高达 10 到 12 元人民币，总计费用将超过 1 万元，还不如就近买一台轻便的打印机，在酒店房间里自己打印便宜。但即便是为公司省钱，这样的事情也必须报请上级批准。这位员工给经理发了电子邮件，直到收到经理肯定的回复后，才去买了打印机，完成了所有准备工作。

虽然苹果的企业文化以严格著称，但苹果人还是很喜欢苹果的工作环境。苹果的人才流失率一直很低。

苹果公司的一位猎头说："人们加入苹果并留在这里工作，是因为他们信仰公司的使命，尽管对他们个人来说，可能不是每时每刻都会开心。"

苹果一位前副总裁则说："在乔布斯的团队，员工工作起来还是非常开心的，不会因为乔布斯是天才，就觉得自己的创造力受到了压抑。乔布斯在预测未来方面非常出色，他的想法通常领先所有人三年左右。虽然乔布斯也不是一贯正确，但员工还是非常高兴能有人预见到未来的产业趋势，他们为拥有一个对产业有如此深刻认识的领导者而骄傲。"

10 生命是脆弱的

——乔帮主的生死禅机

死亡通牒

“生死流转，循环不已，是为轮回，人在轮回之中，纵不堕入恶趣，生老病死四苦煎熬亦无乐趣可言。所以信佛的人要了生死，超出轮回，证无生法忍。出家不过是一个手段，习静也不过是一个手段。”

这段话是梁实秋先生对佛教生死观的一个总结。在佛教诸宗派里，禅宗更加强调生死如一的超脱境界。

乔布斯生命中最重要的禅宗导师，日本禅师乙川弘文为了弘扬佛法，1967 年远渡重洋来到美国。乙川弘文是日本曹洞宗禅师的儿子（日本禅师可以结婚生子，与严格意义的和尚不同），打幼时起，就在禅宗明心见性的教诲中，品悟着生与死之间的佛法妙义。

从里德大学返回硅谷后，乔布斯经常到乙川弘文主持的位于洛斯阿尔托斯的禅宗中心修习。1976 年创办苹果前，乔布斯一度陷入了迷茫。没错，即便强悍如乔帮主，也会在机遇和未知面前不知所措。

“我是该在硅谷创业，还是该去日本修禅？”乔布斯恭敬地请乙川弘文禅师指点迷津，“创业则奔波劳碌，心思无法宁静；修禅则青灯古佛，抱负无法施展。大师，我该如何决断？”

“去！”禅师拍击着乔布斯的肩头，用狮子吼式的呵斥点醒迷雾中的年轻人，“人生如电，亦如朝露，奔波劳碌是一回生死，青灯古佛亦是一回生死。原本无生无死，万事皆是梦幻，又何须决断？”

“可是，我无时无刻不想着改变世界。如果人生皆如梦幻，改变与不改变，又有什么分别？”

“你看！”禅师手指墙上的经幡，“风吹幡动。千百年前，有僧人说：‘是风动。’又有僧人说：‘是幡动。’六祖惠能说：‘不是风动，也不是幡动，而是心动。’变与不变，其实，只在于你是不是真的心动呀。”

“您是说，只要追随我心，就无须纠结？”

“一切万法，不离自性。去吧，既然心向往之，还有什么可纠结的？全心即佛，心佛无异。当心性再无滞碍，行止皆随本心的时候，你就是大彻大悟的佛陀呀！”

听了乙川弘文的话，乔布斯是不是真的醒悟了，我们不得而知。但我们知道，从那以后，乔布斯就像个神奇的斗士一样，在改变世界的道路上一路前行，无论胜负成败，都始终随心所想、随性所止、随缘所至。不得不说，乔布斯是在用自己的生命实践着禅的真谛。

乔布斯创办 NeXT 公司时，特地请乙川弘文禅师担任公司的精神导师，为员工讲解禅的智慧。1991 年，乔布斯和妻子劳伦娜在优山美地（Yosemite）举行婚礼，当时的主婚人正是乙川弘文。

不幸的是，2002 年 7 月 26 日，在瑞士湖滨，为了救不慎落水的 5 岁女儿，乙川弘文禅师溺水身亡。其实，对得道的禅师而言，生死本无分别，所谓“几回生，几回死，生死悠悠无定止”。当年曾有一位禅师临去世前大喝一声：“我去也！”就洒脱地走了，端的是来去无牵挂，自由无滞碍。

造化弄人，痛苦地送别了乙川弘文禅师的乔布斯竟也早早遭遇了生与死的盘诘和考验。2004 年 8 月初，一封乔布斯在病床上写给苹果员工的电子邮件突然被媒体公开。在邮件中，乔布斯告诉大家，他被查出患有胰腺癌。通常，胰腺癌是最难对付的癌症之一。但乔布斯在邮件中宣称，他得的是一种罕见的，不那么致命的癌症，只要摘除肿瘤，不需要化疗和放疗即可治愈。接受了胰十二指肠切除术的乔布斯宣布暂时离职休养，离开期间，由蒂姆·库克代理 CEO 事务。

既然乔布斯说了不太严重，大多数被这个消息震惊到的果粉们逐渐把悬着的心放了下来。2005 年，在斯坦福大学的毕业典礼上，乔布斯发表了他人生中最重要的一次演讲，并在演讲中坦诚地谈到了“死亡”。

乔布斯说：“大约一年前，我被诊断出癌症。医生告诉我那很可能是一种无法治愈的癌症，我还有 3 到 6 个月时间活在这个世界上。我的医生叫我回家整理东西，那其实就是医生说‘准备迎接死亡’的暗语。那意味着你要把未来10 年你准备对孩子说的话在几个月里面说完。那意味着你要把每件事都安排好，以便让你的家人更好地生活下去。那意味着，你要说‘再见了’。”

的确，那是乔布斯第一次接近死亡。虽然医生很快发现，他的癌症可以通过切除肿瘤治愈，但他毕竟熬过了人生第一个死亡关口。在斯坦福大学的演讲中，他所说的话尽是一个经历了生死考验的智者的心声：

“没有人愿意死，即使想上天堂，人们也不会为了去那里而死。但是死亡是我们每个人共同的终点。没有人能逃脱它。事情本该如此，因为死亡就是生命最好的一个发明。它促动生命的变革，推陈出新。我很抱歉，这颇有戏剧性，但这是真的。你们的时间有限，不要将时间浪费在重复他人的生活上。不要被教条束缚，那意味着你活在其他人思考的结果中。不要被他人的喧嚣遮蔽了你自己内心的声音、思想和直觉，它们在某种程度上知道你真正想成为什么样子，所有其他的事情都是次要的。”

2005 年，站在斯坦福讲台上的乔布斯可能有些太低估死神的威力了。即便没有天妒英才这回事，死神也会有兴趣和他这个地球上最有个性、最有魅力的人较量一番。

2006 年 8 月，乔布斯出席苹果 WWDC 开发者大会时，在场的观众惊诧地发现，乔帮主突然消瘦了。那个满面红光、体格健硕的乔帮主不见了，取而代之的是一位脸颊深陷、形影清癯的乔帮主。一年不到的样子，乔帮主形象上的反差轰动了整个科技界。大家猜不透乔帮主到底得了什么病。

在接下来的两年多时间里，虽然乔布斯还在频繁出席产品发布会等公开活动，但全世界关于乔帮主健康状况的猜疑一刻也没有停止过。人们不知道他的胰腺癌是不是已经复发，也不知道他是不是还患有其他病症。苹果公司的股价在这段时间里，时常随着谣言兴灭而起伏波动。

2008 年夏天，在公开场合露面的乔布斯看上去更加消瘦了。8 月 28 日，彭博社（Bloomberg）因为编辑的疏忽，竟错误地发出了长达 2500 字的乔布斯讣告。那似乎更像是一份预先准备好的讣告模板，因为在讣告中，乔布斯的年龄和死因都是空白。9 月 9 日，乔布斯不得不出面回应公众的质疑。他引用马克·吐温的话说："关于我的死亡的报道是被极度夸大了的。"

2009 年 1 月 5 日，乔布斯终于公开了自己的部分病情。他宣布自己患有奇特的激素失衡症。1 月 14 日，在一份内部备忘上，乔布斯宣布离职 6 个月进行治疗，离职期间仍由蒂姆·库克负责公司运营。4 月，在田纳西州孟菲斯的卫理公会大学医院移植研究所，乔布斯接受了肝脏移植手术。6 月 30 日，术后的乔布斯重返工作岗位。

肝脏移植！天啊，公众这才恍然大悟，乔布斯的病情远不是可治愈的胰腺癌或激素失衡那么简单！

没有人知道，上天究竟要怎样对待乔布斯这位旷世奇才的生命。我们只知道，从 2009 年起，乔帮主每一次露面，全世界数以亿计的粉丝就会揪紧了心。尽管每一次露面时乔布斯都愈发清瘦、憔悴，但在公众面前，洗尽铅华、笑对生死的乔帮主似乎更多了些淡泊和超脱，更像一位得道的高僧了。

2010 年，为了支持加州议会通过一项鼓励器官捐赠的法案，乔布斯在一家儿童医院作了一次演讲。一位叫詹姆斯（James）的读者读到演讲全文后，写了一封电子邮件感谢乔布斯。

詹姆斯说："我在 2008 年 4 月 23 日失去了我的女友。她患有黑色素瘤，肿瘤在肝脏内快速扩散，在我们发现它扩散至肝脏后 48 小时她就去世了。她只有 24 岁，我每天都在想她。我非常感谢您愿意抽出时间来做这件事情。我女朋友和我都从小住在库比蒂诺，能看到我们家乡的英雄花时间来做这件事情，真是太好了。"

几小时之后，乔布斯回信说："不用客气，詹姆斯。听到您女友的事情我很难过。生命是脆弱的。——史蒂夫，发自我的 iPad。"

2011年1月17日，乔布斯再次宣布离职治疗。苹果股价开盘下跌4.95%。李开复在微博上感叹道，“乔布斯可能太爱公司了，等到季度财报公布时才宣布了自己病休的消息，让正负面消息互抵。这么做虽然阻止了巨大的跌幅，但是还是身体重要呀！”

2月17日，愈发瘦削的乔布斯和十几位硅谷巨头一道，与美国总统奥巴马共进晚餐。6月6日，离职治疗期间的乔布斯出席WWDC开发者大会，用略带沙哑的声音，在台上向全世界介绍苹果最新的iCloud云计算平台。

生亦何欢，死亦何苦。当乔帮主用改变世界的勇气和万法无滞的洒脱与死神周旋，当乔帮主一次次在收到死亡通牒后又重新走上苹果产品发布会的讲台，毫无疑问，他正在开创科技史上绝无仅有的生命传奇！

嬉皮士还是苦行僧

在一次次死亡通牒面前，我们看到的是一个妙悟禅机，笑对生死的乔帮主。但如果一直回溯到40年前，从青年时代起，那个洒脱任性、不拘一格的乔布斯就被深深打上了嬉皮士的烙印。

很难想象，一个人怎么可以一边吸毒听摇滚，一边在蝉噪林愈静、鸟鸣山更幽的禅机心语里流连忘返？一个经常对员工咆哮怒吼，动辄威胁媒体记者的CEO怎么会在创业时让一位禅师担当员工的精神导师？一个在失败面前无所畏惧，屡屡用技术改变世界的盖世奇才为什么会说出“我愿意用我所有的科技，换取和苏格拉底共处一下午的机会”这样的人生感悟？

乔布斯身上，到底是叛逆者的成分更多些，还是修道者的成分更多些？

禅宗说，一切诸相，即是非相。也许，无论是嬉皮士还是苦行僧，在明心见性的禅宗看来，本没有任何分别。

只要发自本性，自然可以“来去自由，通用无滞”。

如果乔布斯不是性情中人，这世上就再没人敢说“性情”二字。和那些强烈个性相对应的习惯、癖好，其实都是乔布斯身上最有趣的地方。

例如，因为学禅，乔布斯始终奉行“鱼素食主义”，只吃鱼和素食，还为此专门请来大厨，把苹果总部的食堂改造得充满豆腐氛围。在乔布斯家里，只有很少的家具，似乎一切都是为静修准备的。

在不同时期，乔布斯的衣着打扮几乎就是几个不同时代的范本。年轻时要么像个嬉皮士一样长发、T 恤、短裤、凉鞋，要么像小马哥那样一袭灰色风衣配上衬衣西裤，全都是那个时代最“潮”的时尚特征。随着年龄增长，在公开场合露面的乔布斯几乎一成不变地将自己封装在著名的“龟脖衫”和牛仔裤的搭配里，这时的乔布斯更像个深不可测的哲人。

可在生活中，乔布斯就是一个大孩子。有一段时间，乔布斯喜欢一款保时捷的腕表，自己天天戴在手腕儿上显摆。如果有人注意到他的手表，当面夸这表好看，乔布斯就直接从手腕上摘下表来，当场送给对方，说：“恭喜恭喜，你懂得欣赏这款卓越的设计。”谁知几分钟后，他就又不知从哪里变出一块来戴在自己手腕上。其实，这个魔术也不是很难，乔布斯事先买了一整箱这种每块价值大约 2000 美元的腕表，送了一块，就再从箱子里拿一块戴上。

苹果前董事会成员彼得·克里斯普（Peter Crisp）回忆说，当年苹果刚上市的时候，金融大亨戴维·洛克菲勒（David Rockefeller）在自己家组织了一次庆祝苹果成功上市的聚会，邀请苹果高管和多位著名投资人、银行家参加。没想到，乔布斯带了不少苹果工程师跑去参加聚会。显然，乔布斯自己和这些从来不知道规矩方圆为何物的工程师都把这次聚会当成了周末海滩上的生日派对，好多人随身带了玩具和彩色的苹果商标贴纸，把洛克菲勒家里弄得乌烟瘴气。事后，洛克菲勒对克里斯普抱怨说：“下一次，千万告诉他们，别在我家卫生间的镜子上贴商标。”

乔布斯喜欢开车，从高中时就开着家里的旧车到处飞驰。最近几年，乔布斯一直开着一辆奔驰 SL55 AMG 在硅谷出没。这款车在乔布斯买的时候，售价大约是 13 万美元。

不得不说，乔布斯开车有两大特点。

第一是从不安装牌照。据说，从 Macintosh 时代起，乔布斯就有不上牌

图 64　乔布斯的无牌大奔，停在苹果园区停车场

照的习惯。警察来过问时，他总是说，因为自己是名人，每天都会被人偷掉车牌，还不如不装。为此，加州车管所（DMV）特许他不装牌照上路——这可真是够拉风的。有一次，笔者和朋友在帕洛阿尔托闲逛，发现路边别墅外停着一辆有些眼熟的银灰色无牌大奔，这才发现，原来已经逛到了乔帮主家门口。就在这时，乔布斯的太太劳伦娜从门里走了出来，看到我们这班貌似狗仔队的不速之客，还友善地冲我们挥手微笑。

第二是经常把车停在苹果公司的残疾人车位。安迪·赫茨菲尔德在 Macintosh 团队时就目睹过这一现象。后来，更多的人拍到了乔布斯把无牌大奔停在残疾人车位的照片。赫茨菲尔德开玩笑说："乔布斯可能是觉得，残疾人车位上画的那个坐轮椅小人的符号，是在暗示那是为公司主席专门留的（主席一词的英文 Chairman 直译过来是'坐椅子的人'）。"目睹乔布斯把车停进残疾人车位的法国人让-路易·卡西则嘲讽地说："没想到，残疾人车位是给这种情感残疾的人准备的。"

除了喜欢吃鱼素食，喜欢穿"龟脖衫"，喜欢开无牌大奔外，乔布斯还喜欢拆房子。没错，我说的的确是拆房子。

1984 年，乔布斯在加州伍德赛德镇购买了一套约 1600 平方米，有 14 间卧室的大宅子。这所宅子名叫杰克林公馆（Jackling House），是一幢西班牙殖民复兴风格的建筑，由加州著名建筑师乔治·史密斯（George Washington Smith）设计，建于 1926 年，对美国这种历史不太久远的国家来说，这所大宅子绝对算得上一处历史文化遗产。

乔布斯在这所宅子里断断续续住过 10 年。1991 年与劳伦娜结婚后，还把这幢房子当礼物送给了妻子。1993 年乔布斯和妻子搬到帕洛阿尔托的新家后，就没去杰克林公馆住过。1998 年，曾借给美国总统比尔·克林顿使用过一次。

乔布斯明显不喜欢杰克林公馆的建筑风格。他说那房子是“他见过的最令人厌恶的建筑之一”。从 2000 年开始，他就再也不整修、打扫房子，任由杰克林公馆日渐凋敝。2004 年，乔布斯打算彻底拆掉房子，重新修一幢精巧的小别墅。伍德赛德镇议会同意了乔布斯的申请。没想到，当地的文物保护主义者不干了，他们成立了一个文化遗产保护团体，然后把乔布斯和镇议会统统告上了法庭。

2006 年的法院判决不允许乔布斯拆除这幢有文化遗产价值的房子。乔布斯继续上诉。2007 年，乔布斯败诉。当时，乔布斯曾通过他的律师发表声明称：“我为保护遗产付出了持续的、代价高昂的努力。”有三个未透露姓名的人愿意将整幢房子完好地迁移到其他地方，但迁移计划最终没有实施。

乔布斯曾对法庭解释说，他想拆掉房子的主要原因是房子太大。这幢豪华的建筑有两条长长的回廊，回廊两侧排列着一间间的卧室。乔布斯说：“对我们一家五口来说，这幢房了太大，没有家的感觉。它从来都不是一幢真正有趣的房子。所以，我想在拆掉它之后建一所更小但要好得多的建筑。”

2010 年 3 月，峰回路转，法庭推翻了 2007 年 1 月的判决，乔布斯又可以拆除伍德赛德镇的别墅了。这一次，一不做二不休，没等文化遗产保护组织的人干预，乔布斯就当起了拆迁队的头头，开始指挥杰克林公馆的拆除工程。2011 年 2 月，飞机航拍照片显示，杰克林公馆所在地已经成了一片瓦砾。

在拆房子这件事上，乔布斯的任性又赢了一回。而且，乔布斯已经向伍德塞德镇提交了新宅的详细设计规划。据说，新宅的预算是 845 万美元，面积只占原杰克林公馆的三分之一，大约 450 平方米的样子，有五个卧室，还有一个大的露台和一个能容纳 3 辆车的车库。房屋周围是碎石铺成的小路，以及两万多平方米的花卉、植物和蔬菜。一旦建成，“田园风光”这四个字也许就是最合适的形容词了吧。

最近几年里，乔布斯与媒体记者、普通用户乃至普通网友的电子邮件通信屡屡被媒体曝光，乔帮主不羁与睿智并存的真性情在这些电子邮件里显露无遗。

iPad 刚刚在欧洲上市时，欧洲人民普遍抱怨 iPad 的售价比美国贵。愤怒的顾客纷纷写信责问乔帮主。没想到，乔帮主还真的给这些顾客回信，而且，是亲自用特有的“帮主体”让这些唧唧歪歪的顾客闭嘴。

这是乔布斯给一位英国顾客的回信内容：“拜托，发信前请自修一下贵国法律！根据法律，英国 iPad 的售价中必须包含增值税，大约18%。在俺们美国，售价里可没有税的哦。”

一位德国顾客随即发现，即便考虑增值税因素，德国的 iPad 售价也明显高于其他欧洲国家，更别说美国了。结果，他写给乔布斯的信也成了帮主开展普法教育的由头，乔布斯回信说：“拜托，要骂就骂你自己的政府吧！德国不久前刚对电脑开征了新的版权税。”

这两年，苹果 iPhone 手机和谷歌 Android 手机之间的战争如火如荼。乔帮主居然利用一切可以利用的机会，极尽讽刺、挖苦 Android 手机之能事。有一次，一位顾客就苹果对 iPhone 应用和内容的审查提出了质疑，他发信给乔布斯说：

“苹果公司现在越来越主观地决定消费者所能接触到的内容。比如，拒绝马克·菲奥里（Mark Fiore）漫画应用上线，以及对限制级内容的严格管制。我当然赞成让孩子们远离不良信息，但有时候我自己希望接触一点。我觉得这类应用应该上线，家长可以决定是否将其屏蔽。苹果又不是卫道士，苹果该做的是设计出非常酷的产品并把它带到消费者面前。”

乔布斯对此回复道：“菲奥里这款应用不久就会在应用商店上线，这只是个小失误。从道德角度讲，应用商店中决不会有成人内容。如果真的有人想要，我建议他买部 Android 手机。”

iPhone4 刚发布后，即遭遇“信号门”，用户手握金属边框时，手机天线居然会受到干扰。一位用户给乔布斯发邮件抱怨说：

“我喜欢我的 iPhone 4，真的很棒，但我手一握住 iPhone 4 的金属边框，移动信号就不见了。看起来这还是个常见的问题。你们打算如何解决呢?”

“别用那种姿势拿手机就好了。”乔布斯回信说。

2010 年 5 月，著名硅谷八卦博客“硅谷闲话”（Valleywag）的编辑莱恩·泰特（Ryan Tate）发邮件给乔布斯，质疑 iPad 并不是一件革命性的产品。没想到，这封邮件捅了马蜂窝，气急败坏的乔帮主像个网上灌水被人鄙视的愤青一样，接二连三地与泰特在邮件中唇枪舌剑，纠缠不休。

泰特：“如果迪伦·托马斯（Dylan Thomas，英国诗人和作家）今天 20 岁，他会如何看待你的公司？他会不会认为 iPad 与‘革命’毫无干系？因为‘革命’是与自由有关的。”

乔布斯：“是的，免于被某些程序侵犯隐私的自由，免于被某些程序浪费电池的自由，免于被色情内容污染的自由。是的，自由。当这些改变发生的时候，PC 时代的老顽固们就会发现，他们的旧世界正在消亡。就是这样。”

泰特：“《连线》杂志做 iPad 的本地应用是迫不得已，但是，他们为什么要在移植上浪费精力？……我已经确信，你们会控制内容和应用程序的审批。”

乔布斯：“天哪，你为什么苛求这种技术细节？此事无关自由，而是苹果想为用户做正确的事。用户、程序员、出版商都可以做自己想做的事，如果他们不想，他们大可不必购买 iPad，为 iPad 开发程序或在 iPad 上发行。看起来，这不是他们有问题，而是你有问题。”

泰特：“你本有机会为手机和平板电脑设置一个新的平台，一个立足未来的平台。但看到你们玩这种集权和复仇的游戏，我很失望。我认为这不是技术问题，而是你把自己关于成人内容、商业秘密、技术纯洁性的道德观强加于人。”

乔布斯：“你真是被严重误导了。……对我们来说，我们只是尽自己所能，按我们的方式制造和保障用户体验。你可以提出异议，但我们的动机是单纯的。顺便说一句，你做过什么伟大的事儿吗？你创造了什么东西，还是只会批评他人的努力、贬低他人的动机？”

真的，看到乔帮主在邮件中不厌其烦地和对方打口水战，或是直接用讽刺、挖苦堵住对方的嘴，有时候真是觉得，乔帮主身上放浪形骸、不拘一格的嬉皮士风范是一生都不会改变的天性。无论乔帮主多么成熟，这种真性情都会在言谈举止中毫无保留地释放出来。

但谁又能说，这不是一种最好的生活方式呢？

禅宗说："凡自本性，不生不灭。于一切时中，念念自见，万法无滞。"

乔帮主的真性情，不就是一个曾苦苦修禅悟道、追求佛性禅心的人，在变幻莫测的大千世界中感悟和印证自我的不二法门吗？

一个凡人

乔布斯的亲生父母当年因为正攻读学位时非婚生子，不得不把乔布斯送给养父母一家收养。后来，他们还是结了婚，而且还生了一个女儿，叫莫娜·辛普森（Mona Simpson），这是乔布斯的生物学妹妹。不过，乔帮主这个妹妹也没享受到太多父爱，她 5 岁时，父亲就抛弃了她们母女离家出走。

直到乔布斯 27 岁时，乔布斯和莫娜兄妹俩才知道对方的存在。两个人明明是在完全不同的环境中长大，但乔布斯还是发现，自己与妹妹无论是在长相、性格还是在任性程度上都有几分相似。乔布斯后来说："我们是一家人，她是我在这个世界上最好的朋友之一，我每隔几天都会打电话给她。"

乔布斯和莫娜的生父阿卜杜勒·法塔赫·江达利是叙利亚人，生母乔安·辛普森是美国人。现在看来，他们的基因相当不错，不仅乔布斯是不世出的奇才，连妹妹莫娜也很有天分。莫娜后来成了小有成就的作家，发表过好几部小说作品。

莫娜的第三部小说名叫《一个凡人》，出版于乔布斯刚刚回归苹果的 1996 年。这部小说和她的第二部小说类似，写的也是一个女儿寻找生父的故事。不过，在这个故事里，父亲的原型似乎并非莫娜自己的生父。故事里的父亲是一个身价巨万、搞生物科技的企业大亨。按照小说里的描述，这位企业家“自恋、工作狂”，从开始就“不仅无法与他人苟同，甚至对他人的愿望和想法都丝毫不予考虑”，他的人生目标是“这个星球因为他的诞生而从此改变”。几乎每个读了小说的人都觉得，这个故事里的父亲就是乔布斯。

如果莫娜写的抛弃女儿的百万富翁真的是以乔布斯为原型，那小说里的父女多半就是在暗指乔布斯与自己的私生女丽莎之间的关系了。

从高中到里德大学，再到创办苹果公司，关于乔布斯本人的私生活有太多无法证实的八卦，甚至还包括与歌星鲍勃·迪伦的前女友琼·贝兹（Joan Baez）之间的绯闻。其实，当年帅气、洒脱的乔布斯有几个绯闻女友并不算什么新闻，和女友生下私生女却死活不承认才真正能体现乔帮主的真性情。

1977 年夏末，当时与乔布斯保持了较长时间恋爱关系的女友克里斯 - 安·布里南（Chris - Ann Brennan）怀孕了。据说，22 岁的乔布斯听到这个消息后，就像现在大多数初谈恋爱又不愿意负责任的淘气大男孩一样，坚决反对自己升级成孩子的父亲。

年轻人的恋爱纠葛，哪个时代都差不多。恋爱中的女人最容易受伤，最容易为情所困，也最能担起责任。克里斯 - 安就不像乔布斯那样只图快乐不负责任，她没有选择堕胎，而是决心把孩子生下来抚养成人。乔布斯为此恼怒不已，他不但断绝了和女友的关系，还拒绝承认女友肚子里的孩子是自己的。

1978 年 5 月，孩子出生了，克里斯 - 安给女孩儿取名叫丽莎·布里南（Lisa Brennan）。就像一部肥皂剧里的老套情节一样，乔布斯无论如何都不承认丽莎是自己的女儿，还拒不支付抚养费。没办法，克里斯 - 安把乔布斯告上了法庭，要求他承担起一个父亲的义务。1979 年 5 月，乔布斯终于同意做亲子鉴定。鉴定结果表明，乔布斯就是丽莎的父亲。可即便如此，执拗的乔布斯还是不接受法庭的判决，他死活不肯松口说丽莎就是自己的女儿。有一次，乔布斯甚至在法庭上发誓赌咒说：“我没有生育能力，没可能生出这个孩子。”

不知道当时乔布斯为什么拒不履行父亲的职责，这看上去一点儿都不像一个敢作敢当的大英雄。要知道，在他拒不承认父女关系的那两年里，丽莎和她的母亲差不多是靠福利救济度日的。直到1980年，乔布斯才回心转意，同意接受法庭判决，承认父女关系。

丽莎后来一直跟母亲一起生活，2000年在哈佛大学毕业后移居欧洲，成为了一名记者和专栏作家。2008年，丽莎撰文回忆起自己的童年生活：

“在加州，我母亲一个人把我养大。我们没多少财产，但她对我很好，我们也很快乐。我们总是在搬家，租房子。我父亲不但富有而且声名在外，后来，我认识了我父亲之后，也会和他一起度假，之后还跟着父亲一起生活了几年。在父亲这边，我看到的是另一种五彩缤纷的世界。父亲的世界和母亲的世界没有交集。每当我生活在其中一个世界时，我就会想念另一个世界。”

乔布斯就是这样一个凡人，一个有情有欲、有爱有恨的凡人。他也曾像不负责任的坏孩子那样置丽莎母女于不顾，但他最终还是接受了丽莎这个女儿，并给了她父爱。1991年，乔布斯和劳伦娜结婚，并先后生了三个孩子。在2005年著名的斯坦福大学演讲中，乔布斯承认：“劳伦娜和我拥有一个幸福完美的家庭。”

乔帮主没有接班人

2010年9月，创新工场投资经理张亮曾与国内最有个性的投资人兼经理人，360公司董事长周鸿祎有过一次关于乔布斯的独家访谈，这篇个性十足，颇有“神侃”与“清谈”风范的文章发表在苹果信息网apple4. us上（http：//apple4. us/2010/10/zhouhongyi – on – jobs. html），很值得一读。

周鸿祎说：“学乔布斯比较容易陷入两个误区。第一个是把乔布斯神化。我们都是人，就他是个神，那还有什么可以学的？其实乔布斯也是一个有七情六欲、缺点很明显的人。……第二个，你知道事后分析最大的问题是什么吗？因为事后分析总是很功利地去看做一件事儿对自己的好处，没有看到完整的过程。不看来龙去脉只看孤立的成功，这就会让你得出很多奇奇怪怪的结论。……现在有一些公司认为苹果不过如此，不去学它的DNA，只抄它的产品，这肯定是错的。”

张亮问周鸿祎：“你心目中乔布斯的接班人应该是什么样的？”

周鸿祎斩钉截铁地说：“再找一个乔布斯是不太可能了，应该是萧规曹随吧，他制定的方向和战略，继任者追随，依然会是很大的公司，不过未来的机会可能抓不到了。”

乔布斯的接班人会是谁？每个喜欢苹果、喜欢乔布斯的人都会去想这个问题。尽管每个人都希望乔帮主仙福永享，寿与天齐，但每个人也都知道，肝脏移植后到底能从死神手里夺回几年的寿命，这多半还要靠一点点运气。那么，下一个乔布斯在哪里？万一缺少了乔帮主，水果帮还能继续今天的辉煌吗？

正如周鸿祎所说，乔布斯之后，再找一个乔布斯谈何容易。如果乔布斯那么容易学习和复制，估计乔布斯自己早就会在苹果内部开设“乔布斯成功学速成”之类的培训班，或是把自己的成功学讲座录成DVD，放到每一家机场书店去反复播放了。如果乔布斯的成功仅只是一些可以借鉴或推广的方法论，那乔布斯完全可以像古代的武学高手那样，把自己的制胜秘笈写成《易筋经》或是《九阴真经》之类的宝典，然后找个机缘，把宝典传给自己指定的接班人。

按照张亮的说法，盖茨和乔布斯是两种不同的创业者。盖茨的思考出发点是解决问题，而乔布斯的出发点是创造。这种区别其实是价值观范畴的东西，无所谓好坏。现实中，解决问题类的创业者比较多，比如谷歌的两位创始人，比如Facebook创始人马克·扎克伯格。但以创造为本的人比较少，比如Twitter发明人杰克·多尔西（Jack Dorsey），任天堂的总经理宫本茂，太空探索技术公司SpaceX创始人埃伦·马斯克（Elon Musk）等人。后一类人更像作家或画家，也最难复制。

乔布斯就是这类最难复制的，拥有艺术家气息的创业者中，最有个性也最具传奇色彩的一个。

一位苹果前董事对我们说：“乔布斯最大的错误就是，没有培养一个接班人。”

一位苹果前副总裁则对我们说：“如果乔布斯病休后不能返回公司，影响也许没有想象的那么大，这是因为：一、公司未来两年产品的布局已经确定；二、最近几个重磅产品都是由乔纳森·艾维负责设计，乔布斯的角色只是批评和建议，所以只要艾维不离开苹果，苹果的创意产品就不会中断；三、虽然艾维不是管理者也不是演讲家，但苹果还有懂管理的蒂姆·库克来与艾维搭档。”

曾在施乐参与过苹果早期风险投资的华人创投家李宗南先生则认为：“每个人都是平凡的人，那些不平凡的人只是因为他们做了些不平凡的事。乔布斯就是这样一个做了些不平凡的事情的平凡的人。”

也许，所有外人的猜疑、揣测与分析都只不过是杞人忧天。看透生死的乔帮主未必会像我们一样，纠结在接班人这种世俗的问题里。

乔布斯就是乔布斯，为什么一定要有接班人呢？人生如幻，万事皆空，有乔布斯的苹果是一种因缘，没有乔布斯的苹果，又何尝不是另一种因缘呢？

也许，和乔布斯自己相比，我们都太过执著，远没有到领悟禅机的地步。

1994 年，音乐杂志《滚石》的记者曾经问乔布斯，生命的目标是什么。乔布斯说：“生命的目标是追求启蒙。无论你如何定义，这里都有太多私人的东西，我不想跟你谈这些。”

2005 年，在著名的斯坦福演讲中，乔布斯引用一本杂志封底的话告诉大家，人生最重要的是“求知若饥，虚心若愚”（Stay hungry，stay foolish）。

是啊，如果能时时保持一颗“求知若饥，虚心若愚”的智慧之心，那，是不是能学习或复制乔布斯的成功，又有多大的关系呢？

只要追随我心，每个人都可以像乔帮主那样，拥有一次瑰丽的生命传奇。

附录1　乔布斯年表

1955 年　·2 月 24 日，出生在旧金山，出生后被保罗·乔布斯（Paul Jobs）和克拉拉·乔布斯（Clara Jobs）收养。当时乔布斯一家住在旧金山的日落区。5 个月大时，全家搬到了南旧金山。10 岁前，乔布斯一家搬到了山景城。乔布斯进入山景城的蒙塔洛马（Monta Loma）小学。

1967 年　·乔布斯一家搬到洛斯阿尔托斯的克里斯特路（Crist Drive）11161 号，这所房子也是后来苹果电脑的诞生地。先后在位于库比蒂诺的两家中学　　库比蒂诺中学和霍姆斯泰德（Homestead）高中读书。

1968 年　·中学时经常在课后到位于帕洛阿尔托的惠普公司听讲座。

·成为惠普公司的夏季实习生。

1971 年　·比尔·费尔南德斯（Bill Fernandez）给 16 岁的乔布斯介绍了 21 岁的史蒂夫·沃兹（Steve Wozniak），这是苹果双雄的第一次会面。另一种说法是 1968 年，乔布斯 13 岁时遇见沃兹。

·与沃兹一起设计销售盗打电话的电子设备“蓝盒子”。

1972 年　·高中毕业，进入里德大学（Reed College）。一学期后退学，过着嬉皮士的生活。

·诺兰·布什内尔（Nolan Bushnell）创建了雅达利（Atari）公司，开发电视游戏机。

1973 年　·1 月，沃兹在惠普找到了一份工作。

·退学后，仍在里德大学旁听课程，闲逛，蹭吃蹭宿舍。

1974 年 · 年初回到加州，在雅达利公司得到了一个职位。

· 筹到足够的钱后，与里德大学时的朋友，后来的苹果员工丹尼尔·科特肯（Daniel Kottke）一起到印度旅行，求佛问道。返回美国后，继续在雅达利公司工作。

1975 年 · 1 月，Altair 8800 发布。

· 在洛斯阿尔托斯的禅宗中心学禅，受该中心禅师乙川弘文（Kobun Chino Otogawa）的影响很大。

· 3 月 5 日，一群个人电脑爱好者在戈登·弗伦奇（Gordon French）和弗雷德·摩尔（Fred Moore）的组织下成立自制电脑俱乐部（Homebrew Computer Club）。

· 与沃兹一起参加自制电脑俱乐部的活动。

· 6 月 29 日，沃兹成功地组装好了 Apple I（当时还没有这个名字）。这也是历史上第一台可以将键盘输入实时显示到屏幕上的电脑。

· 9 月，MOS 科技公司（MOS Technology）发布 6502 CPU，该 CPU 很快成为 Apple I 和 Apple II 的核心。

· 沃兹向惠普和雅达利推销新设计的电脑，失败。

· 11 月，感恩节前后，与沃兹决定自己开公司，生产和销售 Apple I 的印刷电路板。

· 12 月，保罗·特雷尔（Paul Terrel）在山景城开办了历史上第一家电脑零售店——字节商店（Byte Shop）。

· 研发游戏打砖墙（Breakout），请沃兹帮忙。沃兹成功地将芯片数量减少了 50 个。但乔布斯却骗沃兹说，报酬只有 750 美元。事实上，乔布斯隐瞒了 5000 美元的奖金。

1976 年 · 4 月 1 日，与史蒂夫·沃兹、罗纳德·韦恩（Ronald Wayne）一起签署长达 10 页的合同，创立苹果公司。

· Apple I 开始在字节商店销售。

· 5 月，在亚特兰大首届个人电脑节和费城计算机展销会上推销苹果电脑。

· 8 月，沃兹完成了 Apple II 的设计。

· 8 月，雅达利公司老板诺兰·布什内尔推荐了红杉资本的投资人唐·瓦伦丁（Don Valentine），瓦伦丁又推荐了迈克·马库拉（Mike Markkula）。马库拉随即决定以个人名义投资苹果。

· 麦金纳（McKenna）公司开始为苹果提供市场和公关服务。该公司的罗勃·简诺夫（Rob Janoff）为苹果设计了彩虹苹果的商标。

1977 年 · 1 月，沃兹放弃了自己在惠普的职位，全职为苹果工作。

· 1 月 3 日，苹果公司正式注册。

· 2 月，聘请来自国家半导体公司的迈克·斯科特（Mike Scott）出任苹果公司 CEO。

· 4 月 16 日，成功参加了首届西海岸计算机展销会（First West Coast Computer Fair），正式推出 Apple II。

· 6 月 5 日，Apple II 正式发售。

· 夏末，女友克里斯-安·布里南（Chris - Ann Brennan）怀孕。乔布斯拒绝做孩子的父亲，断绝了和女友的关系。

· 12 月，苹果公司第一次举行圣诞节餐会。

1978 年 · 1 月，在拉斯维加斯举办的美国消费电子展（CES）上，带磁盘驱动器的 Apple II 引起了轰动。

· 5 月 17 日，非婚生女儿丽莎（Lisa Brennan - Jobs）出世。乔布斯起初拒绝承认这个女儿，克里斯-安·布里南独立抚养她。许多年后，乔布斯终于承认了父女关系。

· 苹果启动 Lisa 项目，最初的目标是 Apple II 的换代产品。1979 年乔布斯访问施乐后，目标变成高端的、拥有图形用户界面的个人电脑。

· 10 月，苹果公司举行万圣节化装晚会，乔布斯在晚会上装扮成耶稣基督。

1979 年 · 5 月，乔布斯同意做女儿丽莎的亲子鉴定，虽然鉴定结果表明他是丽莎的生物学父亲，但乔布斯当时还是不肯承认。

· 6 月，苹果发布 Apple II Plus。

· 6 月，杰夫·拉斯金（Jef Raskin）开始设计一款新电脑，名为 Macintosh。

· 夏末，苹果第一轮融资，包括施乐在内的 16 家公司购买了苹果股份。

· 8 月，苹果公司从微软获得 AppleSoft BASIC 的使用授权。

· 10 月，由丹·布里克林（Dan Bricklin）和鲍勃·弗兰克斯顿（Bob Frankston）开发的历史上第一个电子表格程序 VisiCalc 上市，并最先支持苹果电脑。

·11 月，乔布斯访问施乐，将图形用户界面的概念带回苹果。

·12 月，乔布斯带着苹果高级管理人员再次造访施乐。

·阿尔维·雷·史密斯（Alvy Ray Smith）和埃德温·卡特穆尔（Edwin Catmull）带领研发团队加入卢卡斯影业，成立图形工作组，即皮克斯公司的前身。

1980 年 ·5 月 19 日，苹果发布 Apple III。

·夏天，施乐 15 名技术人员加盟苹果，到 Lisa 团队工作。

·12 月 8 日，乔布斯的偶像，披头士乐队的约翰·列侬（John Lennon）被歌迷刺杀。

·12 月 12 日，苹果公司上市。

1981 年 ·1 月，Lisa 团队将乔布斯赶出项目组，乔布斯接手管理 Macintosh 团队。

·沃兹驾驶飞机起飞时坠毁，沃兹大难不死。

·2 月 25 日，“黑色星期三”，斯科特认为公司人员冗余，解雇了 40 余名员工。

·3 月，马库拉接替斯科特出任苹果 CEO，斯科特转任董事会主席。

·7 月 10 日，斯科特辞去董事会主席职务，离开苹果。

·8 月，IBM PC 发布。苹果公司在《华尔街日报》上刊登广告：“欢迎，IBM，我们是认真的。”

1982 年 ·2 月 15 日，登上了《时代》周刊封面。这一期杂志中有《时代》周刊记者迈克尔·莫瑞茨（Michael Moritz）的文章。随后几个月，莫瑞茨获准在苹果公司内部采访，写作《小王国》一书。

·在纽约著名的圣·雷莫（San Remo）公寓楼买了一套公寓。乔布斯花了很多时间装修，自己却从未入住。20 年后，这套公寓被卖给 U2 乐队主唱博诺·沃克斯（Bono Vox）。

1983 年 ·1 月，《时代》周刊评选“电脑”为 1982 年年度人物。莫瑞茨因为在当期杂志上发表关于乔布斯的文章而惹恼了乔布斯。乔布斯在莫瑞茨家的电话留言上恶语相向。后来莫瑞茨的《小王国》一书又引起了乔布斯更大的不满。

·1 月 19 日，Lisa 正式发布，这是市场上第一台拥有图形用户界面的个人电脑。

· 2 月 10 日，Macintosh 团队召开签名联欢会，以便将团队成员的签名印到 Macintosh 机器内壳上。

· 4 月 8 日，聘请来自百事可乐公司的约翰·斯卡利（John Sculley）出任苹果 CEO。

· 5 月，苹果公司进入财富 500 强榜单，排名第 411 位，成为历史上成长最快的公司。

· 苹果发布 Apple IIe。Apple II 成为历史上第一种销量超过 100 万台的计算机。

1984 年 · 1 月 22 日，苹果在超级碗播出广告“1984”，为即将上市的 Macintosh 造势。

· 1 月 24 日，苹果正式发布 Macintosh。

· 2 月，乔布斯将 Lisa 团队合并入 Macintosh 团队，遣散了四分之一的 Lisa 员工，合并后的团队仍有约 300 人。

· 4 月，Apple III 正式停产。

· 4 月 24 日，苹果发布 Apple Iic。

· 年底，Macintosh 销量锐减，乔布斯和斯卡利的关系开始恶化。

· 在加州伍德赛德（Woodside）购买了一套约 1600 平方米，有 14 间卧室的杰克林公馆（Jackling House）。这是一幢西班牙风格建筑，由乔治·史密斯（George Washington Smith）设计。乔布斯在这里断断续续住过 10 年。1998 年曾借给比尔·克林顿使用。

· 12 月 18 日，卢卡斯影业下属的图形工作组发布动画短片《安德鲁和威利冒险记》。

1985 年 · 与沃兹一起获得里根总统颁发的国家技术奖（National Medal of Technology）。

· 2 月，沃兹从苹果离职，但离职后仍保留了苹果公司顾问的身份。

· 4 月，乔布斯和斯卡利之间的斗争愈演愈烈，董事会试图调解未果。

· 5 月，乔布斯试图赶走斯卡利。在一场内部权力斗争之后，获得董事会支持的斯卡利解除了乔布斯在 Macintosh 部门的职务，该部门转由法国人让-路易·卡西（Jean – Louis Gassée）负责。

· 5 月 31 日，苹果公布第一季度大幅亏损及大裁员，同时对外宣布解除乔布斯的所有职务。

- 9 月 13 日，正式从苹果离职，创立新公司 Next。
- 9 月 23 日，苹果公司起诉乔布斯带走公司机密，挖走技术人员。

1986 年
- 1 月，苹果公司撤回对乔布斯的起诉。
- 设计师保罗·兰德（Paul Rand）为乔布斯的新公司设计了商标。根据兰德的建议，新公司名字改为 NeXT。
- 2 月，收购卢卡斯影业的图形工作组，新公司被命名为皮克斯（Pixar）。
- 8 月 17 日，皮克斯发布动画短片《顽皮的跳跳灯》。
- 9 月 15 日，苹果发布 Apple IIGS。

1987 年
- 富翁罗斯·佩罗（Ross Perot）投资 NeXT 公司。
- 获得杰弗逊奖（Jefferson Award）。

1988 年
- 9 月，苹果发布 Apple IIc Plus。
- 10 月 12 日，NeXT 展示了 NeXT 电脑的原型。

1989 年
- 2 月，披头士的同名唱片公司起诉苹果公司侵权。
- 9 月，苹果销毁了最后库存的大约 2700 台 Lisa 电脑，标志着 Lisa 项目的终结。
- 9 月，苹果发布 Macintosh Portable。
- 9 月 18 日，NeXT 发布操作系统 NeXTSTEP，这时 NeXT 电脑才真正可用。
- 佳能公司向 NeXT 投资 1 亿美元。
- 秋天，在斯坦福大学演讲时结识后来的妻子劳伦娜·鲍威尔（Laurene Powell）。

1990 年
- 4 月，因为皮克斯图形计算机的销售状况不佳，乔布斯卖掉了皮克斯的硬件部门。
- 9 月 18 日，NeXT 公司发布 NeXTcube 和 NeXTstation。

1991 年
- 皮克斯与迪士尼签署了拍摄动画电影的合同。第一部电影计划是《玩具总动员》。
- 蒂姆·伯纳斯-李（Tim Berners - Lee）使用一台 NeXT 电脑在欧洲核子研究中心（CERN）搭建了世界上第一个 Web 服务器。
- 3 月 18 日，和劳伦娜·鲍威尔在优山美地（Yosemite）举行婚礼。主婚人是乙川弘文禅师。
- 10 月，苹果发布第一款 PowerBook。

· 10 月 2 日，苹果与 IBM、Motorola 结成 AIM 联盟。

1992 年 · 1 月 22 日，NeXT 发布可运行在 PC 机上的 NeXTSTEP。

· 设计师乔纳森·艾维（Jonathan Ive）从伦敦来到美国，加入苹果公司，但直到乔布斯返回苹果后，他超凡的设计才能才被发掘出来。

1993 年 · 2 月 10 日，在只销售了大约 5 万台电脑后，NeXT 公司改名为 NeXT 软件公司，彻底放弃了硬件业务。

· 6 月，因业绩下滑，苹果解除了斯卡利的 CEO 职务，迈克尔·斯平德勒（Michael Spindler）出任苹果 CEO。苹果大裁员。

· 10 月 15 日，斯卡利离开苹果。

· 11 月，Apple IIe 停产，标志着 Apple II 这一经典的终结。

1994 年 · 3 月 14 日，苹果发布了使用 PowerPC 的 Macintosh 电脑，这也是 AIM 联盟的第一个合作成果。

· 吉尔·阿梅里奥（Gil Amelio）加入苹果董事会。

1995 年 · 11 月 22 日，皮克斯公司出品的电影《玩具总动员》上映。

· 11 月 29 日，皮克斯公司上市。

· 苹果决定合法授权其他厂商生产 Macintosh 克隆计算机。

1996 年 · 1 月，苹果公司宣布大幅亏损。苹果大裁员。

· 2 月 2 日，阿梅里奥取代斯平德勒成为苹果 CEO。

· 3 月 25 日，《玩具总动员》获得第 68 届奥斯卡特别成就奖，此外，该片还获得 3 项提名。

· 8 月 7 日，克林顿总统与乔布斯及 14 位硅谷 CEO 在乔布斯位于帕洛阿尔托的别墅用餐。

· 12 月 20 日，苹果公司宣布以 4.29 亿美元收购 NeXT 公司，乔布斯以顾问身份回归苹果。

1997 年 · 6 月，乔布斯卖掉了因出售 NeXT 而获得的全部 150 万股苹果股票，仅剩下象征性的 1 股。

· 7 月 4 日美国国庆日，苹果董事会迫使 CEO 阿梅里奥辞职。

· 7 月 9 日，阿梅里奥正式离职。

· 7 月 26 日，Mac OS 8 发布。

· 8 月，微软注资苹果 1.5 亿美元，并为苹果开发 Office 和 IE 浏览器。

· 8 月 6 日，苹果宣布乔布斯成为董事会成员。

· 9 月 16 日，被正式任命为苹果公司临时 CEO。

· 11 月 10 日，苹果发布在线商店 Apple Store。

1998 年 · 1 月，乔布斯在 MacWorld 上宣布“苹果公司又开始赢利了”。

· 2 月 27，苹果关闭牛顿（Newton）产品线。

· 3 月，乔布斯终止了 Newton，Cyberdog，OpenDoc 等项目。

· 苹果改变了 Macintosh 克隆协议，在事实上终止了其他厂商生产苹果兼容机的过程。

· 8 月 15 日，苹果发布 iMac 电脑并大获成功。伴随着 iMac 的发布，苹果开始使用新的单色商标。

· 10 月 14 日，苹果宣布自 1995 年来的第一个赢利年份。

1999 年 · 3 月 16 日，基于 NeXT 操作系统内核的 Mac OS X Server 1.0 发布。

· 7 月 21 日，苹果发布 iBook 便携电脑。

2000 年 · 1 月 15 日，乔布斯对外宣布去掉自己头衔中的“临时”字样，成为苹果公司正式 CEO。乔布斯也于当年被授予 1000 万股苹果股票。

· 9 月 13 日，苹果发布桌面版 Mac OS X 操作系统的公开测试版。

2001 年 · 3 月 24 日，桌面版 Mac OS X 正式发布。

· 5 月 19 日，最早的两家苹果专卖店在弗吉尼亚州的泰森斯角（Tysons Corner）和加州的格伦代尔（Glendale）开张。

· 10 月 23 日，苹果发布 iPod。

· 被授予 750 万苹果期权。乔布斯和苹果管理层因为此次期权分配，涉嫌期权回溯（backdating）。丑闻于 2006 年被披露出来。

2002 年 · 1 月 7 日，苹果发布全新的 LCD 版的 iMac，即 iMac G4。

· 把圣·雷莫（San Remo）公寓卖给了 U2 乐队主唱博诺（Bono）。

2003 年 · 4 月 28 日，苹果发布 iTunes 音乐商店，即后来的 iTunes 商店。

2004 年 · 1 月 6 日，苹果发布 iPod mini。

· 1 月，皮克斯与迪士尼的续约谈判极不顺利。乔布斯宣布谈判破裂，皮克斯将另寻合作伙伴。

· 6 月，伍德赛德镇议会同意乔布斯拆除伍德赛德的别墅。乔布斯一直让别墅保持失修状态，期望能拆除重建，但遭到地方保护主义者的反对。

·被查出患有胰腺癌。

·7月底，乔布斯没有接受保守治疗的建议，做了胰十二指肠切除术。

·8月1日，通过电子邮件向员工宣布自己的病情，并离职休养。离开期间，由蒂姆·库克（Tim Cook）负责公司运营。

2005年 ·1月15日，苹果发布 iPod shuffle。

·6月6日，苹果宣布将生产基于英特尔芯片的电脑。

·6月，在斯坦福毕业典礼上发表激动人心的演讲。

·9月，迪士尼 CEO 迈克尔·埃斯纳（Michael Eisner）辞职。这为迪士尼和皮克斯重启合作谈判创造了条件。

·9月7日，苹果发布 iPod nano，用于替代 iPod mini。

2006年 ·1月10日，苹果发布最早两款使用英特尔 CPU 的苹果电脑。

·1月24日，迪士尼宣布收购皮克斯。乔布斯成为迪士尼董事会成员和最大个人股东。

·8月，在全球开发者大会上发表主题演讲，人们发现乔布斯明显消瘦了。

·12月29日，针对乔布斯的期权回溯丑闻调查结束，证实乔布斯对事件并不知情，且当时授予的期权从未执行。

2007年 ·1月，法庭判决否决了乔布斯拥有拆除伍德赛德镇别墅的权利。

·1月9日，苹果发布 iPhone 和 Apple TV。

·4月，iPod 全球销量超过1亿台。

·6月29日，iPhone 开始发售。

·9月5日，苹果发布 iPod Touch。

2008年 ·1月15日，苹果发布 MacBook Air。

·6月9日，乔布斯在公开场合露面时显得异常消瘦。

·7月10日，苹果发布应用程序商店 App Store。

·7月11日，苹果发布 iPhone 3G。

·8月28日，彭博社（Bloomberg）错误地发出了2500字的乔布斯讣告，年龄和死因是空白。

·9月9日，为回应大家的质疑，乔布斯引用马克·吐温的话说："关于我的死亡的报道是被极度夸大了的。"

·10月14日，再次提及自己的健康，说血压是110/70。

2009 年 ·1 月 5 日，乔布斯宣布自己患有激素失衡症。

·1 月 14 日，在一份内部备忘上，乔布斯宣布为期 6 个月的离职治疗，仍由蒂姆·库克负责公司运营。

·4 月，在田纳西州孟菲斯的卫理公会大学医院移植研究所接受肝移植手术。

·6 月 8 日，苹果发布 iPhone 3GS。

·6 月 30 日，乔布斯返回工作岗位。

·11 月 5 日，《财富》杂志评选乔布斯为“十年最佳 CEO”。

2010 年 ·1 月 27 日，苹果发布 iPad。

·3 月，2007 年 1 月的法庭判决被推翻，乔布斯又可以拆除伍德赛德镇的别墅了。

·4 月 3 日，iPad 正式发售。

·5 月，苹果超越微软，成为全球市值最高的科技公司。

·6 月 24 日，苹果发布 iPhone 4。

·12 月，《金融时报》评选乔布斯为 2010 年度人物。

2011 年 ·1 月 17 日，乔布斯再次离职治疗，仍由蒂姆·库克负责公司运营。

·2 月，乔布斯拆除了伍德赛德镇的别墅。

·2 月 23 日，苹果召开股东大会，会上否决了要求公布苹果 CEO 继任计划的提议。

·3 月 2 日，苹果发布 iPad 2，乔布斯作主题演讲。

·6 月 6 日，乔布斯在 WWDC 大会上作主题演讲，发布 iCloud 云计算服务。截至 2011 年 6 月，使用 iOS 的 iPhone、iPad、iPod touch 三大设备，累计销量达到了惊人的 2 亿台。

附录 2　乔布斯语录

我非常幸运，因为我在很早的时候就找到了我真爱的东西。

我跟着我的直觉和好奇心走，遇到的很多东西，此后被证明是无价之宝。

你的工作将会成为你生命中的一个重要部分，惟一可以让你真正快乐的方法是去做你认为伟大的工作，而惟一能够做出伟大成就的方法是热爱你所做的工作。如果你现在还没有找到自己喜欢做什么，那么就继续找、不要停下来。只要全心全意去找，你找到的时候，你就会知道的。就像任何真诚的关系，历久弥新。所以，继续找，不要停下来！

我 23 岁时的财富超过 100 万美元，24 岁时超过 1000 万美元，25 岁时超过 1 亿美元。不过，这些数字并不重要，因为我不是为了钱而工作的。

这辈子成为最有钱的人对我来说没什么意思……对我最重要的是，每天晚上睡觉前可以对自己说，我们做了些了不起的事。

创新使领先者区别于跟随者。

创新与你在研发上投入多少美元无关，当苹果研发 Mac 时，IBM 在研发上的投入至少有苹果的 100 倍。这件事和钱无关，这取决于你有什么样的人，你如何领导，以及你对创新本身的理解。

创造力（Creattivity）只不过是连接某些东西的能力。如果你问一个有创造力的人，他们如何“创造”某个东西，他们会觉得有点儿委屈，因为他们真的不是在“创造”东西，他们只是看到了某种东西。因为，他们能够把曾经见过的不同体验连接在一起，然后综合成某种新东西。

有时，你在创新，但也在犯错误。最好快速承认错误，然后以此改进你的其他创新。

电脑对我来说就是史上最有用的一件工具，就像我们头脑的自行车一样。

我们在赌我们的未来，我们可不愿意去做那些你也做我也做的产品，让其他公司去做吧。对我们而言，总有下一个梦想在前面。

大多数时候，你没有把设计给用户看之前，用户根本不知道他们想要什么。

设计是个有趣的领域。有些人认为，设计就是产品的外观看上去什么样。但其实，如果细想一下，你会发现设计其实是有关产品如何工作的学问。

一旦有了一个好主意，我的一部分工作就是把这个主意拿给人看，就是去看看不同人会怎么想，让人们来谈谈这个主意，与人们争论这个主意，从 100 个人里收集建议，让不同的人去考察问题的不同层面。

基本上，当你看电视时，你关闭了你的大脑；当你想打开大脑时，你会去使用电脑。

微软最大的问题就是没有品位。他们没有一丁点儿品位。

我倒宁愿开发一件伟大的产品就像开一张支票那么简单，如果真是这样，微软就会拥有许多伟大的产品了。

质量比数量更重要，一个本垒打远好于两个二垒安打。

只有追寻 A + 级的人才，才能创建一个好的团队。一个由 A + 级人才组成的小团队，完全可以与 B 级和 C 级人才组成的超大型团队抗衡。

当你做一家创业公司的时候，最初加入的 10 个人将决定公司的成败与否。

（关于海盗团队）当海盗比当海军更快乐。

（关于海盗团队）能当海盗，为啥还要当海军？

要做质量的准绳。有些人还不习惯在一个追求完美的环境里工作。

我相信，将成功的创业者与不成功的创业者区别开来的要素中，有一半是坚韧执著的精神。

（评论一个 NeXT 程序员干的蠢事）你烤出了一个一级棒的蛋糕，他们却在上面涂狗屎。

通常，人们做事情都不经过思考，不想想自己为什么做或如何做，能不能做得更好。他们只是因为，别人都这么做，以前都这么做，这么做没错……而不是因为自己的思考。这在一个快速成长的领域，或面临强大竞争对手时，就会导致严重的后果。

CEO 重要的职责就是去哄、去祈求、去威胁你的员工，让他们尽一切努力达到公司的目标。我要让他们看到公司的目标比他们想象的更宏伟、更有价值，这样他们才会付出一切。当他们尽了力，但是还没有做到最好时，我会告诉他们，我相信你可以做得更好，回去做好了再来见我。

人生中最重要的决定不是你做什么，而是你不做什么。

创新来自于对一千件事情说“不”，惟其如此，才能确保我们不误入歧途或白白辛苦。

我们总是在想，可以进入哪些新的市场。但只有学会说“不”，你才能集中精力于那些真正重要的事情。

（为了说服斯卡利出任苹果 CEO）你是想一辈子卖糖水，还是想改变世界？

（被苹果驱逐后谈日渐衰落的苹果）当苹果从一个立志做世界上最好的电脑的公司，变成希望赚最多钱的公司的时候，它腐败了。我相信，如果你看好你的顾客、你的产品、你的战略，金钱是会跟随着来的。但是，如果你只看金钱，而忘了其他的，那你就会灭亡。

（回归苹果后谈如何拯救苹果）拯救苹果重点不在节约花费，而在于用创新走出当前的困境。

人们总是问我，为什么苹果用户那么忠诚。这可不是因为他们都是“Mac 教”的成员！这真荒唐。

（发布重要产品时的口头禅）哦，还有一件事……

（口头禅）酷毙了（Insanely Great）！

我想如果你把一件事做得非常好了以后，你应该去做些别的了不起的事，而不是老在一件事情上停留太长时间。去想想，下一件事是什么。

（2007 年只从公司领取 1 美元年薪时）其中 50 美分是我每天上班应得的，另外 50 美分是根据我的表现发给我的。

你在憧憬未来时不可能将以前积累的点点滴滴串连起来，你只能在回顾过去时将它们串连起来。所以你必须相信，当前积累的点点滴滴，会在你未来的某一天串连起来。你必须相信某些东西——你的勇气、目的、生命、因缘等——相信它们会串联起你的生命，这会让你更加自信地追随你的心，甚至，这会指引你不走寻常路，使你的生命与众不同。

有时，生活会拿起一块砖头在你脑袋上猛拍一下。不要失去信心。我很清楚，我之所以能一直坚持，惟一的理由是，我热爱我所做的事情。

33 年中，每天早晨我都会对着镜子问自己："如果今天是我生命中的最后一天，我会想去做我今天打算做的事吗?"如果连续很多天，这个问题的答案始终是"不"，我就知道，我该去改变些什么了。

佛教有一句话，叫做初心，或初学者的心态，拥有初学者的心态是件了不起的事情。

有时候人们会担心自己将会失去某些东西。记住自己将要死去，这是我所知道的避免这个念头的最好办法。你已经了无牵挂，没有理由不去追随你的心。

没有人愿意死，即使想上天堂，人们也不会为了去那里而死。但是死亡是我们每个人共同的终点。没有人能逃脱它。事情本该如此，因为死亡就是生命最好的一个发明。它促动生命的变革，推陈出新。

你们的时间有限，不要将时间浪费在重复他人的生活上。

不要被教条束缚，那意味着你活在其他人思考的结果中。不要被他人的喧器遮蔽了你自己内心的声音、思想和直觉，它们在某种程度上知道你真正想成为什么样子，所有其他的事情都是次要的。

生命的目标是追求启蒙。

“求知若饥，虚心若愚”（Stay hungry，stay foolish）。我总是希望自己能够做到。

我们没有机会去做很多事情，而且，每一件事都要做到完美。因为，这就是生命。生命是短暂的，你会死去，不是吗？既然我们选择用我们的生命去做这件事，那最好做到完美，最好值回生命的价值。

我愿意用我所有的科技，换取和苏格拉底共处一下午的机会。

把每一天都当做生命中最后一天去生活。

（“不同凡‘想’”广告的画外音——这段话虽然不是乔布斯说的，却让乔布斯感动得流泪，因为乔布斯正是那些疯狂的人中，最有代表性的一位）献给那些疯狂的人——不合时宜的人、叛逆的人、搞破坏的人，他们就像塞在方孔里的圆楔子。那些人总是用与众不同的方式看世界，他们不喜欢规矩，他们不承认现状。你可以引述他们，可以反对他们，也可以吹捧或污蔑他们。但你惟一不能做的一件事就是忽视他们。因为他们正在改变一切，是他们推动着人类的进步。某些人把他们视为疯子，而我们视他们为天才。因为惟有那些疯狂到极点并自认为能改变世界的人，才真的改变了世界。